硬币收藏与鉴赏

王美忠 ◎ 著

上册

学苑出版社

图书在版编目（CIP）数据

硬币收藏与鉴赏 / 王美忠著. -- 北京：学苑出版社, 2024.1

ISBN 978-7-5077-6864-0

Ⅰ.①硬… Ⅱ.①王… Ⅲ.①金属货币—收藏—中国②金属货币—鉴赏—中国 Ⅳ.①G262.2

中国国家版本馆CIP数据核字(2024)第034659号

出 版 人：洪文雄
责任编辑：周　鼎
出版发行：学苑出版社
社　　址：北京市丰台区南方庄2号院1号楼
邮政编码：100079
网　　址：www.book001.com
电子邮箱：xueyuanpress@163.com
联系电话：010-67601101（销售部）、010-67603091（总编室）
印 刷 厂：水印书香（唐山）印务有限公司
开本尺寸：710 mm×1000 mm　1/16
印　　张：32
字　　数：414千字（图680幅）
版　　次：2024年7月第1版
印　　次：2024年7月第1次印刷
定　　价：360.00元（全二册）

作者简介

王美忠，笔名（网名）奉天收藏，山东人，律师，先后毕业于南京大学和中国政法大学。中国现代钱币收藏鉴赏家，中国钱币学会专家库成员，山东省钱币学会理事，全联民间文物艺术品商会钱币专业委员会专家组成员，中国收藏家协会钱币收藏委员会委员，全国钱币收藏博览会主席团成员，中藏协长城币．硬币委员会学术委员会主任；兼任北京公博钱币鉴定评级公司专家顾问，中国投资资讯网（一尘网）流通硬币首席鉴定员等。潜心于中国现代流通硬币、流通纪念币、贵金属币、纸币、连体钞和纪念钞、中国历代钱币镶嵌邮币封等的收藏与研究二十余载，取得了丰硕的研究成果，已在《中国钱币》、《齐鲁钱币》、《钱币报》等专业报纸杂志发表钱币学术研究文章和收藏鉴赏文章数十篇，并著有《硬币收藏十讲》（著者）、《中国邮币封收藏与鉴赏》（著者）和《人民币收藏知识宝典—流通硬币及纪念币篇》（主要作者）等钱币收藏类专著。

前言

在漫漫三千多载中国钱币史册上，中国现代钱币——人民币的历史只有一甲子的时光，虽然并不很长，但其收藏与研究群体庞大、群众基础广博，毕竟这才是我们每个人每天都会接触和使用的钱币。现代钱币中的四套流通硬币——硬分币、长城麦穗币、老三花币和新三花币，近年来已经成为一个参与者众多、收藏投资价值稳步上升的热门板块。尤其是近十年来，其价格一直呈明显的上升趋势，全国各地纷纷涌现了很多专业的分币、长城币、三花币的爱好者、研究者和币商群体，也出现了大量专业的流通硬币爱好者社团组织。这都充分体现了此板块的潜在价值与收藏魅力。但随着坊间制造技术的发展，假硬币的发展也在"与时俱进"，严重困扰着各阶层、各领域的爱好者，扰乱了收藏市场健康发展的秩序。有鉴于此，作者集二十余载坚持不懈的研究、分析、集藏、赏玩流通硬币的经验，同时汲取全国前辈与同行的有益经验，现面向钱币研究者、爱好者、收藏与投资者撰著本书，将丰富翔实的实物图片、规范系统的资料表格、完整清晰的理论体系呈献给读者，旨在解决七个方面的核心问题：

第一，流通硬币的硬分币、长城麦穗币、老三花币、新三花币四大系列是怎么产生的，其历史发展过程是怎样的，在人民币货币体系中的地位如何。弄清这些问题，有助于大家深入了解硬币的历史脉络，从历史的发展视角更好地把握中国流通硬币的历史价值、经济价值和文化价值。

第二，流通硬币的收藏与研究历史发展情况如何，前辈们做了哪些有益的工作，出版了哪些文献，有哪些研究成果。弄清这些问题，有助于我们集思广益，把研究与收藏工作做得更好。

第三，流通硬币中的版别概念与版别分类到底是怎么回事，其版别体系与收藏大系到底是怎样界定的，各种版别的硬币收藏价值如何。这个在研究与收藏上最为重要的问题，以前全国各类钱币著录大都没有讲清楚。本书特别深入地论述了这个问题，并对此进行全面系统的剖析解说。

第四，流通硬币中的各种特殊版、趣味版、错版到底是怎么回事，价值如何。这个问题众说纷纭、莫衷一是，本书也特别阐述了这个问题，尽可能全面地剖析解说。

第五，收藏的历史就是与赝品、伪品做斗争的历史，假硬币害人不浅，国家有关部门和爱好者历来都在不同领域对其予以打击防范。笔者在本书中对各种类型的假币进行披露，剖析最新的造假技术与赝品品种，时刻提醒广大泉友慎重收藏、警惕赝品。

第六，为什么要收藏流通硬币、长城币，怎样去收藏。看似简单的问题其实并不简单。明白收藏的目的，才能确定收藏的目标，从而制订可行的方案，采取有效的措施，以尽可能低的价格买到合适的、喜欢的藏品。

第七，流通硬币的收藏价值和投资价值都体现在哪些方面，很多泉友尽管收藏流通硬币已有多年，恐怕还不能完整地回答这个问题。本书着重集中介绍了这些收藏和投资价值所在，指出收藏投资的可行性及方式方法。

本书共580张图片，除了极少数图片来自网络和向泉友借图外，近570张图片均为作者自藏实物拍摄，完整优美且清晰真实。细细品味本书，呈现在读者面前的将是一幅精品纷呈、丰富多彩、名版荟萃的中国流通硬币漫漫迷人长卷。目前，从总体来看，流通硬币板块仍然属于收藏投资潜力巨大但尚待开垦的价值洼地，相信不久的将来，随着现代钱币收藏投资热的兴起，将会掀起流通硬币收藏研究的新高潮，期待更多钱币爱好者早日加入中国流通硬币研究、收藏和投资的大军。

目录

上册

第一章 流通硬币发展与演化历程 — 1

- 第一节　中国历代货币发展演化史 — 2
- 第二节　人民币纸币与硬币发行史 — 7
- 第三节　中国现代货币的发行体系 — 10
- 第四节　流通硬币收藏投资演进史 — 16

第二章 流通硬币收藏与研究概况 — 21

- 第一节　20世纪50—70年代懵懂时期 — 22
- 第二节　20世纪80年代萌芽启蒙时期 — 24
- 第三节　20世纪90年代初步发展时期 — 25
- 第四节　21世纪前十年收藏研究全面发展时期 — 28
- 第五节　近年收藏研究系统完善和大发展时期 — 30

第三章 流通硬币制造企业与生产铸造 — 37

- 第一节　流通硬币生产制造企业简介 — 38

第二节　流通硬币生产铸造工艺流程 ———————————— 42
  一、制造工艺三个阶段 ———————————————— 42
  二、原模和印模 —————————————————— 42
  三、生产工艺流程 ————————————————— 43

第三节　第一套流通硬币的生产铸造 ———————————— 44
  一、图案设计与模具制造 —————————————— 44
  二、正式投产与公告发行 —————————————— 45
  三、合金配比的四次调整 —————————————— 46
  四、生产铸造的四个阶段 —————————————— 47
  五、铸造数量与品种比例 —————————————— 48
  六、硬分币的技术参数 ——————————————— 49

第四节　第二套流通硬币的生产铸造 ———————————— 52
  一、发行目的和用途 ———————————————— 52
  二、生产铸造与金属配比 —————————————— 53
  三、铸造数量与品种比例 —————————————— 54
  四、长城麦穗币的技术参数 ————————————— 54
  五、人行版套装《中国硬币》精装本 ————————— 58

第五节　第三套流通硬币的生产铸造 ———————————— 65
  一、设计发行与生产铸造 —————————————— 65
  二、铸造数量与品种比例 —————————————— 66
  三、老三花币的技术参数 —————————————— 67

第六节　第四套流通硬币的生产铸造 ———————————— 69
  一、设计发行与生产铸造 —————————————— 69
  二、铸造数量与品种比例 —————————————— 70
  三、新三花币的技术参数 —————————————— 71

第四章
流通硬币版别分类与收藏大系 ———————————— 75

第一节　流通硬币的版别概念 ————————————————— 76

第二节　流通硬币的版别分类　78
　　一、第一套流通硬币的版别分类　78
　　二、第二套流通硬币的版别分类　100
　　三、第三套流通硬币的版别分类　119
　　四、第四套流通硬币的版别分类　122

第三节　流通硬币版别收藏大系　123
　　一、第一套流通硬币的版别收藏大系　123
　　二、第二套流通硬币的版别收藏大系　127
　　三、第三套流通硬币的版别收藏大系　129
　　四、第四套流通硬币的版别收藏大系　130

第五章
流通硬币名品名版赏析　133

第一节　第一套流通硬币珍稀品种鉴赏　134
　　一、硬分币"七大珍"　134
　　二、硬分币"八小珍"　138
　　三、硬分币年号"五大天王"　143
　　四、硬分币25枚"小天王"　143
　　五、早期稀有分币"16小龙"　158
　　六、硬分币"五小侠"　166
　　七、第一套流通硬币样币　169

第二节　第二套流通硬币珍稀品种鉴赏　170
　　一、长城币"四大珍"　170
　　二、长城币"十七珍"　172
　　三、普制稀少长城币　181
　　四、1980年版长城币样币　186

第三节　第三、第四套流通硬币珍稀品种鉴赏　193
　　一、老三花币2000年"双花币王"　193
　　二、1991年版老三花币样币　193

三、1999、2002年版新三花样币 ———————————— 198
　第四节　人行版1979—1986年早期套装《中国硬币》赏析 ——— 205
　　一、人行版"五大天王"套装《中国硬币》———————————— 207
　　二、人行版珍稀"长城币王"套装《中国硬币》———————————— 222

下册

　第五节　人行版1991—2000年后期套装《中国硬币》赏析 ——— 243
　　一、人行版1991-2000年套装《中国硬币》铸行基本情况 —— 243
　　二、1991—2000年套装币在中国流通硬币体系乃至
　　　　人民币大系中的收藏价值与地位 ———————————— 244
　　三、1991—2000年精制套装币收藏价值 —————————— 260
　第六节　造币厂、地方银行和邮政装帧套装《中国硬币》鉴赏 —— 261
　　一、造币厂装帧的套装《中国硬币》鉴赏 —————————— 261
　　二、地方银行、邮政公司及坊间装帧的
　　　　套装《中国硬币》鉴赏 ———————————————— 278
　第七节　套装《中国硬币》里的珍稀生肖章 ———————————— 285
　第八节　造币厂未被采用的流通硬币试制币样 —————————— 292
　第九节　中国第一套国评流通硬币版别大全套鉴赏 ———————— 298

第六章
流通硬币的特殊品和趣味品 ———————— 321

　第一节　因铸造质量标准差异产生的特殊品和趣味品 ———— 322
　　一、精铸币 —————————————————————— 322
　　二、半精铸币 ————————————————————— 323
　　三、初铸币 —————————————————————— 326
　　四、末打币 —————————————————————— 330
　第二节　因铸造模具生产工差所致的特殊品和趣味品 ———— 330
　　一、粗细体趣味币 ——————————————————— 330

二、大小星趣味币 331
第三节 因铸造质量瑕疵缺陷产生的特殊品和趣味品 ... 334
　　一、背逆币 335
　　二、偏打移位币 340
　　三、缺口币 342
　　四、复打币 343
　　五、浅打币 344
　　六、透打币 344
第四节 因铸造过程中特殊巧合因素所致的特殊品 346
　　一、硬币局部多出图案：761分"月牙版"、
　　　　9205角"旗帜版" 346
　　二、硬币局部图案阙如：851元"少砖版" 349
　　三、硬币局部光学改变：851元"彩虹版""日出版" ... 350
第五节 因氧化包浆或流通污渍因素所致的趣味品 352

第七章
流通硬币防伪鉴定与作伪揭秘 355

第一节 流通硬币的防伪技术 356
第二节 流通硬币的伪品鉴别 358
　　一、作伪手法 358
　　二、伪品鉴别 362
第三节 流通硬币的常见伪品 368

第八章
流通硬币收藏投资中的误区 383

第一节 误区之一：流通硬币都是一个模子刻出来的 ... 384
第二节 误区之二：流通硬币版别划分混乱出现异化 ... 385

第三节　误区之三：过于追求高精尖忽视普通品种的收藏投资 ⋯⋯ 391

第四节　误区之四：迷信评级币丧失收藏研究乐趣和鉴别能力 ⋯⋯ 394

第五节　误区之五：追捧高分评级币透支未来多年上涨空间 ⋯⋯ 396

第六节　误区之六：不加分析跟风追逐炒作品种被套牢多年 ⋯⋯ 403

第九章
流通硬币品相分级与保存保养方法 ⋯⋯ 407

第一节　流通硬币的品相分级 ⋯⋯ 408

第二节　流通硬币保存保养常用工具 ⋯⋯ 410

第三节　流通硬币保存保养基本要点 ⋯⋯ 413

第四节　流通硬币保存保养基本方法 ⋯⋯ 414

第十章
流通硬币收藏投资与市场分析 ⋯⋯ 417

第一节　流通硬币的收藏体系 ⋯⋯ 418

　一、流通硬币的几种收藏体系 ⋯⋯ 418

　二、流通硬币的套系收藏体系 ⋯⋯ 418

第二节　流通硬币的收藏文化 ⋯⋯ 419

第三节　流通硬币的收藏价值 ⋯⋯ 427

　一、钱币的综合珍稀度 ⋯⋯ 427

　二、流通硬币领域各板块品种的收藏价值排序 ⋯⋯ 430

第四节　流通硬币的收藏分级 ⋯⋯ 437

　一、第一套流通硬币的收藏分级 ⋯⋯ 437

　二、第二套流通硬币的收藏分级 ⋯⋯ 443

　三、第三套流通硬币的收藏分级 ⋯⋯ 448

第五节　流通硬币的收藏方法 ———————————————— **450**
　　一、第一套流通硬币的收藏方法 ———————————— **450**
　　二、第二套流通硬币的收藏方法 ———————————— **455**
　　三、第三套流通硬币与第四套人民币
　　　　45枚版别大全套的收藏方法 —————————————— **457**
第六节　流通硬币的投资增值 ———————————————— **462**
　　一、各板块投资价值排序 ————————————————— **462**
　　二、第一套流通硬币的投资 ———————————————— **467**
　　三、第二套流通硬币的投资 ———————————————— **469**
　　四、第三套流通硬币的投资 ———————————————— **472**
　　五、评级币的投资 ———————————————————— **473**
第七节　收藏投资的发展趋势 ———————————————— **475**
第八节　流通硬币的市场展望 ———————————————— **478**
　　一、流通硬币与钱币各板块横向对比 ———————————— **478**
　　二、流通硬币市场展望 —————————————————— **484**

跋 ————————————————————————————— **488**

附录 ———————————————————————————— **490**
　　一、流通硬币名词术语 —————————————————— **490**
　　二、流通硬币技术参数表 ————————————————— **492**
　　三、流通硬币收藏工具表 ————————————————— **492**
　　四、中国主要城市钱币交易市场 —————————————— **492**
　　五、中国主要现代钱币交易网站 —————————————— **494**
　　六、中国主要钱币拍卖公司 ———————————————— **494**
　　七、中国主要钱币评级公司 ———————————————— **494**
　　八、本书主要参考文献 —————————————————— **495**

第一章 流通硬币发展与演化历程

第一节
中国历代货币发展演化史

钱币是一个国家政治、经济、文化与社会的缩影，在我国历史上乃至当代的收藏界，钱币与书画、瓷器并列为民间三大收藏门类。我国的钱币文化博大精深、源远流长，迄今已有3000多年的漫长历程，走过了一条独特的发展道路，并对东亚、东南亚以及周边很多国家和地区产生了广泛而深远的影响，属于东方钱币文化的典型杰出代表。一部货币发展演化史，就是一部中华文明的发展史。

作为四大文明古国之一的中国是世界上最早应用实物货币充当商品交换手段的国家。在中国历史的漫漫长河中，中国货币滥觞于夏朝，约4000年前即出现了以海贝为代表的实物货币，公元前21世纪到公元前16世纪的数百年中，以海贝为代表的一些货物承担着实物货币的职能；到了殷商时期，约3400年前的公元前14世纪，钱币伴随着青铜器的发展和兴盛，逐渐从海贝货币演化成为仿照海贝的形制铸造的青铜贝化，商周时期有些地方甚至出现了金银贝，从海贝等实物货币进而发展为青铜金属铸造的铜贝货币，青铜贝化一开金属铸币之先河，成为我国金属铸币的鼻祖；公元前14世纪到公元前8世纪的600余年中，青铜贝化等仿海贝金属铸币和青铜块等实物称量货币共同承担着货币流通职能。

从公元前8世纪开始铸造空首布，到我国历史上真正的金属货币开始大量铸行，其间又经历了300多年的历程。春秋战国时期我国金属铸币开始大量铸行，空首布、平首布、方足布、圆足布等货布和刀币等金属铸币品类繁多，铸行量也很大，我国古代经济正式进入以大量的金属铸币作为一般等价物承担货币流通职能的时代；但此时的金属铸币也具有形制尖而方、体形较大、不便携带使用的特点。随着经济交换的发展，金属货币的需求量大增，货币小型化已成为一种必然的发展趋势。

到了战国中后期，大型布币已慢慢演变为精巧的刻有铭文的蚁鼻钱，再演变为圆形圆孔的圜钱。战国晚期的秦、齐、燕等国铸行的方孔圆钱，到汉代成为定制，如秦半两、汉五铢等。自此直到清朝末期的1882年为止，2000多年中除了新朝王莽时期铸币形制比较特殊，北宋又发行交子纸币之外，历朝历代铸行的几乎都是方孔钱（图001、002）。清朝末期随着吉林"厂平银元"和广东"龙洋"的诞生，我国数千年铸币史发展到近代，手工浇铸钱币被机器制造钱币所取代，民国时期的金属铸币则多为大量铸行的机制银元、铜元和镍铝币（图003—006）。

图001　崇宁通宝　宋代方孔钱
极美品　（直径35 mm）

图002 咸丰重宝当十清代方孔钱
美品 （37mm×37mm）

图003 光绪元宝造币总厂 清代银元
流通好品 公博XF45 （直径39 mm）

图004　民国二十一年三鸟帆船　民国银元
未流通品　公博MS62+　（直径39 mm）

图005　户部鄂字十文　清代铜元
美品　（直径28 mm）

图006　山西省造二十文　民国铜元
原光品　（直径32 mm）

　　在5000年中华文明史册上，在商品交换和经济活动中作为固定充当一般等价物的特殊商品，金属铸币不仅是中国货币的鼻祖，而且也一直是货币的主流。真正意义上的中国金属铸币是公元前8世纪伴随着空首布的产生而出现的，当时处于春秋战国时期，距今已有2800多年的漫长历史，而纸币是伴随着北宋初期交子的出现而产生的，仅有1000余年的历史。我国是最早铸行和使用金属铸币的国家之一，更是最早印制和使用纸币的国家。

　　我国历史上铸造金属币分两个阶段：第一个阶段是从先秦到清代晚期，一直沿用手工浇铸法铸造硬币，其中从先秦到隋代一直采用范铸法，即用钱范手工浇铸的铸币方法；自唐代到晚清采用翻砂法，即用雕刻母钱印出砂型再浇铸的铸币方法。第二个阶段是清代末期自1882年吉林试铸"厂平银元"开始到当代一直采用机制法铸造硬币。

第二节
人民币纸币与硬币发行史

　　现代钱币——人民币是中华人民共和国的唯一法定通用货币,在国际上被誉为中国名片。第一套人民币诞生于硝烟弥漫的国内战争后期（图007）。1948年12月1日,中央决定将华北银行、北海银行和西北农民银行合并,在河北石家庄成立中国人民银行（以下简称"人行"）总行,并任命南汉宸为总经理（行长）,开始发行第一套人民币；"中国人民银行"行名由时任华北人民政府主席并兼任中共中央财政经济部部长的董必武同志书写。1949年1月,人行总行迁至北京。

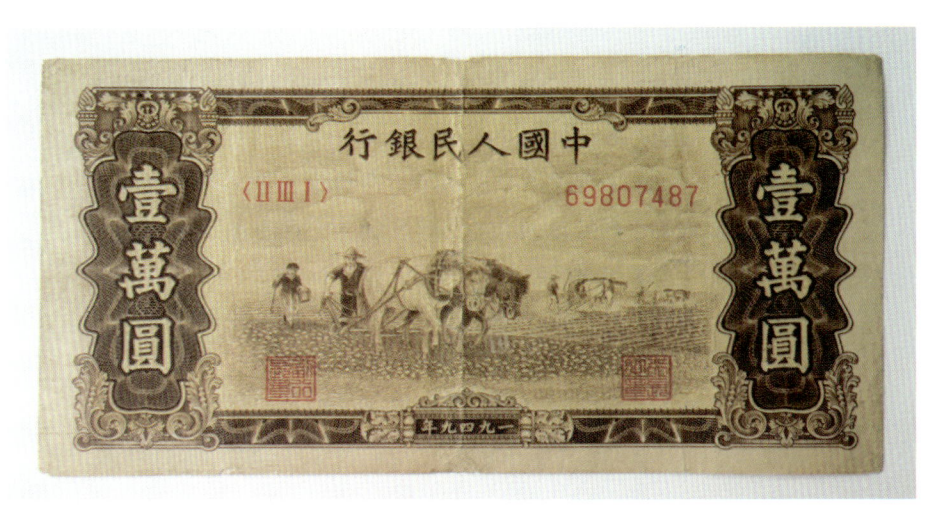

图007　1万元双马耕地　第一套人民币
7.5品　（140 mm×75 mm）

1955年5月10日，第一套人民币停止流通。

1955年3月1日，国务院公告发行第二套人民币，共11种纸币，包括1、2、5分等纸钞券别。

1957年12月1日中国人民银行根据国务院《关于发行金属分币的命令》，公告发行了1、2、5分三种面额的硬分币。硬分币隶属于第二套人民币体系，但作为金属币当为新中国首套流通硬币。1955年上半年沈阳造币厂开始批量生产1分币，下半年上海造币厂开始生产5分币，1956年上海造币厂开始生产2分币。一直到今天，硬分币已经伴随我们走过了一甲子国家发展的峥嵘岁月，仍在铸行和流通。

1962年4月20日开始陆续发行第三套人民币纸币券（图008）。

图008　第三套人民币纸币　小全套
全品

1980年4月15日开始发行铜锌合金（黄铜）1、2、5角币和铜镍合金（白铜）1元币，属于第二套流通硬币，归入第三套人民币系列，由沈阳、上海造币厂制造。

国家流通货币中的流通金属币1979年以前以硬分币为主，1980年以后则以元、角币为主。

1987年4月27日开始陆续发行第四套人民币纸币券（图009）。

1992年6月1日开始发行铝镁合金1角、铜锌合金5角和钢芯镀镍1元三种面额的新版金属币，系第三套流通硬币，隶属于第四套人民币体系，由沈阳、上海和南京造币厂联合生产。

2000年10月16日开始发行铝镁合金1角币和钢芯镀镍1元币；2002年11月18日发行钢芯镀铜锡合金5角币。它们系第四套流通硬币，隶属于第五套人民币系列，由沈阳、上海和南京造币厂联合生产至2018年。

图009　第四套人民币纸币四方连大全套
发行量10万套，88尾号　全品

第三节
中国现代货币的发行体系

按照中国人民银行货币发行机关的科学分类方法，中国现代货币体系包括纸币和金属币两大类。纸币包括第一套、第二套、第三套、第四套、第五套人民币纸币、纪念钞和连体钞三大类，均计入国家货币流通总量。纸币是承担货币流通职能的主要载体。纪念钞单钞也具有流通货币职能，可参与货币流通，但在我国实际情况是纪念钞很少进入流通领域，都沉淀在收藏领域（图010）。连体钞基本是用于收藏，一般不参与流通（图011）。金属币也包括三大类：流通金属币、流通纪念金属币、贵金属币（包括金银纪念币和普通金银币两种）。相对应的也就是收藏界习惯上所称谓的四类：流通硬币、流通纪念币、金银纪念币和金银投资币（目前仅包括熊猫币和麒麟币）。前两者均计入国家货币流通总量，其中流通硬币是承担货币流通职能的主要硬币载体，流通纪念币也具有流通货币职能，可参与货币流通，但在我国实际情况是很少进入流通领域，都集中于收藏领域；贵金属币面额仅具有象征意义，不计入国家货币流通总量，只用于收藏和投资，不承担货币流通职能，不进入流通领域。

流通金属币（流通硬币）包括主币元和辅币角、分，主要承担国家货币流通职能，包括第一套、第二套、第三套、第四套、第五套流通硬币，分别归属于第二套、第三套、第四套、第五套人民币体系，也就是

图010　2008年北京奥运会纪念钞
发行量600万枚，全品　（150 mm×73 mm）

图011　2000年迎接新世纪纪念钞双连体（双龙钞）
发行量10万枚，66尾号　全品　（168 mm×160 mm）

收藏界习惯上所称谓的硬分币、长城麦穗币、老三花币、新三花币和小三花币。

普制流通纪念金属币（流通纪念币）不仅承担货币流通职能，也是为了纪念重大历史事件、杰出人物或有特殊意义的事物而发行的，自1984年10月1日首次发行了"中华人民共和国成立三十五周年"纪念币开始，至今已发行了上百种（图012、图014）。

贵金属币一般以金、银、铂等贵金属为币材，虽象征性地铸有面额并为法定货币，但不参与实际货币流通，不按其名义币值兑换，不计入国家发行货币的流通总量（图013、图015）。其中，纪念金银币是为了

图012　中国珍稀野生动物金丝猴纪念币　精制
全品　（直径32 mm）

图013　取得真经1公斤银币
发行量5000枚　全品　（直径100 mm）

图014　1982年世界杯足球赛纪念铜币
发行量4万枚　精制　全品　（直径32 mm）

图015　1980年中奥古代射艺纪念金币
发行量15000枚　全品　（直径23 mm）

纪念杰出人物、重大事件或有意义的事件而特别发行的贵金属币，铸造量有严格限制，销售价格按照每枚铸币所含贵金属重量的国际市场价格加生产费用、经销利润等核计定价，一般升水较高；普通金银币主要是面向大众销售，用于大众投资的投资币，包括普通熊猫金银币和早期的麒麟金银币，一般不限制发行量而按需生产，价格基本上以国际市场金银价加上生产费用和较低的利润进行计算，升水较低。国家自1979年发行了第一套纪念金币，即庆祝"中华人民共和国成立三十周年"纪念币（图016），迄今为止共发行了10个题材系列2000多种贵金属纪念币和普通金银币，形成了丰富多彩、较为完善的我国贵金属币发行体系。

图016 "中华人民共和国成立三十周年"纪念金币
发行量7万套 全品 （直径27 mm）

第四节
流通硬币收藏投资演进史

钱币属于我国最古老的收藏门类之一，也是大众收藏投资中最大的门类，当今钱币收藏投资也在中国大众收藏投资浪潮中位居前列。在我国数千年历史上，迄今为止已出现过五次钱币收藏与投资浪潮。

第一次是中国古代从魏晋南北朝到唐、宋、明时期的钱币收藏热。我国古代最早在魏晋南北朝时期就出现了专门研究论述钱币的著作，而唐代、宋代、明代更是出现了一些欣赏和收藏钱币的研究著作，在文人雅士、富商巨贾中涌现过钱币收藏热潮。

第二次是起于清乾隆年间，其时出现了一次盛大的钱币收藏热潮，不仅民间钱币专著如《古泉丛话》《泉林小史》《钱录》等不断涌现，而且官方还组织编纂了《钦定钱录》。此次钱币收藏热一直持续到鸦片战争时期才被西方列强的隆隆炮火声所粉碎。

第三次大的收藏浪潮自清末民初开始到20世纪三四十年代，社会上萌发了钱币投资的意识，其间在全国尤其是沪江浙一带涌现了一大批著名的钱币收藏家，如吴雅辉、叶恭卓、张叔驯、丁福保、罗伯昭、方药雨等，当时号称"南张、北方、西罗"。1936年我国历史上第一个正式的钱币学术机构"古泉学会"成立，而最大的学术成果则是《古钱大辞典》的出版。此次钱币收藏研究和投资浪潮终结于1937年，因日寇侵华而终止。

第四次钱币收藏热潮是20世纪80到90年代，伴随着中国人民银行在北京组织成立专门的钱币研究机构——中国钱币学会，各省也相继成立了省级钱币学会。特别是流通纪念币和贵金属纪念币的发行，更是直接引发和促进了此次全民参与的钱币收藏投资浪潮，当时几乎所有钱币品种的价格一路飙升，很多钱币品种短期交易获取的暴利比比皆是。但此次热潮伴随着1997年7月16日发布的《国务院办公厅发出关于禁止非法买卖人民币的通知》的落实而戛然而止。直至今日，很多藏家和币商对1997年的钱币市场过山车般的大行情仍记忆犹新，或津津乐道，或心有余悸，或扼腕叹息。

第五次钱币收藏热潮开始于21世纪初，2008年世界金融危机之后，本次热潮直接使得钱币的收藏投资交易超越了邮票而一跃成为大众收藏投资的首选。据笔者统计，2008年底到2011年底的三年中，现代钱币几乎所有板块的大多数品种，价格上涨了数倍到十数倍甚至几十倍后，仍然交易顺畅、如火如荼，彰显了人民币作为大众收藏与投资品的优良属性。本次热潮的特点是伴随着互联网的广泛运用，收藏投资信息量比较大，相对也比较透明，大众对于钱币收藏和投资相对较为理性，避免了上次行情暴涨暴跌的不稳定局面。

经过近年钱币收藏热潮的洗礼，流通硬币因其良好的收藏价值和低廉的市场价格，已然成为现代钱币收藏爱好者收藏投资追逐的热点。历史上曾经价格低廉、高端藏家不愿问津的小小硬币，现在很多都成了大众钱币爱好者竞相追逐、炙手可热的珍稀品种。如在20世纪90年代，1955年至1992年的全套全新75枚分币年号大全套市场价格在3000元左右，《集邮》杂志在1995年到1997年连续刊登了收购这套硬币的广告，收购价为3000元；80年代初一套发行销售单价为6元外汇券，总价只有18元外汇券的1979、1980、1981年"五大天王"硬币装帧册，到了90年代末价格就飙升到人民币千元以上，而到了十年之后的2011年，全套价格就猛涨到3万元；1955年到2010年的全套全新品相的102枚年号大全套硬分币2011年业内实际成交价已近10万元，现在更有人开出20万元的高价收购分币120枚全新品相版别大全套，却有市无价而无人肯出售；2000年发行的"双花天王"套装币，发行时只有几元钱，也少有人问津，到2008年底单价只有100元左右，但到了2011年底三年间价格飙升了20多倍，达到2200元一套，这十多年虽价格有跌有涨，但仍然坚挺在2000元左右，可见其良好的市场潜力。

最后看一下"中国硬币之王"1986年长城币的收藏演变历程，1986年长城装帧册是为了出口创汇和对外宣传交流我国钱币文化而发行的，当时主要是对外出口或只在外汇商店出售，发行之初价格只有几元钱，笔者在2007年花几万元购得的一套从美国回流的1986年长城套装册上就标注着当时的销售价格为17.5元，着实令人汗颜；80年代发行销售价格只有几元，到90年代末一套"中国硬币之王"硬币册的价格上涨到几千元，当时还没有人知道其确定的发行量，只是感觉市场上踪迹难觅，但没有人意识到其极少的发行量和珍贵的收藏价值，直到1996年下半年《沈阳造币厂图志》出版，图志的第162页明确载明"1986年版8枚套装流通币生产量是660套"，很多人才如梦初醒，认识到1986年长城币乃中国钱币之大珍也，加上那几年的收藏热潮，到了1997年，1979—1986年全套早期套装册价格将近万元。由于政府的严格管理，随后收藏热潮退去，直到2008年市场才逐渐好转，从而爆发了第五次钱币收藏热潮。2008年初一套1986年硬币册的价格大约在6万元，到了2011年又迅猛上涨到16万～18万元。现在一套品相上好的1986年长城币册在各大钱币市场已很难找到踪迹，早已处于有市无价的境地，到了2022年价格更是持续攀升，已达到近50万元。相信不远的将来"中国硬币之王"1986年长城币将会与中国纸币王"牧马图"并驾齐驱，只有在大型名品拍卖会上方可偶见尊容。

第二章 流通硬币收藏与研究概况

第一节
20 世纪 50—70 年代懵懂时期

　　从鸦片战争时期到1949年的100多年的历史中，中国人民饱受西方列强欺凌劫夺和日寇侵占抢劫，旧中国积贫积弱，摇摇欲坠。1949年新中国的成立象征着中国人民从此真正地站立起来了，但从成立初期到70年代末，新中国几乎没有任何工业体系基础，而当时的世界政治经济军事环境对于新中国来说可谓极其恶劣，成立初期的国家领导者也缺乏经济建设经验，致使我国经济虽有很快的发展，但仍然比较落后。从1955年新中国分别在沈阳造币厂和上海造币厂诞生第一枚1分和5分硬币，一直到70年代末的20多年中，1分钱可以买一粒糖果，5分钱可以买一块大奶油雪糕，可想而知这个时期几乎不会有人想到要收藏研究分币。1958年人民音乐家潘振声一首脍炙人口的儿歌《1分钱》（图017）唱遍了大江南北长城内外。此歌通过一枚闪闪发光的小小1分钱，把当时警与民的鱼水之情和孩子们高尚纯洁的心灵刻画得淋漓尽致，歌声至今仍回荡耳畔。直到70年代末，人民群众的生活都仅能满足基本需要，那时的袁大头国家收购价才5元一枚，群众更无暇顾及收藏现代钱币。

图017　儿童歌曲《1分钱》（1958年），人民音乐家潘振声作词作曲

第二节
20世纪80年代萌芽启蒙时期

　　20世纪80年代初的钱币收藏研究主要以古钱等历史货币为主，随着改革开放和经济文化的稳步发展，群众文化生活逐渐丰富起来，全国各地出现了集邮热潮，其中有部分邮票和钱币爱好者也开始有意识地收集现代纸币和硬币。特别是1980年4月15日，第二套流通硬币新版四种长城麦穗币投放市场后，受到群众的热烈欢迎，引发了一股收藏硬币热。由于主币1元背面主图是雄伟的万里长城，群众普遍爱称这套新版硬币为"长城币"。当时热闹的场面，人们仍历历在目。有一位北京照相机厂的工人师傅拿了一只小银元宝，在银行说他是钱币爱好者，已收藏了多种钱币，要求银行兑换一枚1元的长城币给他；有些单位不需要用款也开支票到银行取现，要求搭配长城币，有的取汇款也要求搭配长城币；同日，在中国银行营业部的柜台，也常有外国人来打探发行新版金属币的消息。遗憾的是，20世纪80年代人民银行发行的1979—1986年版的珍稀套装硬币，按当时的国家政策主要用来出口创汇而流向海外，直到近十几年来才逐渐由我国硬币爱好者从海外淘回，却付出了沉重的经济代价。

第三节
20世纪90年代初步发展时期

20世纪90年代初的钱币收藏研究仍然以古钱币等历史货币为主,当时的钱币学著作还是以研究古钱币、近代机制币为主流(图018、019)。1993年以后情况有所改观,此时官方和造币厂出版了一系列印钞造币方面的重要文献,其中以"中国印钞造币志"系列丛书最为重要,《沈阳造币厂志》《上海造币厂志》《沈阳造币厂图志》和《当代中国货币印制与铸造》等官方或造币厂志更是初次公开汇集了流通硬币生产和铸造的较为翔实的资料(图020—023),对流通硬币的工艺流程、设备技术、设计铸造、金属配比等一系列资料和数据都做了初步的全面汇集,对于流通硬币的研究起到了良好的助推作用。遗憾的是在这些厂志中出于保密的要求,流通硬币的产量没有系统的具体展示,生产年号与套装硬币的资料也有些疏漏和失误。中国人民

图018 《钱币学纲要》,史松霖主编、上海市钱币学会编,上海古籍出版社,1995年版

图019 《中国钱币学》，白秦川编著，河南大学出版社，2014年版

图020 《沈阳造币厂志》，《沈阳造币厂志》编辑委员会编，中国金融出版社，1993年版

图021 《上海造币厂志》，《上海造币厂志》编辑委员会编，中国金融出版社，1993年版

图022 《沈阳造币厂图志——沈阳造币厂建厂一百周年纪念（1896—1996）》，王生龙主编，中国金融出版社，1996年版

图023 《当代中国货币印制与铸造》，《当代中国货币印制与铸造》编委会编，中国金融出版社，1998年版

图024 《中华人民共和国货币图录》，中国人民银行货币发行司编，中国大百科全书出版社，1993年版

银行货币发行司编写的《中华人民共和国货币图录》（图024）也列明了流通硬币的发行年版号及时间，虽有疏误，但也很有价值。同时收藏界出现了分币"五大天王"和"四小龙"的概念，钱币爱好者逐渐认识到了珍稀年版号硬币的收藏价值。但此时的钱币收藏界仍然处于流通硬币是"一个模子刻出来的"的错误认识时期，大多藏家认为流通硬币只有年版号和生产厂家的区别而没有版别区别，此时钱币收藏爱好者和研究者主要是有意识地收藏流通硬币年号大全套和早期与后期套装流通硬币，并初步认识到"五大天王"和珍稀长城币只有在套装硬币中才有。1997年邮币卡大行情中，早期套装硬币和长城币价格曾一度出现了暴涨的局面，早期套装币大全套价格也达到万元。

第四节
21世纪前十年
收藏研究全面发展时期

进入21世纪，流通硬币的集藏出现了快速发展的势头，特别是伴随着2008年到2011年一次较大规模的现代钱币收藏投资热潮，不仅流通硬币价格指数呈现了数倍到十数倍的快速上涨，流通硬币的收藏和研究也取得了长足的发展和快速的进步。在文献著录以及学术研究方面，一是官方和造币厂出版了几部重要的文献资料，二是收藏界出版了几部以流通纪念币为主、流通硬币为辅的收藏类书籍，第一部是柳忠良先生的《中国流通硬币》（图025），作者在该书中对第一套流通硬币（硬分币）的版别做了初步研究和概括归纳，以钱币图文字形为标准把硬分币初步划分为平芒版和露芒版，并列出表格进行归纳，这是一部初具雏形有待完善却很重要的流通硬币版别研究的启蒙著作。另外还有许光先生主编的《中国硬币图录》（图026），流通硬币部分有部分钱币图片和套装硬币图片并列出了当时市场参考价，但钱币图片多为电脑制作而非实物拍照，参考价值不大，更没有流通硬币版别研究内容，只属于简单的图录汇编。

图025 《中国流通硬币》，柳忠良著，北京出版社，2000年版与2001年修订版

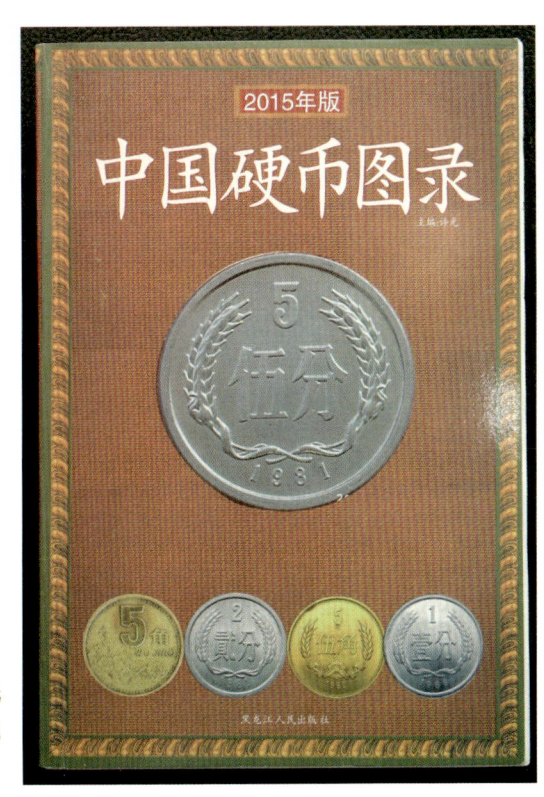

图026 《中国硬币图录》，许光主编，黑龙江人民出版社，2008年版

第五节
近年收藏研究系统完善和大发展时期

2010年以来的最近十几年，流通硬币的收藏市场高潮迭起，如火如荼，流通硬币的学术研究取得了突破性里程碑式的成果，主要表现在以下几个方面：

一是流通硬币的收藏与投资热潮持续升温，网上交易和实体市场交易火爆。很多大的纸币商和专业投资机构都开始关注和投资流通硬币，出现了资金向流通硬币板块流动的明显迹象；长城币系列、套装硬币系列在邮币卡电子交易平台的成功上市与交易也起到了一些助推作用，使得流通硬币价格节节攀升。据不完全统计，从2008年至今，流通硬币板块的价格指数出现数倍到十数倍的跳跃式上涨，如早期套装硬币全套价格从2008年的8万元行价跃升至现在的50余万元，后期精制套装硬币全套价格也从2008年的2000元跃升至1.6万元；国内很多钱币市场也出现了专门经营流通硬币的专柜，如在我国最大的北京马甸福利特邮币卡市场有著名硬币商周进久先生的流通硬币专柜，上海卢工邮币卡市场也成立了经营长城币的专柜，还有很多币商也纷纷成立流通硬币专柜。

二是流通硬币专业交易网站不断涌现，收藏团体纷纷设立。如全国最大的邮币卡专业交易网站——中国投资资讯网（一尘网）在笔者力推与广大泉友力挺地促进下，专门设立了流通硬币专栏，中国集币在线、钱币天堂、赵涌在线等各大钱币网站也纷纷成立流通币专栏或交易栏目，现代钱币网等以流通硬币和流通纪念币为主的专业网站也纷纷设立。2013年由武汉收藏家和社会活动家夏德云先生倡导，与贵州六盘水收藏家杨再盘先生共同发起成立了"全国长城币暨硬币联谊会"（图027），该会是我国第一个全国性的专业流通硬币群众收藏社团，目前已正式纳入中国收藏家协会麾下，发展良好，影响广泛。这些都大大地推进了流通硬币的交易交流和收藏研究。

三是著书立说和文献资料全面开花、硕果累累。官方出版的主要文献：首先是"当代中国印钞造币志"编纂委员会编著的《当代中国印钞造币志1948—2000》（图028），该书全面系统地编辑了四套流通硬币的相关资料，对工艺流程、设备技术、设计铸造、金属配比等一系列资料和数据都做了较为翔实的全面汇集，是目前提供给现代钱币研究者和

图027　全国首届长城币暨硬币联谊会，副会长单位，001号牌匾

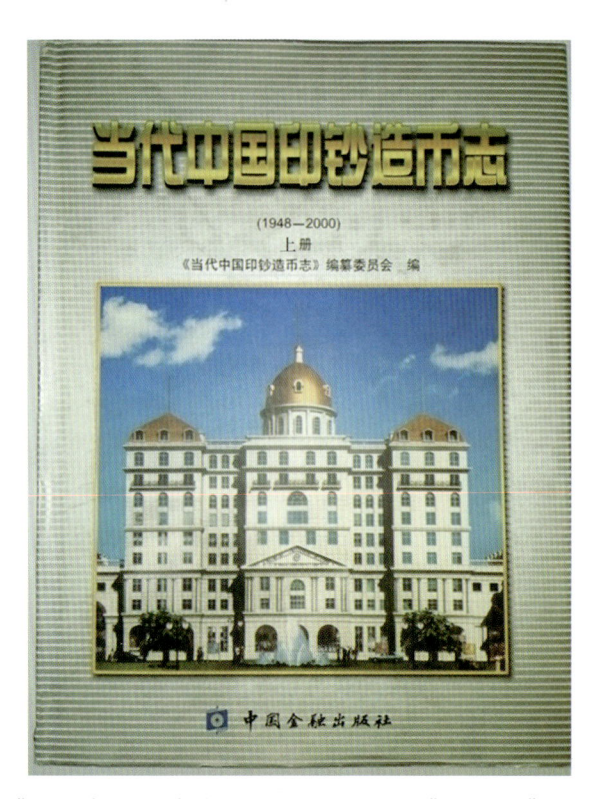

图028 《当代中国印钞造币志1948—2000》上册，《当代中国印钞造币志》编纂委员会编，中国金融出版社，2006年版

爱好者的最全面的生产铸造方面的文献资料；其次是马德伦主编的《中国名片：人民币》（图029），该书以人民币的历史发展为脉络，全面讲述了人民币的印制铸造历程，披露了四套流通硬币的铸造过程与一些鲜为藏界知悉的印钞造币的背景知识与故事，丰富了现代钱币爱好者和研究者关于造币厂印钞造币的背景知识。民间著录也硕果累累，孙克勤先生编著的《中国现代流通硬币标准目录》（图030），这是国内第一部全部实物拍照的流通纪念币和流通硬币的综合标准图录，笔者参与了该书流通硬币文稿部分的少量修改和全面校对工作。限于工具书的体例，加之该书侧重介绍流通纪念币，故流通硬币的版别研究内容较少，

图029 《中国名片：人民币》，马德伦主编，中国金融出版社，2010年版

著者仍沿用其流通纪念币的版别划分习惯，把流通硬币按照制造工艺划分为精制币与普制币两种基本版别，此种流通硬币基本版别划分方法值得商榷；在硬分币的细分版别上，著者则沿用了笔者作为硬分币基本版别划分的平版和凸版的版别分类法和称谓。该书区别于前几部硬币图录的最大特点是，除了极少几种"文革"期间的流通硬币试铸币样之外，数百幅钱币图片全部出自著者收藏的实物钱币，图录完整翔实，并列明了符合市场实际的参考价格，是一本系统全面的流通纪念币与流通硬币的标准图录，对于流通纪念币和流通硬币收藏爱好者可谓一本良好的工具书。

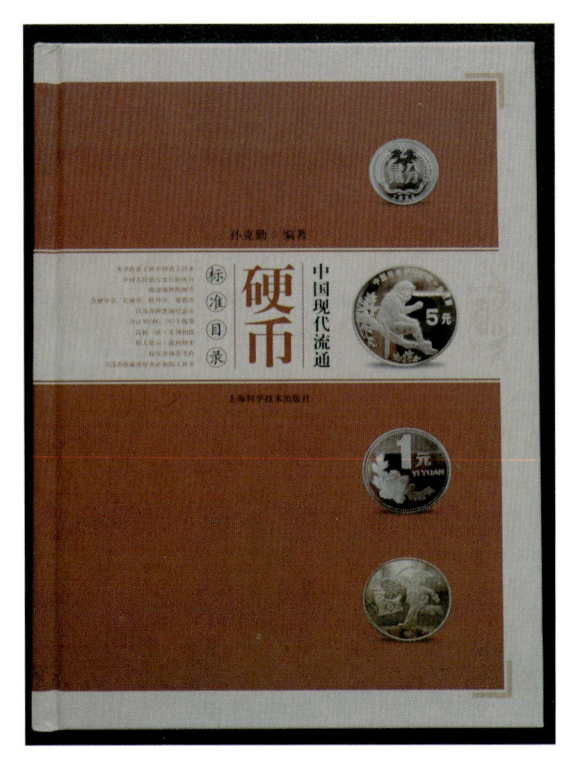

图030 《中国现代流通硬币标准目录》，孙克勤编著，上海科学技术出版社，2012年版

四是流通硬币学术研究取得了突破性里程碑式的研究成果。近几年来在取得了全面系统的流通硬币版别研究成果的基础上，笔者一直坚持在"奉天收藏新浪博客"、一尘网、中国集币在线、现代网等网站发表流通硬币研究的最前沿学术文章，特别是《第二套人民币硬币的版别分类与大系研究》《第三套人民币硬币的版别分类与大系研究》《第二套流通硬币长城麦穗币的版别体系概论》《透视1979—1986年早期套装中国硬币的收藏价值》《漫谈现代流通硬币的收藏与投资》等文章在《中国钱币》《齐鲁钱币》《钱币报》等权威钱币学学术杂志、报刊（图

图031 《中国钱币》，中国钱币博物馆、中国钱币学会主办，系中国最权威的钱币学专业学术杂志

图032 《齐鲁钱币》，山东省钱币学会主办，系山东省最权威的钱币学专业学术杂志

031、032）上的发表，尤其是笔者《硬币收藏十讲》这一填补国内空白的流通硬币专著的出版，对现代钱币收藏与研究的发展产生了广泛深远的影响。这些均是代表流通硬币最前沿的学术研究文章、收藏鉴赏文章和专著，几年来其硬币版别划分方法和按照版别大系收藏硬币的理念在藏界已得到了普遍的认可和广泛的运用，标志着流通硬币的版别和学术研究取得了突破性里程碑式的研究成果，从此流通硬币的收藏研究迈入了全面系统发展的崭新阶段。

中国流通硬币的收藏研究历经三十余载跌宕起伏的发展，综合上述四个方面来看，现已开始全面进入系统完善和大发展的崭新历史时期。

第三章 流通硬币制造企业与生产铸造

第一节
流通硬币生产制造企业简介

在我国专门从事人民币印钞和造币的企业是直属中国人民银行管理的中国印钞造币总公司,是中国人民银行直属的法定从事人民币印制业务的大型全民所有制企业,主营业务是人民币印制以及人民币专用技术、设备的研发与制造,同时不断拓展银行卡研制与生产、印钞造币专用机械和银行机具制造、高纯度金银精炼、增值税专用发票、有价证券、银行专用票据、高级防伪证书等相关业务领域。目前,公司下辖成都、北京、上海、西安、石家庄、南昌等地的6家印钞公司,和沈阳、上海、南京、深圳国宝等4家造币公司,共计22个大中型企业和1个国家级技术中心,拥有员工近3万人,净资产总额300亿元。中国印钞造币总公司在各个历史时期名称分别为中国人民银行发行处、中国人民银行印制管理局、中国人民银行印制总公司、中国近代印刷公司、中国造币公司;其旗下专门生产流通硬币的企业主要有沈阳、上海和南京三家造币有限公司。(图033)

沈阳造币有限公司,隶属于中国印钞造币总公司,是国家指定的专门从事法定货币生产的特殊企业,1896年始建,是我国历史最悠久的造币厂,历经121个春秋的发展,跨越三个世纪的历程,新中国成立后的各个历史时期名称分别为中央造币厂沈阳保管处、沈阳东北银行工业处、东北银行造币厂、沈阳人民造币厂、国营六一五厂、中国造币公司

图033　中国印钞造币总公司主楼外景

沈阳造币厂、沈阳造币厂，主营业务是生产全部四套流通硬币、部分普通纪念币以及贵金属纪念币。1955年版中国首枚1分币，1980年版中国首套1元、5角、2角、1角四种长城麦穗币，1979年中国第一套纪念金币"中华人民共和国成立三十周年"金币，1980年版首套长城币装帧册，1984年版我国第一套流通纪念币"中华人民共和国成立三十五周年"纪念币，1991年版我国首枚梅花5角和菊花1角，均诞生于沈阳造币厂。目前作为国家的特殊大型企业，沈阳造币有限公司实现了新中国流通硬币品种的全部生产，进行了大规模的技术改造，完成了世界最大的造币生产线建设，已发展成为造币能力稳居世界前列的现代化造币企业。（图034）

图034　沈阳造币厂主楼外景

　　上海造币有限公司，隶属于中国印钞造币总公司，是国家指定的专门生产铸造金属硬币的四大造币厂之一，在历史各个时期名称分别为中央造币厂、人民造币厂、国营六一四厂、中国造币公司上海造币厂、上海造币厂；主营业务是生产全部四套流通硬币、部分普通纪念币以及贵金属纪念币。它始建于1920年，已有近百年的历史，主要从事设计生产国家流通硬币、普通流通纪念币、贵金属纪念币业务；凭借雄厚的生产实力和精湛的技术工艺，追求技术与艺术的完美结合，设计生产的纪念币深受国内外钱币爱好者欢迎，并多次获得世界最高奖项。1955年和

图035　上海造币厂主楼外景

1956年版我国首枚5分和2分，1979年版我国第一套金质纪念章"北京风景名胜"，1979年第一套纪念金币"中华人民共和国成立三十周年"金币，1979年版我国第一套装帧套装硬币79小蓝本，1984年第一套普通纪念币"中华人民共和国成立三十五周年"，1991年版我国首枚牡丹1元等均诞生于上海造币厂。目前上海造币有限公司已建成国内唯一、世界最大、技术最先进的钢芯镀镍坯饼生产基地。（图035）

第二节
流通硬币生产铸造工艺流程

我国迄今为止的所有四套流通硬币均是采用现代机制法生产铸造的。

一、制造工艺三个阶段

流通硬币的生产工艺过程分造币材料的生产、造币坯饼的制作和硬币生产三个阶段，其中核心部分是硬币生产环节，包括硬币压印、成品检查、计数包装、装箱入库等工序。

二、原模和印模

硬币压印是用印模将硬币坯饼冲压压印制作成硬币的关键环节，用来冲压坯饼的模具叫印模或工作模。印模由原模翻制而成，复制印模所使用的模具都称为原模。原模包括三类：一是直雕模或阳文原模，指由铜型在雕刻机上缩雕加工而成的阳文模种，用于翻制阴文模；二是阴文模，指由阳文模种翻制而成，用于翻制二元模；三是二元模，指由阴文原模翻制而成，用于翻制工作模即印模。

三、生产工艺流程

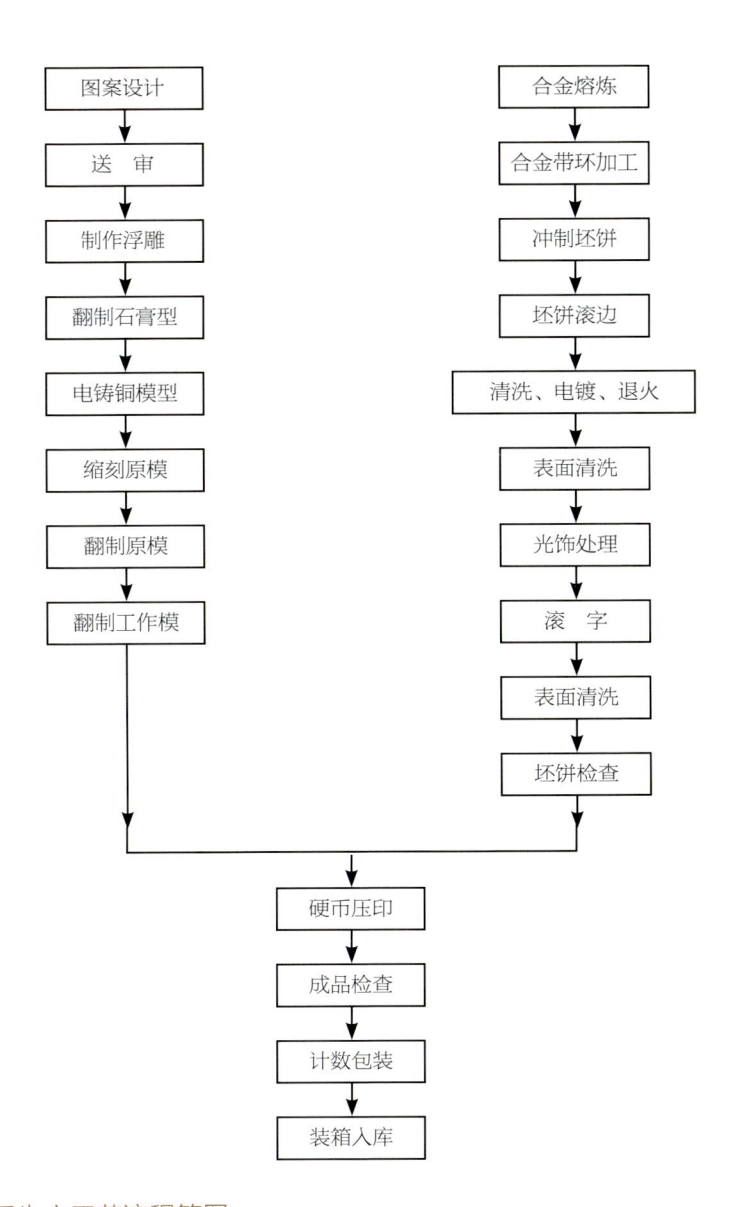

```
图案设计                    合金熔炼
   ↓                          ↓
 送 审                    合金带环加工
   ↓                          ↓
制作浮雕                    冲制坯饼
   ↓                          ↓
翻制石膏型                   坯饼滚边
   ↓                          ↓
电铸铜模型              清洗、电镀、退火
   ↓                          ↓
缩刻原模                    表面清洗
   ↓                          ↓
翻制原模                    光饰处理
   ↓                          ↓
翻制工作模                   滚 字
                              ↓
                            表面清洗
                              ↓
                            坯饼检查
              ↓
          硬币压印
              ↓
          成品检查
              ↓
          计数包装
              ↓
          装箱入库
```

流通硬币生产工艺流程简图

第三节
第一套流通硬币的生产铸造

一、图案设计与模具制造

1948年12月1日，中国人民银行成立并正式发行第一套人民币，在数千年中国货币发行史上首次实现了真正的全国币制统一。1953年中国人民银行决定筹备发行流通硬币，图案设计工作由人行总行印制管理局直接组织，中央美术学院周令钊教授等主持设计流通硬币图案。受当时社会主义阵营中的苏联和东欧国家货币图案的影响，同时又考虑兼具政治性与民族性，最后研究确定了硬币正面主图为中华人民共和国国徽，上标国名，背面图案则为面额、麦穗和铸造年号，如此设计的硬币图文直观大方、庄重威严，版面布局均衡洗练。1954年该设计图案获得国务院批准，年底1分币在沈阳造币厂试制成功。同年人行印制管理局指令沈阳造币厂恢复金属铸币生产，参与我国首套流通硬币的模具制造、合金材质筛选、辅币系列规格研究等。

1953年11月17日，印制管理局通知：恢复硬币（辅币）生产，沈阳厂担负雕刻原模、试制可用合金、研究辅币规格等任务。早年分币原模乃至二元模均为沈阳造币厂提供。1954年9月，沈阳厂开始试生产1分币。1955年1月1日沈阳厂改名为国营六一五厂，之后六一五厂制成1分币实样，1月14日，经中华人民共和国国务院批准，印制管理局下达按照所送1分币实样正式生产1分币的命令，沈阳造币厂开始生产年号为1955年的铝质1分，1957年开始生产2分币，1分、2分币生产到1965年下半年暂停，1969年恢复分币生产，并首次生产5分币。1956年版分币启用铝镁新合金。1954年11月11日，上海造币厂开始试生产铝铜合金5分币，1955年1月上海造币厂改名国营六一四厂，3月制成5分币实样，1955年4月2日印制管理局批复同意按所送5分币实样生产，4月21日上海造币厂开始全面正式开工生产年号为1955年的5分硬币，1956年又开始生产2分硬币。

二、正式投产与公告发行

铝分币前期生产主要依据印制管理局指令的生产计划进行，各造币厂各面额分币首次生产的时间不一致，其中沈阳造币厂、上海造币厂是分币生产的主要企业，还有西安人民印刷厂等协作厂。1分币于1955年1月首先由沈阳造币厂开工铸造，首批年版号为1955，上海造币厂、西安人民印刷厂分别于1956年、1958年首次生产1分币；5分币则于1955年4月由上海造币厂首次开工铸造，首批年号为1955，沈阳造币厂于1969年首次生产5分币；2分币则由上海造币厂、沈阳造币厂分别于1956年、1957年首次生产。

【链接】国务院关于发行金属分币的命令

为了便利市场流通，命令中国人民银行发行金属分币（简称硬分币），规定办法如下：

一、自一九五七年十二月一日起，发行一分、二分、五分三种硬分币。上述硬分币与现在流通的同面额纸质分币的币值相等，即面额一分的硬分币等于面额一分的纸分币，其余类推。

二、硬分币发行以后，纸分币和硬分币在市场上混合流通，任何人不得对上述任何一种分币拒绝使用。

三、严禁假造或熔化硬分币。违者依照一九五一年四月十九日政务院公布的《妨害国家货币治罪暂行条例》处理。

四、各种硬分币的形状、特征，由中国人民银行公告周知。

国务院总理　周恩来

一九五七年十一月十九日

三、合金配比的四次调整

铸造第一套流通硬币的合金材质是铝占绝对比例95%以上的铝基合金，根据生产的硬币质量、耐腐蚀性等技术参数，经反复研究试验，先后经历了四次调整，由开始的铝铜合金逐渐演变定型为现在的铝镁合金。其中铝铜合金币（含铜0.5%）发行年号为1955、1956年，铝镁合金币（含镁1%、锰0.2%）发行年号为1957年，铝镁合金币（含镁5%、锰0.4%）发行年号为1958、1959、1960、1961、1962、1963、1964、1971、1972、1973、1974、1975、1976、1977、1978、1979、1980年，铝镁合金币（含镁1.5%、锰0.4%）发行年号为1981、1982、1983、1984、1985、1986、1987、1988、1989、1990、1991、1992年至今。1956年3月，上海造币厂严阳生去上海冶金陶瓷研究所学习并研制分币第二代铝镁合金（含镁1%、锰0.2%），6月25日印制管理局通知：接国务院批示，同意停止生产铝铜合金分币，采用第二代合金继续生产分币。1957年5月28日，印制管理局批复：为保证国营六一五厂、六一四厂、五四四厂（西安人民印刷厂）分币正、背印模的统一和出厂产品的一致性，确定以上海造币厂报送样品为准。同时沈阳造币厂长期承担了向各造币厂提供二元模种的任务，可见早年生产分币存在各造币厂统一调配和使用原模的情况。1957年5月，印制管理局聘请了苏联造币专家尼·瓦·茹日金和符·安·郭洛文到上海造币厂指导造币工作，并试制第三代分币铝镁合金（含镁5%、锰0.4%），自生产1958年版分币启用，一直沿用到1981年上半年。1962年9月，上海造币厂向上海美术学校要求分配骆行沙、顾杏宝、童友明、陈坚、张强五名学生来厂工作，从事造币印模专业设计浮雕雕刻，这是新中国自己培养的第一代造币印模设计师。1964年8月，印制管理局指示，压缩硬币产量，由日产224万枚降到140万枚；12月又指示：经过十一年的生产，有了充足的储备，暂停生产，直到1969年。1969年上海造币厂接印制管理局通知恢复了分币生产，当年复产完成5分币3470万枚，根据1956年5分银行原盒标签发现有1969、1970年标注日期来推测，此次复产的应为1956年版5分。另外，沈阳造币厂从1969年开始生产5分币，推测开始生产的应是1956年版，这也是565分出现大星版和小星版两种细分版别的原因。1981年8月15日，印制总公司指示：可采用第四代铝基合金（含镁1.5%、锰0.4%）试制分币，1982年版号正式启用，最后这种第四代铝镁合金具有良好的加工性能和所需的耐磨性、耐蚀性，到1986年7月1日正式列入行版标准，行用至今。

四、生产铸造的四个阶段

第一个阶段是1955—1965年十年批量生产时期。这一时期有沈阳、上海造币厂和西安人民印刷厂参与生产，产量逐年增加，由开始的年产亿枚逐渐增产到年产数亿枚，其中1分占54.2%，2分占33.4%，5分占12.4%。

第二个阶段是1966—1968年三年暂停生产时期。1965年6月1日，中国人民银行指示暂时停止分币的铸造。

第三个阶段是1969—1990年大增产、大发展时期。1969年各造币厂重新开始生产铸造分币，年产量从数亿枚提高到1981年的几十亿枚。1981年8月26日开始扩大了协作生产，协作厂生产了9年，为缓解硬辅币市场的供需矛盾做出了积极贡献，到1991年停止协作。其中，1987—1990年的四年间，硬分币年产量达十数亿枚，其中1分占26%，2分占48.6%，5分占25.4%。1955年产量约为亿枚，到1989年达到鼎盛，提高到20亿枚。

第四个阶段是1991—2018年，减产、限产、停产时期。随着物价上涨，市场需求迅速萎缩，1991年产量也迅速下降，1992年停止1分和2分的大规模生产，1994年停止5分币大规模生产，1、2、5分只是在装帧1991—2000年套装《中国硬币》时限量生产20万到30万枚。2000年后2分和5分全面停止生产，为了满足银行记账找零和超市找零，仅限量铸造1分币在部分地区发行，一直到2018年上海造币厂尚在生产1分币，之后一直停产至今。

五、铸造数量与品种比例

截至现在，硬分币已经生产使用了67年的漫长岁月，其间硬分币的生产依据经济的变化历经多次起伏。根据国家对经济工作的总体部署，依据国家对货币发行的不同需求，硬币的生产不是连续的，生产的品种数量每年也不同。1955—1965年十年间，生产能力较低，但产量逐年提升，每年硬分币产量在1亿到数亿之间。1965—1968年之间造币企业全面停产，1969年全面恢复生产。到了80年代，随着国民经济的发展，硬币需求也显著增加，硬币产量提高到年产20亿枚，其间委托沈阳三二一厂和重庆七九一厂协作铸造硬币，并且，组建的国营六一三厂（南京造币厂）也开始生产硬币。80年代末随着经济的发展，物价的上升，分币的使用范围逐步缩小，1988年8月中国人民银行决定从1989年开始陆续停铸分币，其中1、2分币在1992年、5分币在1994年全部停产，直到2000年，其间只是根据发行1991—2000年套装《中国硬币》的需要铸造了少量分币。2000年7月1日，纸分币退出流通领域，根据流通需要，央行决定恢复1分币的生产，直到2018年上海造币厂还在生产1分币，其他造币厂都完全停产并转产了。

概括起来，第一套流通硬币自1955年开始投产截止到1994年全面停产，共铸造815.93亿枚，除去限量生产的只有套装币里才有的特殊年号和版别分币，公开铸行的68种版别分币折合每品种平均产量约11.9亿枚。其中1分币339.79亿枚，占41.6%，公开铸行的26种版别1分币平均折合每种13.07亿枚；2分币319.54亿枚，占39.2%，公开铸行的25种2分币平均折合每种12.78亿枚；5分币156.60亿枚，占19.2%，公开铸行的17种5分币平均折合每种9.21亿枚。可见三种面值的分币中，按年号和版别平均铸造量最少的是5分，1分、2分铸造量相近。

六、硬分币的技术参数

以下展示的是第一套流通硬币全套首发年号551、562、555的标准图片，配以完整的技术参数一览表，供读者查阅（图036—038、表1）。

中国近代积贫积弱，清朝政府和国民党政府虽然引进了近代机制金属币的工艺技术和设备，却没有能力在全国范围内全面发行采用机制工

图036　1955年1分（551分）
背面、币边、正面标准图（18 mm×1.35 mm）

图037　1956年2分（562分）
背面、币边、正面标准图（21 mm×1.6 mm）

图038　1955年5分（555分）
背面、币边、正面标准图（24 mm×1.8 mm）

表1　第一套流通硬币（硬分币）技术参数一览

编号	名称	品种	重量/g	直径/mm	厚度/mm	丝齿数	图案 正面	图案 背面	材质与金属配比	发行时间
L1	1955年版金属币	1分	0.67	18	1.35	101	国徽 国名	麦穗 面额 年号	1955—1956年：铝铜合金（铜0.5%） 1957年：铝镁合金（镁1%、锰0.2%） 1958—1980年：铝镁合金（镁5%、锰0.4%） 1981—2018年：铝镁合金（镁1.5%、锰0.4%）	1957年12月1日
		2分	1.08	21	1.60	115				
		5分	1.63	24	1.80	123				

艺铸造的统一的金属币。中华人民共和国成立之初，通过铝质分币的铸造与发行，终于开启了我国造币业的崭新篇章。新中国第一套流通硬币是我国现代货币史不可或缺的重要组成部分。银光闪闪的小小硬分币是新中国造币业60多年风雨历程的最好历史见证，半个多世纪以来，铝质分币在国民经济金融流通领域承担着辅币找零的职能，为我国经济良好有序的发展与货币流通做出了重要的贡献，闪闪发光的硬分币也已经成为钱币收藏界炙手可热的收藏投资板块。

第四节
第二套流通硬币的生产铸造

一、发行目的和用途

生产铸造第二套流通硬币（长城麦穗币）的初衷不是为了国内市场普遍流通需要，而是在改革开放的新形势下，为满足钱币收藏爱好者的需要，配合发展旅游事业，增加外汇收入，扩大对外宣传和交流，开展向国外销售人民币业务的需要而增发的，把1、2、5角和1元四种金属币，连同流通中的1、2、5分币精制成套装币向外国发售，国内只是象征性地少量发行。该套硬币由沈阳、上海造币厂联合铸造，以沈阳造币厂为主，由于印制管理局没有要求大规模生产，加之生产设备没有及时跟进，两厂并没有专门的铸造四种新版硬币的生产线，而是将生产穿插在分币的生产车间里。

1979年7月，中国人民银行向国务院申请拟增加铸造1、2、5角和1元四种金属币，连同当时正在生产流通的1、2、5分币共七种金属币装帧起来，为满足国内外钱币爱好者的需要作为第一批人民币产品向国外销售出口，随后国务院予以批准。第二套流通硬币的图文正面是国徽和国号，1、2、5角背面是齿轮、麦穗、面值、年号，1元主币背面是长城图案和面值，正面上有年号；这四种新版金属币国内只是象征性地少量发行和流通。

二、生产铸造与金属配比

1980年初沈阳造币厂先投产1、2、5角和1元币，7枚或4枚成套《中国硬币》装帧册没有专门组织生产，而是从每种产品中优选解决，这就是我们现在所说的1980年4枚装小黑本样币和1980年7枚装黑本或蓝本天王套币。沈阳造币厂投产后一直生产到1986年才结束。1980年下半年上海造币厂也相继开始投产。1980年7月10日，印制管理局下达任务，命令上海造币厂生产铜基合金材质的1、2、5角、1元四种金属币，8月试制成功，10月正式投产。上海造币厂投产后一直生产到1981年，后于1983年续产。其中1元币两厂都续产至1986年结束。

1980年1元币采用B19铜镍合金（含铜81%、镍19%），俗称白铜；上海造币厂1984年开始1元纪念币采用B25铜镍合金（含铜75%、镍25%）；1980年始，上海造币厂采用H68铜锌合金（含铜68%、锌32%）生产1、2、5角币。沈阳造币厂则采用铜锌合金（含铜70%、锌30%）生产1、2、5角币。可见两厂的角币金属配比不全相同而略有差异，这可能就是现在爱好者发现角币存在所谓"红铜""黄铜"不同色泽氧化包浆的原因。

三、铸造数量与品种比例

从铸造数量看，第二套流通硬币产量很少，1980年投产后年产量一直很低，截至1986年仅生产了短短七年即全面停产。七年中两个造币厂总共仅铸造2.37亿枚，其中上海造币厂仅铸造了3853.8万枚，其余近2亿枚是沈阳造币厂铸造的。根据笔者测算，公开铸行的17种版别硬币折合每品种平均产量约1394万枚。其中1角铸造8279万枚，占35.0%，公开铸行的4种1角币折合每种产量约2070万枚；2角共铸造1827.5万枚，占7.7%，公开铸行的3种2角币折合每种产量约609万枚；5角共生产3934.7万枚，占16.6%，公开铸行的4种5角币折合每种产量约984万枚。由此可见作为流通硬币的2角、5角平均每个年版号的产量比绝大多数流通纪念币的产量要少得多。1元共铸造9638.4万枚，占40.7%，公开铸行的6种版别的1元币折合每种平均产量约1606万枚；上面平均概算没有统计精制套装硬币册中的珍稀品种，像1982、1984、1986年版和1981年上海版、1985年2角产量只有660枚到2万枚之间，少得可以忽略不计。

四、长城麦穗币的技术参数

以下展示的是第二套流通硬币全套首发年号801、8005、8002、8001的标准图片，配以完整的技术参数一览表，供读者查阅（图039—042、表2）。

【链接】中国现代钱币史上的1979

在中国现代钱币史上，对于我国现代钱币收藏爱好者及研究者而言，1979年是一个极其重要的、很不平凡的年份。

第三章 流通硬币制造企业与生产铸造

图039　1980年1元（801元）
背面、币边、正面标准图（30 mm×1.9 mm）

图040　1980年5角（8005角）
背面、币边、正面标准图（26 mm×1.7 mm）

图041　1980年2角（8002角）
背面、币边、正面标准图（23 mm×1.5 mm）

图042　1980年1角（8001角）
背面、币边、正面标准图（20 mm×1.3 mm）

表2　第二套流通硬币（长城麦穗币）技术参数一览

编号	名称	品种	重量 g	直径 mm	厚度 mm	丝齿数	图案 正面	图案 背面	材质与金属配比	发行时间
L2	1980年版金属币	1元	9.32	30	1.9	165	国徽 国名年号	长城 面值	铜镍合金（铜81%，镍19%）	1980年4月15日
		5角	6.02	26	1.7	140	国徽 国名	麦穗 齿轮 面值 年号	铜锌合金（沈币：铜70%，锌30%）（上币：铜68%，锌32%）	
		2角	4.18	23	1.5	120				
		1角	2.62	20	1.3	110				

1979年，中国第一套装帧流通硬币"1979年小蓝本"的诞生，开启了我国流通硬币限量装帧成册发行的历史先河（图232—234）。从此伊始，1979—1986年人行版早期套装《中国硬币》，和1991—2000年人行版后期套装《中国硬币》蓬勃发展起来。它们不仅极大地丰富了中国硬币的品种版别，更涌现了中国现代钱币史上硬币的大多数珍品，诸如硬分币"五大天王"，硬分币"七大珍""八小珍"和25枚"小天王"，1986、1984、1982等长城币"四大珍"和"十七珍"，以及老三花币中的2000年牡丹1元、菊花1角"双花天王"。

1979年，中国第一套贵金属纪念币"建国三十周年"纪念金币（图016）的诞生，开启了我国贵金属纪念金币发行的历史先河。自此以后，中国贵金属纪念币收藏事业蓬勃发展起来，到现在已经发展为拥有十个题材系列、2000多个品种版别的丰富多彩的现代钱币收藏的重要领域，更涌现出以1991年5公斤熊猫金币为代表的金币"七大珍"，和以5盎司"天下为公"金币为代表的金币"七君子"，以及很多"老精稀"精品品种。

1979年，中国第一套贵金属纪念币"国际儿童年"纪念银币（俗称"银浇花"）的诞生，同时也配套发行了我国第二套纪念金币"国际儿童年"金币，开启了我国贵金属纪念银币发行的历史先河。

中国现代钱币史册上的1979年真的很不平凡。

——摘自奉天收藏新浪博客第152篇博文

2015年9月6日

五、人行版套装《中国硬币》精装本

《中国硬币》精装本通过专门设计的包装将流通硬币成套装帧，增加了文字说明或证书，增强了流通硬币的文化底蕴，提高了收藏品位，更利于弘扬民族钱币文化，满足国内外钱币收藏爱好者的需要。装帧币需要经中国人民银行货币发行部门批准，由指定的货币发售单位发行。装帧币质量有精制、半精制、普制三种。

精制装帧币系采用金银纪念币生产加工工艺特制，用以满足广大钱币收藏家、集币爱好者之所需。沈阳造币厂和上海造币厂自1979年到2000年先后生产有4枚套装、7枚套装、8枚套装、6枚套装等4种，共计18种年版号的精制及普制中国流通硬币套装。

【链接】在20世纪80年代初中国人民银行发布了一个通知，说明了第一、二套流通硬币7枚装《中国硬币》精装本以及第三套人民币纸币精装本的发行目的、发行方式以及销售价格，通知如下。

中国人民银行，中国银行，关于发售人民币（纸币硬币）精装本的通知

中国人民银行各省、市、自治区分行，中国银行各分、支行，总行营业部：

为了加强我国与世界各国科学技术、文化艺术的交流，增进各国人民之间的友谊，满足各国货币收藏家和爱好者的需求，同时，为了给国家增收外汇，为"四化"积累资金，经国务院批准，特将新发行的一、二、五角，一元硬币和现行的一、二、五分硬币共七枚装成一册；一、二、五分，一、二、五角，一、二、五元，十元纸币共十种装为一册。两种精装本决定从一九八零年五月十五日起向全世界发售。现将有关事项通知如下：

一、对外发售工作由中国人民银行印制总公司中国造币公司统一组织，各单位不得自行销售。

二、国内委托北京、上海、杭州、广州、南京五地中国银行代销；海外委托香港宝生银行和新加坡有明公司代销。国内外代销手续费为3%。

三、由于新发行的一、二、五角，一元的硬币数量有限，优先供应发售，国内门市概不兑换。国内发售的纸币、硬币精装本只限外宾、华侨和港澳同胞购买。购买一律使用外汇或外汇兑换券。携带出境时，请海关准予放行。

四、北京、上海、广州、南京、杭州中国银行所需出售的硬币和纸币精装本，由中国造币公司负责调运。出售所得的外汇兑换券，请暂时开外汇人民币账户存放，待将来外汇留成比例确定后，上划中国银行总行结算。

五、委托国外代销的大批量纸币、硬币精装本的出境手续，由总行与海关总署联系办理。

附：人民币精装本销售价格表

抄送：海关总署、新华社、人民日报

附件　人民币精装本销售价格表

品名	单位	国内销售价格 （人民币外汇兑换券/元）
七种硬币	本	6.00
十种纸币（锦缎面）	本	38.00
十种纸币（牛皮面）	本	38.00

中国人民银行　中国银行

关于人行版套装《中国硬币》精装本的发行数量问题，历来众说纷纭、莫衷一是，在发现更新的官方文献和历史资料之前，以下归纳总结的统计表是目前最权威、最全面、最准确的数据。（见表3、表4）

人民银行官方资料、中国印钞造币总公司、《沈阳造币厂图志》、《上海造币厂志》、康银阁钱币公司的记载和有关史料证实，加之对市场情况合理的估算，人行版早期套装《中国硬币》精装本，1980、1981年普制红本、1981精制白册、1982、1983、1984年沈阳版、1984年上海版、1985年、1986年版精装册的发行数量如表3统计。其中1981年普制红本、1984年上海版是根据市场实际推算的大致数量。1981年精制白册、1982、1983年精装册是估算数量，这三种精装册加上1984年上海版精装册总量为57589套。其中1983年精制红本和精制白本业内普遍认为是人行礼品装，由于市场罕见，生产数量无法估算。

人行版后期套装《中国硬币》精装本，1991、1992、1993、1994、1995、1996、1997、1998、1999、2000年版普制和精制精装本的发行数量如表4统计。其中1997、1998、1999、2000年精制塑卡木盒装业内普遍认为是人行礼品装，亦是根据市场实际估算的大致数量，包含在总数2万套之内。

【链接】中国人民银行关于第三套人民币停止流通的公告

经国务院批准，中国人民银行从2000年7月1日起停止第三套人民币在市场上流通，现公告如下：

一、第三套人民币停止在市场上流通的具体券别：

（一）1960年版，正面图案为"教育与生产劳动相结合"，主色枣红一角券；

第三章　流通硬币制造企业与生产铸造

表3　人行版1979—1986年早期套装《中国硬币》精装本一览

年版号	造币厂	装帧册与币章	铸造质量	生产数量	珍稀度	参考价（元）
1979年	上海造币厂	四枚装塑封蓝本	普制	1万	★★★★	15000
1980年	沈阳造币厂	四枚装塑封小黑本（样币）	（半）精制	<2万	★★★★	35000
1980年	沈阳造币厂	七枚装塑封黑本、蓝本	普制	8万	★★★	15000
1981年	沈阳造币厂	七枚装塑封红本	精制	<3000	★★★★☆	55000
1981年	上海造币厂	八枚装纸卡白册（含鸡章）	精制	<2万	★★★★	18000
1981年	上海造币厂	一枚装精制长城币水晶板	精制	极少	★★★★☆	28000
1982年	上海造币厂	八枚装纸卡白册（含狗章）	精制	<2万	★★★★	16000
1982年	上海造币厂	八枚装塑卡绿册（含猪章）	精制	<2万	★★★★	13000
1983年	上海造币厂	七枚装塑封红本（礼品装）	精制	极少	★★★★★☆	38000
1983年	上海造币厂	七枚装塑封白本（礼品装）	精制	极少	★★★★★☆	35000
1984年	沈阳造币厂	八枚装塑卡白册（含鼠章）	精制	5750	★★★★★☆	18000
1984年	上海造币厂	八枚装塑卡白册（含鼠章）	精制	<3000	★★★★★☆	55000
1984年	上海造币厂	七枚装精制长城币水晶球	精制	极少	★★★★★☆	58000
1985年	沈阳造币厂	八枚装塑卡白册（含牛章）	精制	4825	★★★★★☆	38000
1986年	沈阳造币厂	八枚装塑卡白册（含虎章）	精制	660	★★★★★	48万

61

表4　人行版1991—2000年后期套装《中国硬币》精装本一览

年版号	造币厂	装帧册与币章	
1991年	中国印钞造币总公司	三枚绿塑卡装	
		六枚塑卡彩盒装	
		六枚塑卡彩盒装	
1992年	中国印钞造币总公司	六枚塑卡彩盒装	
		六枚塑卡彩盒装	
1993年	中国印钞造币总公司	六枚塑卡黑盒装	
		六枚塑卡绒盒装	
1994年	中国印钞造币总公司	六枚塑卡黑盒装	
		六枚塑卡绒盒装	
1995年	中国印钞造币总公司	六枚塑卡黑盒装	
		六枚塑卡绒盒装	
1996年	中国印钞造币总公司	六枚塑卡黑盒装	
		六枚塑卡绒盒装	
1997年	沈阳、上海造币厂铸造，康银阁公司装帧	六枚塑卡盒装	
		六枚塑卡礼盒装	
		六枚塑卡木盒装（礼品装）	
1998年	沈阳、上海造币厂铸造，康银阁公司装帧	六枚塑卡盒装	
		六枚塑卡礼盒装	
		六枚塑卡木盒装（礼品装）	
1999年	沈阳、上海造币厂铸造，康银阁公司装帧	六枚塑卡盒装	
		六枚塑卡礼盒装	
		六枚塑卡木盒装（礼品装）	
2000年	沈阳、上海造币厂铸造，康银阁公司装帧	六枚塑卡盒装	
		六枚塑卡礼盒装	
		六枚塑卡木盒装（礼品装）	

（二）1962年版，正面图案为"教育与生产劳动相结合"，背面主色调为深棕、浅绿的一角券；

（三）1962年版，正面图案为"教育与生产劳动相结合"，背面主色调为酱紫、橘黄的一角券；

（四）1962年版，正面图案为"武汉长江大桥"，主色墨绿色二

生产数量	珍稀度	参考价（元）
<2万	★★★★★	38000
18万	★★★	250、350（贴条）
2万	★★★★	2800
9.2万	★★★	1000
13.2万	★★★	900
28万	★★★	200
2万	★★★★	750
28万	★★★	200
2万	★★★★	750
28万	★★★	200
2万	★★★★	750
28万	★★★	200
2万	★★★★	750
30万	★★★	180
2万	★★★★	750
<2000	★★★★☆	2500
30万	★★★	180
2万	★★★★	750
<2000	★★★★☆	2500
30万	★★★	180
2万	★★★★	750
<2000	★★★★☆	2500
30万	★★★☆	2500
2万	★★★★☆	6500
<2000	★★★★★	10000

角券；

（五）1972年版，正面图案为"纺织厂生产图"，主色青莲色五角券；

（六）1960年版，正面图案为"女拖拉机手生产图"，主色深红色一元券；

（七）1960年版，正面图案为"车床工人生产图"，主色深绿色二元券；

（八）1960年版，正面图案为"炼钢工人生产图"，主色深棕色五元券；

（九）1965年版，正面图案为"人民代表步出人民大会堂"，主色黑色十元券；

（十）1980年版，直径分别为20mm、23mm、26mm、30mm的硬1角、硬2角、硬5角和硬1元币。

二、该套人民币持有者可限期到各商业银行的营业网点兑换，兑换时间为2000年1月1日—6月31日。

行长　戴相龙
一九九九年十二月三日

第二套流通硬币于1987年初停止铸造，中国人民银行于1999年12月10日发布公告，自2000年7月1日起停止第三套人民币（包括纸币和硬币）的市场流通，如此，第二套流通硬币是新中国成立后我国迄今为止唯一一套正式退出流通领域的流通硬币。第二套流通硬币公开发行的普制币年版号为1980、1981、1983、1985（其中1985年版号2角币未生产普制币），普制套装币的年版号分别为1979、1980、1981（红本），精制套装币的年版号分别为1981（白册）、1982、1983、1984（沈阳版和上海版两种）、1985、1986。长城麦穗币图案庄严、工艺精湛、币材较贵、铸量稀少，在钱币收藏界已成为爱好者竞相追逐的钱币珍品，在新中国铸币史上有着独特的历史地位和重要意义。

第五节
第三套流通硬币的生产铸造

一、设计发行与生产铸造

在20世纪80年代中后期,伴随着改革开放和经济发展,流通硬币的市场流通量需求急剧增加,第三套流通硬币应运而生。第三套流通硬币是为了实现流通硬币的品种和面貌更新换代,与已经开始印刷发行的第四套人民币纸币相匹配而设计铸造的,正面图文是国徽、国号和年号,周边装饰国号的汉语拼音,背面图文则选用我国的传统名花,分别为牡丹、梅花、菊花,新图案设计隐喻祖国改革开放,欣欣向荣,图案庄重威严又不失新颖活泼,具有浓郁的民族风格。

自1990年开始,上海造币厂采用钢芯镀镍坯饼生产1元硬币,以含碳0.008%—0.03%的低碳钢为基体,表面镀21±3微米镍。1991年3月4日,印制总公司向沈阳造币厂、上海造币厂下发了第四套人民币硬币技术准备的通知,要求两厂按照试制、试产、投产程序组织工作,试制结束后,由总公司组织鉴定。7月,1角、5角、1元硬币样币经中国人民银行、印制总公司审定批准后,报请国务院批示,经同意开始铸造。其中1角、5角硬币是沈阳造币厂于1985—1991年设计、试验、开发的。1角币材采用与分币一样的铝镁合金,光边无丝齿,形制上为外圆内九边形的币边,造型较为新颖独特;5角币材则采用新型黄铜合金,色泽优美呈金黄色，背图采用梅花图案，设计及艺术造型精美，币边首次采用防伪性能更强的间断丝齿。9月20日，印制总公司下发了上海造币厂1元币的百万枚试产鉴定证书。1元币是上海造币厂于1985—1991年设计、研制、试验、开发的，采用钢芯镀镍（镍包钢）新型币材，光边无丝齿，由上海造币厂工艺美术师顾杏宝、余敏担任雕刻师，背图以牡丹作为主图，造型雍容华贵、美观大方。1992年南京造币厂也开始正式转产1992年号的1角和1元币，分别由沈阳造币厂和上海造币厂提供二元模。1992年6月1日中国人民银行公告开始正式发行铝镁合金1角、铜锌合金5角和钢芯镀镍1元三种面额的新版金属币。前后生产了十年，1角币由沈阳造币厂研发，于1991年开始投产，南京造币厂和上海造币厂分别于1992年、1993年参与铸造，三个造币厂于1999年停止大规模生产，2000年只生产了32万枚用于装帧《中国硬币》套装册，之后完全停止铸造；5角币由沈阳造币厂研发，于1991年开始投产，一直是独家生产，并于2001年停止铸造；1元币由上海造币厂研发，于1991年开始投产，南京造币厂、沈阳造币厂分别于1991年、1996年开始参与铸造，三厂于1999年全面停止大规模生产，其中沈阳造币厂1996—1999年期间只生产了1996年版号1元，上海造币厂2000年只生产了32万枚牡丹1元用于装帧《中国硬币》套装册，之后也完全停止铸造。

二、铸造数量与品种比例

从铸行数量来看，第三套流通硬币是前三套中平均年产量、铸行量最大的一套流通硬币。1991年投产，当年产量即达到数亿枚，大规模生产于2000年基本结束，1991—2000年的十年生产期间，总计铸造349.37亿枚。据笔者测算，不计未公开发行的2000年牡丹1元和菊花1

角，公开铸行的29种版别币折合每种产量约12.05亿枚。其中1角209.01亿枚，占59.8%，公开铸行的9种版别币折合每种产量约23.22亿枚；5角51.30亿枚，占14.7%，铸行的11种版别币折合每种产量约4.66亿枚。因为黄铜材质较贵，作为流通硬币的梅花5角平均每个年版号产量比现在5亿发行量的纪念币都少；1元89.06亿枚，占25.5%，公开铸行的9种版别币折合每种产量约9.90亿枚。

三、老三花币的技术参数

以下展示的是第三套流通硬币全套首发年号911元、9105角、9101角的标准图片，配以完整的技术参数一览表，供读者查阅。（图043—045、表5）

图043　1991年1元（911元）
背面、币边、正面标准图（25 mm × 1.85 mm）

图044　1991年5角（9105角）
背面、币边、正面标准图（20.5 mm×1.65 mm）

图045　1991年1角（9101角）
背面、币边、正面标准图（22.5 mm×2.4 mm）

第三套流通硬币设计精美大方、币材科技含量高，于1992年6月1日正式发行，不像第二套流通硬币一样只是小批量、象征性地在国内发行，而是进行了年产十数亿枚的大规模生产，真正意义上参与了广泛流通，完全实现了中国造币人打造新系列流通硬币的梦想，见证了我国造币工艺、机器设备、人才梯队的茁壮发展，成为中国造币业值得自豪的篇章。综合看，第三套流通硬币真正实现了流通性、技术性、文化性、艺术性的统一，是新中国造币史上的光辉篇章。

表5 第三套流通硬币（老三花币）技术参数一览

编号	名称	品种	重量 g	直径 mm	厚度 mm	币边	图案			材质与金属配比	发行时间
							正面	背面			
L3	1991年版金属币	1元	6.05	25.0	1.85	光边	国徽 国名 年号 拼音	牡丹面值		钢芯镀镍	1992年6月1日
		5角	3.80	20.5	1.65	间断丝齿6组×8根		梅花面值		铜锌合金	
		1角	2.20	22.5	2.40	光边		菊花面值		铝镁合金（镁1.5%，锰0.4%）	

第六节
第四套流通硬币的生产铸造

一、设计发行与生产铸造

20世纪80年代末，第五套人民币纸钞和硬币的整体设计研制工作逐步开展。第四套流通硬币是在20世纪90年代末，为了满足市场流通量的巨大需求，进一步提高流通硬币铸造量和科技含量，丰富流通硬币的品种规格，与第五套人民币纸币相配套而设计铸造的。

截至目前，第四套流通硬币先后发行了铝合金1角币、钢芯镀镍1元币、钢芯镀铜5角币和不锈钢1角币四种金属币。该套硬币的特点：一是正面图文把"中华人民共和国"国号换成了"中国人民银行"行名，花卉再次成为背面主图；二是增强了防伪技术，1元主币采用了"边缘滚字"新技术；三是币材进行了更新换代，5角币采用了铜包钢币材，2004年1角币从铝合金币材转为新型不锈钢币材，结束了铝合金材质硬币长达半个多世纪大规模生产的历史。

经国务院批准，中国人民银行发布公告，2000年10月16日开始正式发行铝镁合金1角币和钢芯镀镍1元币，2002年11月18日发行钢芯镀铜锡合金5角币，由沈阳、上海和南京造币厂联合生产。1999年第五套人民币硬币样币经中国造币总公司报请中国人民银行批准后，报送国务院经朱镕基总理批示同意后开始正式生产铸造。1999年10月28日，1角币在上海造币厂正式投产，沈阳造币厂同年开始参与铸造，截至2000年底共生产30亿枚；1元主币在上海造币厂正式投产，沈阳造币厂于2002年开始参与铸造，2000年即铸造15亿枚；2002年5角币在南京造币厂正式投产，沈阳造币厂于同年参与铸造；2004年1角不锈钢币于南京造币厂正式投产，沈阳造币厂于同年参与铸造，铝合金1角停止铸造。

二、铸造数量与品种比例

迄今为止，根据产量统计，从铸行数量来看，第四套流通硬币是所有四套流通硬币中铸行量、年产量最大的一套流通硬币，平均每年每个品种的产量在十数亿到数十亿枚。

三、新三花币的技术参数

以下展示的是第四套流通硬币全套首发年号991、0205、9901、0501的标准图片,配以完整的技术参数一览表,供读者查阅。(图046—049、表6)

总体来讲,第四套流通硬币应当说在流通功能和造币技术上有了很大提升。通过第四套流通硬币的生产,我国进入了世界造币业的先进行列。但从收藏文化角度看,第四套流通硬币仅注重了技术性和流通性,其设计缺乏我国传统文化底蕴,文化性、艺术性和美观度较低,加之违反国际上硬币铸造国号的惯例,取消了中华人民共和国国号而采用人民银行行名,降低了硬币象征国家主权的权威性,其收藏属性和艺术性较之前三套流通硬币不可同日而语矣,不得不说比较遗憾。

关于第五套流通硬币小三花币、由于系近年刚发行,不再赘述。

图046　1999年1元(991元)
背面、币边、正面标准图(25 mm×1.85 mm)

图047　2002年5角（0205角）
背面、币边、正面标准图（20.5 mm×1.65 mm）

图048　1999年铝质1角（9901角）
背面、币边、正面标准图（19 mm×1.65 mm）

图049 2005年钢质1角（0501角）
背面、币边、正面标准图（19 mm×1.65 mm）

表6 第四套流通硬币（新三花币）技术参数一览

编号	名称	品种	重量 g	直径 mm	厚度 mm	币边	图案		材质与金属配比	发行时间
							正面	背面		
L4	1999年2002年2005年版金属币	1元	6.05	25.0	1.85	滚字"RMB"星号	行名面值年号	菊花拼音	钢芯镀镍	2000年10月16日
		5角	3.80	20.5	1.65	间断丝齿6组×8根		荷花拼音	钢芯镀铜	2002年11月18日
		1角	1.15	19.0	1.65	光边		兰花拼音	铝镁合金（镁5%、锰0.4%）	2000年10月16日
		1角	3.20	19.0	1.65	光边		兰花拼音	不锈钢	2005年8月13日

第四章 流通硬币版别分类与收藏大系

第一节
流通硬币的版别概念

　　史上关于流通硬币版别研究的著录寥寥无几，早年笔者曾拜读过柳忠良先生2000年出版的专著《中国流通硬币》，并受其对硬分币版别的研究启发，后来多年一直致力于收集流通硬币的实物资料，潜心研究其版别分类与大系，于2010年前后归纳总结成文并发表于《中国钱币》《齐鲁钱币》《钱币报》等钱币专业报纸杂志，并于2011年在全国首次出版了一部流通硬币专著——《硬币收藏十讲》。对于笔者的版别研究，柳忠良先生在其文章里也大多予以首肯（见柳先生《第二套人民币硬币的版别（上）》，2013年5月《钱币》报，第九期）。此文中柳先生认为硬分币大版别的判定原则有以下几条：①根据硬分币上的不同年号确定不同版别，同一年号的硬分币根据局部图案的明显不同确定为不同版别；②图案微大或微小、局部图案差异不大和文字笔画粗细不一，不作为判定大版别的依据；③普制和精制（铸造质量）的不同，不作为判定大版别的依据；④铸造过程中产生的残次品上的特征不作判定版别的依据。可见柳先生的观点和笔者关于第一套流通硬币版别的定义和硬分币版别的划分是基本一致的，其"硬分币版别的基本情况"一节中所列117种版别，和笔者的列表相比较除了缺少1956年5分大星版一种，其他完全和笔者文章所列的《第一套流通硬币118枚版别大系收藏表》重合（见笔者文章《第一套流通硬币（硬分币）版别分类与大系研究》，

2012年1月《钱币报》，第二期）。也曾有学者提出按照硬分币原模的变化和修改来划分硬分币的版别类型，把硬分币的版别划分为标准版（或老版）、新版、标准修改版和新版修改版四种类型，但笔者认为此种命名方法虽可以体现原模演化的过程，但不能体现每种版别类型的版别特征，尚有进一步提升的空间。还有学者提出按照流通硬币制造工艺的不同，把流通硬币版别划分为精制和普制两种基本版别，笔者认为此种分类方法仅体现了硬币铸造质量的差异所造成的硬币表面状态和品相变化的非本质区别，而没有体现原模设计雕刻的差异造成硬币图文变化的本质区别，故此说值得商榷。

经过多年来对流通硬币版别的研究和考证，也曾就版别问题请教过戴志强老师，并与很多知名藏家交流探讨，笔者逐渐形成了清晰完整的流通硬币版别概念。所谓流通硬币的版别（基本版别、大版别），从钱币学上讲，系因原模和模圈的设计、雕刻等方面的明显区别导致压印的硬币具有面额、年号、图纹、文字、重量、大小、厚薄等的根本区别，或者因材质的显著不同而铸造的硬币，称之为不同版别。如图纹、重量、大小、厚薄、材质的区别达到明显的程度，文字书写、年号、面额不同都会产生不同版别的硬币；而因印模或工作模的工差、铸造工艺、生产质量等因素导致压印的硬币出现的非根本的差异不属于不同版别，而属于趣味币或特殊品，如不同批次印模的工差所致的细微的图文差异、笔画略有粗细，生产工艺所致的背逆、深浅打、圆直齿差异，生产质量标准高低所致的精制、普制、初铸、末打、残次币等，不属于不同版别而属于不同趣味币或特殊品。可见版别的区别是根本的、明显的、固定的和可批量重复的，而且不会随着时间的流逝而消退；趣味币的区别是非根本的或者其产生是随机的、偶然的，而且要么是区别不明显，不适宜作为不同版别对待，要么会随着时间的流逝逐渐消退而掩盖于历史长河之中。

第二节
流通硬币的版别分类

一、第一套流通硬币的版别分类

我们把第二套人民币大系中1957年12月开始发行的1分、2分、5分硬币统称为第一套流通硬币。截至目前，从1955年开始生产至2018年发行的最后一枚1分硬币为止，第一套流通硬币已经发行和流通了整整一甲子的岁月，是新中国钱币史上流通时间最长的一套硬币。关于硬分币的版别，史上的专著和网间研究都很少，而且也有许多错误和纰漏。更为甚者有爱好者把精制币、普制币、粗细体、背逆币、多肉币等趣味币和特殊品也当作不同版别，较为混乱。流通硬币研究者以前对硬分币有"露芒版"和"平芒版"的版别划分方法，也有标准版、新版、标准版修改版和新版修改版的划分方法，还有"精制币"和"普制币"的版别划分方法。经对大量实物样本的研究，笔者发现上述这些版别分类方法尚不能完全涵盖硬分币的所有版别类型，或者不能体现和表征硬分币不同版别的全部特征，因此需要对硬分币的版别重新做更进一步的划分和命名，在此笔者斗胆抛砖引玉，试作论述。

（一）第一套流通硬币版别判定原则

关于硬分币的基本版别分类，笔者认为硬分币基本版别（大版别）

的判定原则是：①年版号的不同是区分版别的第一个标准，相同面额硬分币根据不同年版号定为不同版别（图050—052）；从1955年到2018年为止，总计有不同年版号的硬分币108种。这就是所谓的硬分币108种年号大全套。②原模设计与雕刻的不同所致硬币图文的明显差异是区分不同基本版别的第二个标准，即同一年号和面额的硬分币根据图文的明显不同确定为不同版别；所有硬分币品种中，除了年版号的不同之外，部分年号硬币还因原模设计雕刻的不同导致压印的硬币出现了基本图案、文字、年号字体的明显差异，以此为标准，硬分币可划分为平版、凸版和混合版三种基本版别类型。如此，在108种年号大全套基础之上，再加上12种版别币，从1955年到2018年为止总计包含200种版别。③非因原模设计雕刻的差异而是由于工作模的工差所致，或者由于生产工艺原因所致的图案微大或微小、局部图案微小差异或文字笔画略有粗细不一，不作为不同版别的判定依据（图053—056）。④相同原模下普

图050　561分和571分背面，因年号不同判定为不同版别

图051　602分和612分背面，因年号不同判定为不同版别

图052　565分和575分背面，因年号不同判定为不同版别

图053　555分大星（左）和小星（右）趣味币背面

图054　555分大星（左）和小星（右）趣味币正面，图案细微差异，不作为不同版别

图055　565分年号粗体（左）和细体（右）趣味币背面，字体略粗略细的细微差异，不作为不同版别

图056　565分年号粗体（左）和细体（右）趣味币正面

制和精制的铸造工艺不同,其实质乃是铸造质量的不同,只在量上影响硬币品相优劣、表面状态和美观度而并未改变硬币图文的本质属性,因此不作为不同基本版别的判定依据(图057)。⑤铸造过程中产生的残次品、瑕疵品、趣味品不作为不同版别(图058)。按照以上硬分币版别的判定原则,经仔细对比和甄别每个年号硬分币的大量实物样本,包括公开发行进入流通的硬分币,和不公开发行未进入流通的套装硬币,笔者发现硬分币共有三种基本版别类型,总计120种版别,即硬分币的版别大全套共有120种。

(二)第一套流通硬币基本版别分类

为了更全面地表述不同版别的特征,笔者根据硬币原模设计雕刻的差异所致的硬币图纹和文字的差异,把硬分币划分为"平版""凸

图057　825分普制币(左)与精制币(右),相同原模,铸造质量不同,不作为不同版别

图058 782分偏打币背面、正面，铸造质量瑕疵，不作为不同版别

版""混合版"三种基本版别类型。

第一种版别称为"平版"（P），即平芒、圆弧钩、"人"字起笔平头，主要是由沈阳造币厂刻模和铸造的，也是硬分币最常见的版别（图059）。其主要的版别特征：①背面左右麦穗从下面数第二个麦芒尖部与飘带的结合部是平行的；②"分"字的刀字部的钩是平滑的圆弧钩；③"分"字"刀"里的撇和横大多是平行粘合的；④正面"人"字的起笔是平的，没有顿笔。总之，这种最常见的版别特征就是"平"，因此可用"平版"概括。平版硬分币是第一套流通硬币最主要的版别，是早期1955年到1971年间由沈阳造币厂担负设计雕刻原模任务，将原模（主要是其中的二元模模种）提供给上海造币厂和西安人民印刷厂进行生产铸造的硬分币版别类型。平版在造币原模的演化上则主要是指铸造分币的标准版（或老版），一直沿用至今，2005年后至2018年仍然由

图059　821分平版（P）背面、正面

上海造币厂使用平版原模小规模生产1分币。平版硬分币共有91种，包括1分34种，2分34种，5分23种（其中565分平版分币尚有子版别大星版1种）。

　　在平版硬分币中，需要特别提及的是565分有早期50年代铸造的，也有后期1969年到70年代初铸造的。1969年造币厂重新恢复硬分币生产之后，对565分的原模做了修改，产生了后铸版。平版565分可以进一步划分为小星版（即原版）和大星版（即后铸版）两种子版别（图070、071），前者属于普通版别，后者属于特殊细分版别，主要区别是五角星大小及间距有肉眼可见的较为明显的区别，"共""和"等字体书写有区别，字体粗细也有差异。565分图文有较为明显的区别应系原模设计雕刻的不同所致，因此属于不同细分版别，详见链接文章论述。

　　第二种版别称为"凸版"（T），即露芒、拐角钩、"人"字起笔顿笔（图060），主要是由上海造币厂刻模和铸造的，是硬分币第二种常见的版别，其主要的版别特征：①背面左右麦穗从下面数第二个麦芒尖部与飘带的结合部特征是麦芒尖部穿过飘带而"凸"出在飘带之上；②"分"字的刀字部的钩是"凸"出的拐角钩；③"分"字"刀"里的撇和横是分离的，或者分开得较平版明显，撇的顿笔"凸"出而游离；④正面"人"字起笔有顿笔，也是"凸"出的。总之，这种常见版别的特征就是"凸"，因此可以用"凸版"概括。凸版硬分币是1974年到1984年间由上海造币厂设计和雕刻原模而生产铸造的新的硬分币版别类型。凸版在造币原模上的演化主要是指铸造分币使用的新版，从1974年启用到1984年停用，再到1993年由上海造币厂恢复生产1分币至2000年停用，共有27种：包括1分16种，2分4种，5分7种。

除上述主要区别之外，"平版"与"凸版"还有诸如"民"字的提钩、"共"字的撇点反点、"中""华"笔画底部等写法也有一

图060　821分凸版（T）背面、正面

些区别，在此不再一一赘述。据笔者收集和研究，只有少部分年份一个年版号同时铸造有平版和凸版两种版别分币：1分为1979、1980、1981、1982、1984年号；2分为1981、1982、1983、1984年号；5分为1981、1983、1984年号。（图061—063）

图061　821分平版（左）和凸版（右）"分"字字体差异对比

图062　821分平版（左）和凸版（右）麦穗麦芒差异对比

第三种版别称为"混合版"（H），即平芒、拐角钩、"人"字起笔平头或有顿笔，目前只发现721分和781分具有此特征，即混合"平版"和"凸版"的部分版别特征：麦芒和飘带是平行的，而"分"字的钩是凸起的拐角钩。其他还有细微的区别，如721分除了"分"字的钩为拐角钩，其他均与平版相同（图064—066），而781

图063　821分平版（上）和凸版（下）"人""民""共"字体差异对比

分除了飘带与麦芒平行之外，其他均与凸版相似（图067—069），其他细微区别不再赘述，这种罕见版别可用"混合版"概括其特征。混合版是过渡时期上海造币厂铸造的最少见的版别类型，目前只发现721分和781分系混和版。混合版在生产原模的演化上系上海造币厂对老版和新版原模进行临时革新的设计修改和试铸的产物，属于未长期定型的版别，只试验生产了两个年版号，未被长期采用。

　　综上所述，第一套流通硬币自1957年12月开始发行，截至目前为止，在已发行的流通硬分币中，无论是公开发行流通的，还是不公开发行而装帧的，共分为平版、凸版、混合版三种基本类型的版别，总计共有108个年版号、120种版别。平版大类下还包括565分大星版（后铸版）子版别1种。

图064　721分混合版（H）背面、正面

图065　721分混合版"分"字与麦穗，具有凸版"分"字和平版麦穗的特征

图066　721分混合版"人""民""共"字体具有平版特征

图067　781分混合版（H）背面、正面

图068　781分混合版"分"字与麦穗，具有凸版"分"字和平版麦穗的特征

图069　781分混合版"人""民""共"字体具有凸版特征

图070　565分小星版（原版）背面、正面

图071　565分大星版（后铸版）背面、正面

【链接】821分平版与凸版分币对比研究

几年之前，我就开始致力于研究流通硬币（硬分币、长城币）的版别，经过搜集大量实物，又对照《沈阳造币厂志》，发现在所有流通硬分币中，大量铸造公开进入流通的品种，唯有821分、832分存在平版、凸版两种版别，平版的565分存在小星版（原版）和大星版（后铸版）两种子版别。上述三种分币对于研究流通硬分币的版别具有极其重要的学术价值。其他特殊版别分币，均属于硬分币"七大珍""八小珍"范围，均装帧于1979—1986年早期套装币里（805分尚见于富兰克林版邮币封）。于是，在收集早期套币的同时，我也开始留意收集上述三种分币不同版别的原卷、原盒币。

可是历经几年的努力，我只收集到565分大、小星版原盒币，821分凸版原盒和832分平版原盒，而821分平版原卷原盒和832分凸版原卷原盒因在市场上总是神龙见首不见尾而未能集藏到。令人惊喜的是，前几天我竟然从一个藏家泉友那里淘换到一盒821分平版分币，而且是很少见的早期蜡纸100枚装原卷的平版821分，真是"踏破铁鞋无觅处，得来全不费功夫"，所以赶快进行对比研究，把心得和泉友们分享。

从821分平版、凸版原盒来看，平版原盒呈白色，纸质较薄较软，而凸版原盒呈棕褐色，纸质较硬较挺，二者尺寸一致（图072）。从821分平版、凸版原盒的封签观察，平版的封签封装日期为1982年12月16日，封装日期、计数员和封包员编号签章均为红色。凸版封签封装日期为1983年12月17日，封装日期、计数员和封包员编号签章均为蓝色，二者具有明显差别。由此可以推断平版和凸版821分分别为不同造币厂，即沈阳造币厂和上海造币厂铸造（图073）。

细察821分平版、凸版原卷的蜡纸，它们都是白色略黄的较脆的半透明蜡纸包装，二者几无区别（图074—076）。

图072　821分平版（左）和821分凸版（右）原盒对比

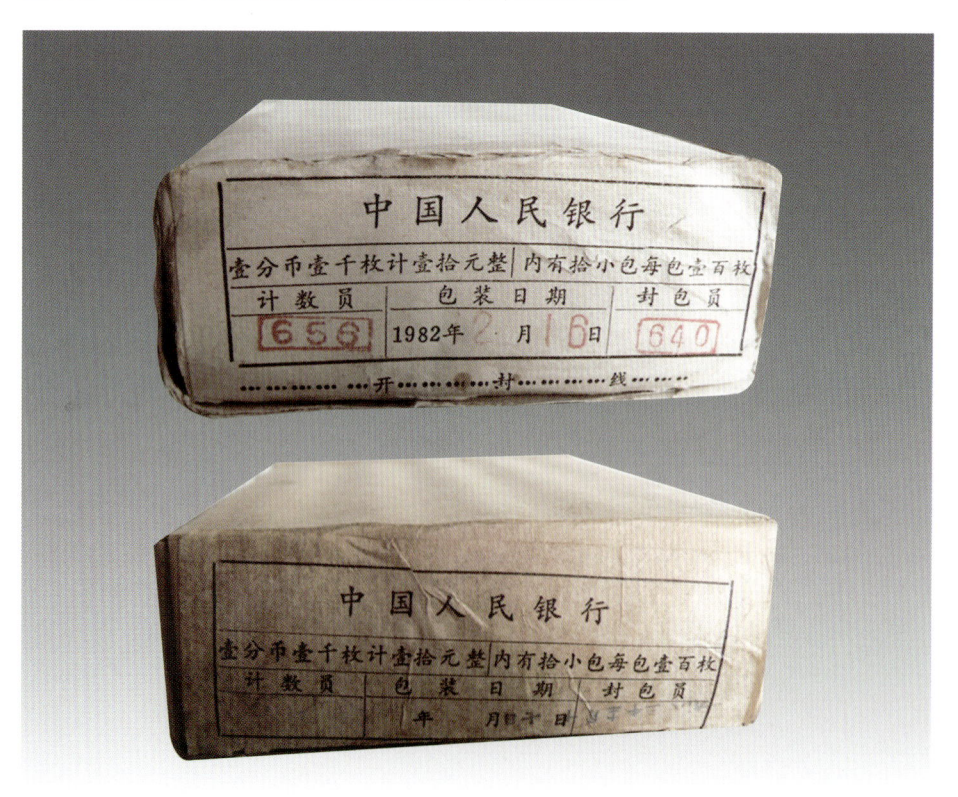

图073　821分平版（上）和821分凸版（下）原盒封签对比

第四章　流通硬币版别分类与收藏大系

图074　821分平版（上）和821分凸版（下）原卷对比

图075　821分平版原卷拆卷

图076　821分平版边齿图，与凸版无差异

但拆开原卷分别取出一枚平版和凸版821分币，将其正、背面图文进行对比研究，则可以观察到典型的流通硬分币两种常见版别即平版和凸版的不同特征。821分平版分币特征为：①背面左右麦穗从下面数第二个麦芒尖部与飘带的结合部是平行的；②"分"字的刀字部的钩是平滑的圆弧钩；③"分"字"刀"里的撇和横基本是平行粘合的；④正面"人"字的起笔是平的，没有顿笔，"共"字下面撇点较为弯细，捺点也较为细长。而821分凸版的特征为：①背面左右麦穗从下面数第二个麦芒尖部与飘带的结合部特征是麦芒尖部穿过飘带而凸出在飘带之上；②"分"字的刀字部的钩是凸起的拐角钩；③"分"字"刀"里的撇和横是部分分离的或者分开较平版的明显，撇的顿笔凸出而游离；④正面"人"字的起笔有顿笔，也是凸出的，"共"字的撇点和捺点都较为粗短有力。（如图059—063）

综上，从本人收藏的这两原盒平版、凸版821分币观察，无论从原盒的包装盒、封签，还是从币的图文看，两者均表现出不同特征，是研究流通分币平版、凸版两种基本版别的典型实物材料。文中所载是821分凸版和平版两种基本版别分类，除此之外，爱好者还可以在两种大版别基础上，再进一步收集趣味币，比如821分凸版、平版之粗细体趣味币、背逆趣味币，1982年上海版套装《中国硬币》里的精制工艺821凸版分币等。但应当强调，凸版、平版、混合版是硬分币三种基本的版别分类，这是一切之基础，主述其它的收藏都是因硬币铸造工艺或生产质量问题而衍生的趣味品或特殊品。

——摘自奉天收藏新浪博客第61篇博文

2012年7月12日

（三）第一套流通硬币细分版别略考

【链接】 关于565分的科学分类

首先看实物资料图片（图077）。这是原盒拆出的565分两种币的背面图案对比，左侧是从未知包装盒里拆出的小星版565分，右侧是从1969年的包装盒里拆出的大星版565分，两者年号以及图文没有明显差异，细微差异为工作模工差所致。

经对比观察两种565分的边齿，两者边齿形态基本相同，没明显差异。（图078—080）

图078—080是从原盒厚卷拆出的565分两种币的正面图案对比和局部图文对比。图079中右侧是从1969年的包装盒子里拆出的大星版565分，左侧是从未知包装盒里拆出的小星版565分，两者五角星大小和间

图077　565分小星版（左）和大星版（右）背面对比，没有明显差异

图078　5分小星版（左）和大星版（右）正面对比，五角星大小、"民共和"三字字体有较明显差异

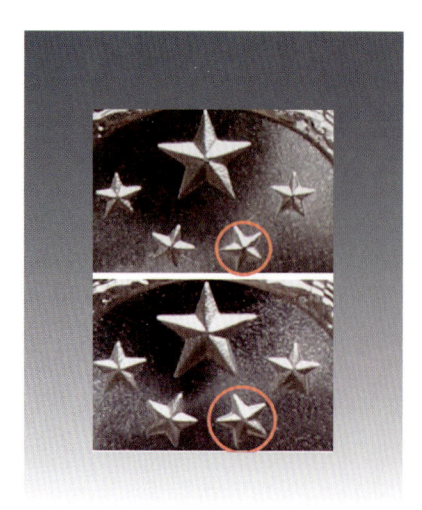

图079　5分小星版（左）和大星版（右）五角星对比

图080　5分小星版（上）和大星版（下）"民共和"三字字体对比

距有肉眼可见的明显差异。右侧大星版5⑥5分四个小五星明显比左币的大，而且和正上大五角星之间的间距明显较小；而左侧小星版5⑥5分五个五角星间距明显开阔，角之间有距离感。图080中两币字体粗细以及形态差别用肉眼观察也有明显差异，其中"共"字下面撇点形态区别明显，"民"字和"和"字笔画也有差异。大星版和小星版5⑥5分显然为原模的不同设计与雕刻差异所致，而非工作模工差所致，因而属于在平版大类项下不同的细分版别。（图081—083）

图081—083中有三种5⑥5分，上面一枚"1956"字体要粗些，其正面五角星、字体粗细及形态与左下的年号细一些的完全一样，但与右下的5⑥5分明显不同，右下侧分币的五角星以及字体粗细和形态有明显区别。目前尚缺少早期50年代铸造5⑥5分的盒子等实物资料以及造币厂的权威资料，笔者是根据对卷拆品分析观察得出上述结论的。

我所见到的5⑥5分原盒，大星版的封签都是1969年的，小星版的都是1970年后的，未收集到50年代早期5⑥5分原盒。需要提示大家的是，大家习惯所说的粗细版就像纸币中的油墨深浅版一样，在很多硬币中（包括三花币）都普遍存在，这属于生产问题所致的趣味收藏范畴；但5⑥5分大星、小星版已经完全突破了生产问题，推测应为沈阳造币厂1969年开始生产5分币时又重新设计制作了一批原模，此为大星版，而与上海造币厂生产的原版（小星版）区别开来，从图文看属于原模设计雕刻的较明显差异，不仅五角星大小肉眼可见有较明显差异，而且字体、笔画也有较明显差别，所以5⑥5分大星版、小星版属于严格意义的不同细分版别硬分币，是在硬分币三种基本版别大类中平版分币下的特殊子版别。

综上，笔者认为，5⑥5分在硬分币版别分类上属于平版分币，但具体子类又分为5⑥5分早期原版的小星版和后期新版的大星版两种细分版别，推测应分别为上海造币厂和沈阳造币厂铸造。小星版里又分为年号粗体和细体趣味币（见图084、085）。其中作为原版的小星版，目前

图081　5分粗体小星版、细体小星版、大星版背面对比

图082　5分粗体小星版、细体小星版、大星版正面对比

图083　5分粗体小星版、细体小星版、大星版年号对比

第四章　流通硬币版别分类与收藏大系

图084　565分小星版粗体（左）与细体（右）趣味币背面对比，年号字体粗细差异较小

图085　565分小星版粗体（左）与细体（右）趣味币正面对比，无差异

99

看存量要比后期大星版少。总之，565分为大星、小星两种细分版别和年号粗细体趣味币三种类型，其中565分小星版、大星版是两种细分版别，因此可以一起列入第一套流通硬币版别大全套里面，即分币版别大全套截至到2011年上升为116种，而年号粗细体趣味币不列入版别大全套。

奉天收藏

2011年12月1日

最后需要特别说明的是，除了平版中的565分有大星版细分版别之外，在三种基本版别之下硬分币尚有多种细分版别，本书因篇幅所限不再赘述。资深藏家或有研究兴趣的学者和爱好者可参阅笔者即将出版的另一部流通硬币专著《中国流通硬币——分类研究·收藏鉴赏·标准图录》，书中对硬分币的细分版别做了深入细致的研究和归纳。

二、第二套流通硬币的版别分类

在新中国成立之后的流通人民币大系中，有一个硬币板块很独特，其发行量很少，流通时间也很短，是迄今为止唯一正式退出流通的一套流通硬币，那就是人行公告称其为第三套人民币硬币的四种金属币。伴随第三套人民币纸币的发行，国家也发行了第三套人民币硬币，由于此套硬币在流通硬币体系中属于第二套，其1元主币背面主图是雄伟的万里长城、角币是麦穗图案，收藏界习惯上亦称第二套流通硬币或长城麦穗币；第二套流通硬币有主币1元和辅币1、2、5角四种面额。它从1980年开始发行，1986年结束，一共发行了7个年份。由于其铸造时间短，流通时间也很短，加之材质等因素导致其铸造量很少，因此这套币的收藏价值很高，特别是1980—1986年中国人民银行官方发行和装帧的套装《中国硬币》精装册数量更加稀少，已成为流通硬币藏家竞相追逐的收藏珍品。现在比较明确的是，除了珍罕的限量装帧发行未进入流通的品种之外，即使是普通公开发行进入流通的长城麦穗币品种，其发行量也很少，在1980—1986年七年中，共计41种版别的长城币总计仅仅铸造了2.37亿枚，平均每种才生产了578万枚，作为承担国家主要流通职能的流通硬币，这比绝大多数流通纪念币品种发行量都少得多，因此在20世纪八九十年代实际生活中，很多人没花过甚至没见过普通的长城币，就不足为怪了。而这也在中国人民银行文件里得以证实，文中载明长城麦穗币是为了丰富中国硬币品种而铸造，发行量很少，可见虽然是流通硬币，但长城麦穗币的发行目的主要是丰富人民币硬币的品种，而不是为了实际流通。第二套流通硬币中很多品种都很珍稀，其中不仅包括珍稀性、收藏地位和收藏价值堪与创造了数百万元拍卖价格成交纪录的中国现代纸币王壹万元"牧马图"相比肩的中国硬币王"四大珍"1986年长城币，还包括很多稀有度比三版纸币王背绿水印和枣红一角稀少得多，甚至比二版纸币王"大黑拾"也更加稀少的珍稀品种，如1981上海版、1982、1984年号的全套长城币、1985年2角等，这些均是我国当代最稀少、最珍贵的流通硬币珍品，具有极高的收藏和研究价值。而即使是普通的长城币，现在百姓手中或一般文化市场也已经少见，其收藏价值也越来越高。

一方面，目前伴随着长城币收藏和研究热的兴起，长城币的钱币学研究成果越来越多，甚为可喜；但另一方面，流通硬币的商业炒作之风也越来越浓，导致长城币所谓"新版别"层出不穷。有的人士基于商业目的欲把因造币工艺、生产质量所致的初铸币、类镜面币，滚边工艺所致的长短边齿，模具压印力度以及工作模工差所致的字体、图文差异细微的"粗、细""平、圆""大、小"等趣味品独立立版，这在学术上是不严谨的，其结果将会导致长城麦穗币版别确立的逻辑混乱和标准模糊，"新版别"层出不穷，是否会引发类似四、五版纸币"荧光油墨品种大混乱"的炒作乱局让人担忧。长期来看，这将不利于长城币收藏研究的发展和市场的良好秩序。

因为从本质上说，以上现象每种硬币都会存在，而且千差万别、无穷无尽，没有标准。初铸币（有部分有镜面）、普铸币、末打币，在一个模具下从开始使用到报废基本上均会形成，三者只有品相好差之分，怎么会有版别不同，这是很简单的道理。玩原卷硬币的泉友都知道，由于普币滚边工艺不是很严格，一卷硬币中经常发现有长齿短齿之分，甚至一枚硬币的边齿长短也会有差异，单独以边齿长短立版岂不出现同一卷硬币有好多版别的现象。另外，究竟多长多短才可以立版，在标准上无法界定。以模具压印力度以及工作模工差所致细微的图文粗细、平圆差异立版也不够科学。不仅几乎每个年号硬币都会出现这些现象，而且更无法确立标准，比如粗细、平圆差异到什么程度可以立版呢。以上趣味品，有些收藏价值比通货要高些，这是毫无疑问的，趣味品也是广大泉友在科学集藏版别全套基础上的有益补充，但大家要清醒地认识到，这些都不是钱币学上严格意义的版别。

（一）第二套流通硬币版别判定原则

所谓版别，主要是指模版设计的不同，对纸钞系指印版的不同，对硬币系指原模或模具的不同。基于上述钱币学的版别概念，结合人民银行给出的一些文件和公告，笔者认为第二套流通硬币长城麦穗币的基本版别或大版别的判定原则为：①相同面额相同图案的硬币根据年版号的不同定为不同版别；②因原模设计与雕刻的不同所致的硬币基本图案、文字年号字体等有明显差异的定为不同版别，无明显差异而差别细微的不作为不同版别；③非因原模设计与雕刻的不同所致，而是因造币质量和工艺不同所致的精铸币、半精铸币、初铸币、普铸币不作为基本版别来划分；④原模设计与雕刻相同而因工差或修模所致的原模或者工作模有细微差别所致压印的硬币图案、文字年号字体有不明显的细微差异的，不作为不同版别，如泉友平常所说的粗细版、大小星版等即属于上述工差所致的细微差异，而不是本质意义上的不同基本版别；⑤铸造质量变化或工艺差异所致的趣味品或残次品不作为不同版别，如背逆币、偏打币不属于不同版别，本书列为趣味币。

（二）第二套流通硬币基本版别分类

基本版别亦称大版别，是第一层级的版别概念，是钱币收藏和研究的基础和出发点。泉友把大版别收藏全了，诸如一版纸币的62种基本版别，四版纸币14种基本版别，流通硬分币的120种基本版别，就集齐了各套钱币的版别大全套。根据上述定版原则，第二套流通硬币的基本版别，主要界定标准是年版号的不同与图文的明显差异。承担流通职能的长城麦穗币基本版别有37种，加上样币总计41种，其中公开进入流通的普制长城麦穗币有16种基本版别，未公开发行的1980—1986年早期《中国硬币》套装里的精制工艺长城麦穗币额外涵盖有21种版别。人行发行的装帧成套的1980年四枚装小黑本系第二套流通硬币的样币，地位和性质与流通币完全不同，属于独立版别。由此总结归纳出截至目前为止发现的第二套流通硬币41种基本版别大系收藏表（表8），供大家集藏硬币时作为工具表参考。

1.年版号不同是区分基本版别的第一个标准

根据年版号的不同，如1元长城币分1980版、1981版一直到1986

版，麦穗角币从1980版开始到1986版截止，包括公开进入流通和未公开进入流通而装帧发行的1980—1986套装《中国硬币》，每年都铸行了四种面额的长城麦穗币，总计有不同年版号的28种版别。加上1980年首发年版中铸造了约2万套样币，为地位、性质与流通币完全不同的特殊版别，总计有32种版别。（图086、087）

图086　8002角和8302角背面，年版号是区分不同版别的第一个标准

图087　811元和831元正面，年版号是区分不同版别的第一个标准

2.原模设计与雕刻的不同所致硬币图文的明显差异是区分基本版别的第二个标准

所有长城麦穗币品种中，除了年版号的不同之外，部分年号硬币还因原模设计雕刻的不同导致压印的硬币出现了基本图案、文字和年号字体的明显差异，基于此种定版标准，元币和角币均划分为上海版和沈阳版两种基本版别类型。

第一种基本版别是"上海版"（H版），主要是由上海造币厂刻模和铸造的，是长城麦穗币最常见的版别类型。其主要的版别特征是：①长城币1元的正面年号"1"字头是稍倾斜的平头；②长城币正面国徽稍小，年号字体较为瘦小且间距较窄；③长城币背面长城城墙上的下面一个台阶是与上面几个台阶呈现约20度夹角的斜台阶；④长城币背面烽火台中央门洞下面有明显的贯穿左右的台阶；⑤麦穗币角币背面年号的"1"字头是尖锐的立刀头；⑥麦穗币角币背面国徽稍小，年号字体较瘦小且间距较窄。除了1985年的角币和1986年号的长城麦穗币之外，其他每个年号每种面额的硬币都有上海版版别硬币，上海版长城麦穗币共有21种；再加上也属于上海版的4种样币，上海版硬币总计25种。（图088、089）

第二种基本版别是"沈阳版"（Y版），主要是由沈阳造币厂刻模和铸造的。其主要的版别特征是：①长城币1元正面年号"1"字头是尖锐的立刀头；②长城币正面国徽稍大，年号字体较大，笔画圆润饱满且间距较宽；③长城币背面长城城墙上的下面一个台阶是与上面几个台阶平行的平台阶；④长城币背面烽火台中央门洞下面没有台阶；⑤麦穗角币背面年号的"1"字头是圆弧头；⑥麦穗角币背面年号字体较大，笔画圆润饱满，间距较宽。沈阳版长城麦穗币总计16种。（图090、091）

上述两种基本版别的长城麦穗币整体和局部图文对比详见图092—097。

图088　851元背面、正面，上海版（H），普制

图089　8105角背面、正面，上海版（H），精制

第四章　流通硬币版别分类与收藏大系

图090　851元背面、正面，沈阳版（Y），普制

图091　8105角背面、正面，沈阳版（Y），普制

图092　851元沈阳版（左）、上海版（右）背面对比

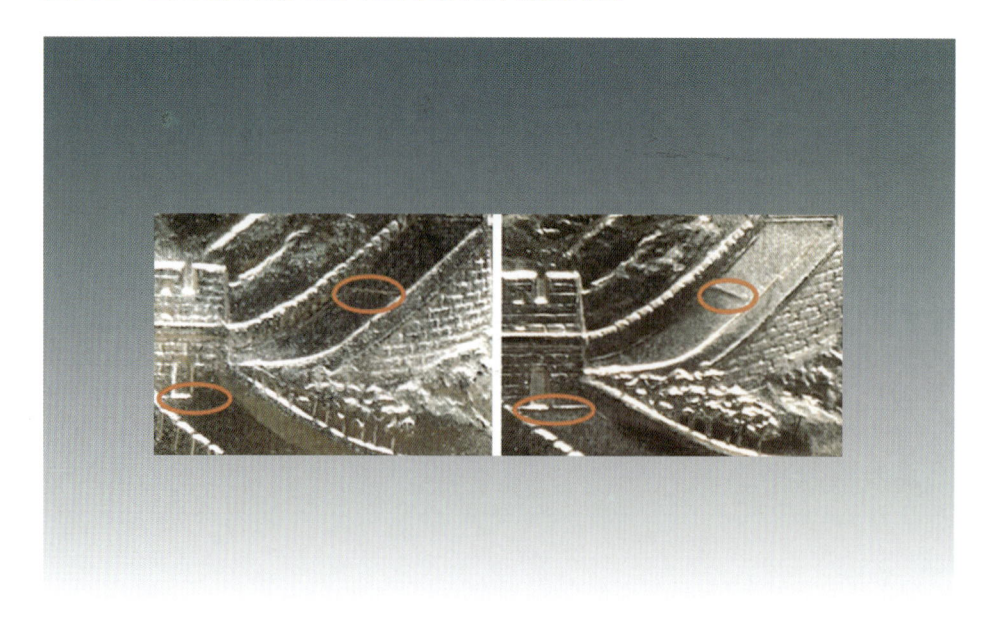

图093　851元沈阳版（左）、上海版（右）背面局部图案对比

图094　851元沈阳版（左）、上海版（右）正面对比

图095　851元沈阳版（上）、上海版（下）正面年号字体对比

图096　8105角沈阳版（上）、上海版（下）背面对比　　图097　8105角沈阳版（上）、上海版（下）背面年号字体对比

（三）第二套流通硬币的细分版别

　　细分版别亦称小版别，是第二层级的版别概念，是在基本版别之下进行细分的第二层级的版别划分，是钱币版别研究的延伸和细化，是钱币图文的较次层级的特征差异。爱好者把基本版别大全套集全之后，可以进行细分版别的集藏。细分版别形成原理是每一种基本版别之内，因修模或生产的不同批次导致模具设计雕刻的局部图案、文字出现较小差异，从而使压印的硬币图文局部有较小差异，其本质上也属于钱币学上的版别区分，这是区分细分版别与币种或趣味币的关键点。

　　目前看，第二套流通硬币在上海版和沈阳版两种基本版别之下，尚有两种细分子版别硬币：第一种是上海版基本版别长城币中，1980年1元长城币除了与其他所有年号一样烽火台上侧有城墙砖图案的普通版式之外，尚有特殊细分版别，即早期主要是沈阳造币厂铸造的烽火台上侧没有城砖图案的"无砖版"（Hw）；第二种是沈阳版基本版别长城币中，1984年1元长城币除了与其他所有年号沈阳版长城币图文基本相同

之外，尚有一种国号文字、年号字体和国徽图案都稍小的细分版别"小字版"（Yx）。第二种细分版别是由几位细心的泉友在一种特殊包装的1984年沈阳版《中国硬币》套装币里发现的。经仔细观察研究，这种1984年沈阳版里的细分版别"小字版"，应当出自经过修模的不同批次的模具。当然，因其图文特征属于沈阳版，其隶属于沈阳版基本版别之内，不属于大版别而是细分版别，属于图文的较小差异。像1984年1元这种在同一基本版别之内进一步区分为大小字等细分版别的现象，尚存在于多种年版号的流通硬币中，本书因篇幅所限，不再做进一步研究和阐述，资深泉友或有研究兴趣的学者和爱好者可以参阅笔者即将出版的另一部流通硬币专著《中国流通硬币——分类研究·收藏鉴赏·标准图录》。至于此种包装里的角币，图文与1984年普通沈阳版的麦穗角币区别细微，不使用放大镜肉眼较难区分，因此本书不列入细分版别，而是列为一种趣味品。（图098—102）至于目前有爱好者所谓"四层小砖"等801长城币，不用放大镜肉眼难以辨识，更不足立为细分版别。

图098　801元无砖版（Hw）背面、正面，属于上海版（H）基本版别

图099　801元有砖版（Hy）背面、正面，亦属于上海版（H）基本版别

图100　801元无砖版（Hw，左）、有砖版（右）背面对比

图101　801元无砖版（Hw，左）、有砖版（右）背面局部图案烽火台对比

图102　841元大字版（左）、小字版（右）正面对比，年号、国徽大小有较小区别，均属于沈阳版（Y）基本版别，精制

（四）爱好者收藏习惯上一些长城币细分币种

第三个层级属于硬币图文 的非本质区别，即非因原模设计与雕刻的不同所致，而是因造币质量和工艺不同所致的精铸币、半精铸币、初铸币、普铸币不作为基本版别来划分；如8505角麦穗角币的沈阳版精制币和普制币不属于基本版别的不同，又如801元长城币的半精制币和普制币不作为不同版别。由于基本版别相同的精制币和普制币的原模设计与雕刻相同，严格讲精制币只是做工精良、精工铸造的硬币，与普制币相比只具有生产质量高低、品相优劣的量的差异，不具有图文等质的根本区别，加之部分工作模使用到后期压印的精制币与半精制币、初铸币甚至普制币等有时很难区分，所谓"精制不精、普制不普"的现象普遍存在，泉友难以区分，评级公司也经常错评，故精制币不列入基本版别。但由于铸造良好的精制币较普制币更加精美、品相更好，目前在收藏实践中很多泉友已经把精制币作为优秀的单独币种进行特别集藏。有些爱好者把精制币、半精制币、初铸币作为按系列划分的单独币种集藏，本文将其作为细分币种列入收藏表，但这已不属于钱币学严格意义上的版别范畴了。（图103—105）

需要特别说明的是，从钱币学上讲1980年长城样币小黑本属于流通硬币样币范畴，属于硬币集藏的特殊版别。从其铸造工艺上看，有抛光镜面，有喷砂或喷砂不明显，属于长城麦穗币（半）精制币，发行量仅2万套左右，流入藏界更加稀少，具有很高的收藏价值。爱好者在收藏长城麦穗币大系时需要对其特别关注和集藏。

关于1980年长城币是否存在严格意义上的精制币问题，笔者过手了一位泉友的1980年精制套币，经仔细观察：此为塑料小黑本，内塑封敞开式设计，该套币做工精良，有很强的镜面和喷砂效果，确为精制工艺铸造的币品无疑；其版别为有砖版（Hy），而包含1980年无砖版

图103　8505角精制币（左）、普制币（右）背面对比，均为沈阳版（Y），图文完全相同

图104　801元（半）精制币（左）、普制币（右）背面对比，均为上海无砖版（Hw），图文完全相同

图105　801元（半）精制币（左）、普制币（右）正面对比，均为上海无砖版（Hw），图文完全相同

（Hw）的早期小黑本样币、7枚装天王套币均为沈阳造币厂生产，因此该精制币推测应为上海造币厂生产，目前尚缺乏官方相关资料，其来源待考，但因有实物，本书亦予以列入精制币。

（五）常见的一些趣味币种类

第四个层级就是因生产工艺、生产质量等因素导致区别更微小的趣味品了。原模设计与雕刻相同，而因工差或修模所致的原模或者工作模有细微差别所致压印的硬币图案、年号、字体有不明显的细微差异的硬币不属于不同版别，如泉友平常所说的粗细版等即属于上述工差所致细微差异，不是实质意义上的不同版别而是趣味品；另外铸造质量变化或工艺差异所产生的趣味品或残次品亦不属于不同版别，如背逆币、偏打币、弱打币、复打币等不属于不同版别，皆为趣味币。如8101角偏打币

和811元局部弱打币不属于特殊版别币，实为趣味币。（图106、107）

在精制币里，有的国徽、文字、年号的喷砂厚重，有的比较浅薄，这是因为喷砂颗粒是喷在工作模上，随着模具压印硬币的数量增多，喷砂颗粒迅速磨损，所以先压印的硬币喷砂重，后压印的硬币喷砂轻，甚至看不出喷砂效果，因此这属于生产质量问题，与版别无关。但喷砂重的精制币和喷砂轻的精制币在视觉上有差异，喷砂明显的精制币精美度更高，所以泉友们又把精制币划分为"重喷砂"与"轻喷砂"两类，如沈阳版841元就有重喷砂和轻喷砂之分。轻、重喷砂两类钱币在收藏实践中，精制币爱好者一般作为趣味币集藏。（图108）

关于1985年1元上海版长城币，市场上出现一种两端封口的黄色油光牛皮纸包装的851元，泉友们称之为"彩虹版"，但这里的所谓"彩虹版"之说不属于特殊版别，其背面长城上方所形成的一定角度下的光

图106　8101角沈阳版背面、正面，偏打币，背面左下边缘偏打

图107　811元沈阳版背面、正面，弱打币，正面国徽下部弱打

图108　841元沈阳版（Y），精制，左为重喷砂，右为轻喷砂

学彩虹图案，是由于正面国徽透打或者模具本身底板轻微变形所致的背面底纹略有细微变化而致光学折射改变，与原模设计雕刻的差异无关；另外，由于硬币边齿的长短、圆直系由坯饼滚边工艺造成的，即使同一卷硬币中不同硬币之间也经常出现边齿长短、圆直不同的现象，甚至同一枚硬币上的边齿长短也时有不同，所以这亦与版别无关，而是一种趣味品。除此之外，原卷拆出的很多1980年、1983年等年号的上海版长城币也有"彩虹"现象。收藏实践中爱好者已把851元"彩虹币"作为一个趣味品种集藏，甚至有的泉友已把美妙的851元"彩虹币"作为一个币种集藏。

近来有泉友认为，851元上海版长城币尚存在"满砖版"和"少砖版"的细分版别。据笔者观察，其长城墙面的城砖局部图案区别较小且不规则，应不是原模设计雕刻的差异所致，推测应为局部弱打、模具磨损或修模所致，所以本书暂不将其列为细分版别，而是把"少砖版"（SZ）列为一种特殊的趣味币品种。

综上，截至目前，从钱币学上讲，第三套人民币硬币（第二套流通硬币或长城麦穗币），包括1980年版4种样币在内共有41种基本版别、2种细分版别。在收藏实践中，方兴未艾的第二套流通硬币的收藏研究，形成了以41种基本版别为主体、2种细分版别为补充、多种细分币种和趣味品为扩展延伸的丰富多彩的收藏体系。当然，也许还有更多种类，希望广大硬币研究者和爱好者共同研究，以推进第二套流通硬币的版别研究。

三、第三套流通硬币的版别分类

第三套流通硬币（老三花币）一共发行了11年，从1991年开始到2001年为止，其中1991—1999年版号的1元、5角和1角，和2000年、

2001年梅花5角均大量铸造公开发行进入流通领域，只有2000年牡丹1元和菊花1角没有公开发行，而是仅仅用于人行授权康银阁钱币有限公司限量装帧的2000年《中国硬币》套装币中。另外，1991—1996年人行授权中国印钞造币总公司限量装帧了《中国硬币》套装，1997—2000年人行授权康银阁钱币有限公司限量装帧了《中国硬币》套装，但其中老三花币和普通流通币的基本版别相同，只是部分品种细分版别不同，在此不再赘述。

  关于老三花币的基本版别分类，笔者经研究大量实物和查阅相关资料，发现1元牡丹币多为上海造币厂设计原模和铸造，基本版别基本没有变化，我们可以称之为上海版（H版，见图043）；5角梅花币和1角菊花币多为沈阳造币厂设计原模和生产铸造，基本版别也没有变化，我们可以称之为沈阳版（Y版，见图044、045）。南京造币厂虽参与生产，但原模均为上海造币厂和沈阳造币厂提供。有学者曾根据牡丹1元的"元"字的竖弯钩、拼音字母"A""R"以及年版号的位置等微小的区别，提出把1元牡丹币细分为极其复杂的多种版别，对此笔者不敢苟同。这些肉眼几乎无法区分的细微区别实质上是修模或工作模工差所造成的，不属于原模设计雕刻而导致压印的硬币图文的明显区别，因此不属于钱币学意义上的不同基本版别，应属于趣味品，或有些仅属于细分版别。目前来看，人行发行量只有2万套的1991—2000年《中国硬币》精制币套装里的精制老三花币，铸造工艺为有抛光镜面和喷砂的精制工艺，但基本版别与普制流通币相同。至于收藏实践中泉友发现的5角梅花币有粗、细体字的区别，如9205角就有粗体字、细体字之分，经仔细观察对比可知这种现象应是由工作模工差所致，并非原模图案、文字等设计的根本区别，很多年号都存在此现象，由于图文区别较小，因而亦不属于不同基本版别，在集藏中可以作为粗细体趣味币或细分版别集藏，本书暂不将其列为不同基本版别。（图109、110）

第四章 流通硬币版别分类与收藏大系

图109　9205角粗体（左）与细体（右）趣味币背面

图110　9205角粗体（左）与细体（右）趣味币正面

四、第四套流通硬币的版别分类

20世纪90年代末到21世纪初,国家生产硬币的技术有了质的飞跃,质量管理也日趋严格,在这种大环境下,硬币的版别设计高度统一,不同造币厂的模具生产严格管理统一调配,所以目前来看,第四套流通硬币的基本版别类型和第三套流通硬币一样较为简单统一,同年版号荷花5角和兰花1角尚未发现不同基本版别,同年版号菊花1元根据币边人民币拼音缩写"RMB"上方朝向正面还是背面,可划分为正版和反版两种细分版别。由于边缘滚字是随机的,正版和反版的概率也是随机的,因而根据概率论推断两种细分版别铸行量基本相同。(图111—112)

图111　0.01元正版(右)与反版(左)正面与币边滚字对比

图112　0.01元正版(右)与反版(左)背面与币边滚字对比

根据首发年版号硬币设计原模的造币厂、面额图文、铸币材质、边缘滚字的朝向等的不同，第四套流通硬币的版别分类可划分为四种基本版别类型，分别为：①上海版菊花1元（H，见图046），根据边缘滚字"RMB"的朝向不同可进一步划分为正版和反版两种细分版别；②南京版荷花5角（N，见图047）；③上海版铝质兰花1角（HL，见图048）；④南京版钢质兰花1角（NG，见图049）。截止到2015年底，加上样币，第四套流通硬币版别大系共计有50种版别，18种细分版别，共68种。

第三节
流通硬币版别收藏大系

一、第一套流通硬币的版别收藏大系

为了便于爱好者循序渐进地集藏硬分币，笔者通过多年的学术研究和对收藏市场的分析，经过对大量的流通分币和装帧《中国硬币》套装币的实物进行研究和观察，归纳汇编了《第一套流通硬币（硬分币）120种版别大系收藏表》供大家参考，表中不仅列出了至今所见所有硬分币的发行年号、版别类型，也列出了各品种的珍稀度。另外，一种年版号下只有一种版别的，为了区分真假币和应对未来有新版别被发现，也列出其平版、凸版和混合版的基本版别分类；关于761分"月牙币",虽"分"字的上撇和"刀"部的横相接处有一个规整美妙的月牙图案,但实质为工作模磨损开裂或其它巧合原因所致缺损而使币品多出有趣图案的多肉币,故应属特殊品,本书暂不将其列入特殊版别。关于硬分币样币,因至今未发现实物,故亦未列入收藏表。

表7　第一套流通硬币(硬分币)120种版别大系收藏表

年版号	1分	2分	5分
1955年	P★★	/	P★★
1956年	P★★	P★★	P小星版★★　大星版★
1957年	P★★	/	P★★
1958年	P★★	/	/
1959年	P★★	P★★	/
1960年	/	P★★	/
1961年	P★★	P★★	/
1962年	/	P★★	/
1963年	P★★	P★★	/
1964年	P★	P★	/
1971年	P★	/	/
1972年	H★	/	/
1973年	P★	/	/
1974年	T★	P★	T★
1975年	P★	P★	/
1976年	T★ T(月牙)★★★★	P	T★
1977年	P	P★	/
1978年	H★	P	/
1979年	P★ T★★★★★	P★	T★★★★★
1980年	P★★★★ T★	P★★★★	P★★★★
1981年	P★★★★★ T★★★★	P★ T★★★★	P★★★★★ T★★★★
1982年	P★ T	P T★★★★	T

（续表）

年版号	1分	2分	5分
1983年	T	P T★	P T★★★★
1984年	P★★★★★ T	P T★★★★★	P★★★★★ T
1985年	P	P	P
1986年	P	P	P
1987年	P	P	P
1988年	/	P	P
1989年	/	P	P
1990年	/	P	P
1991年	P	P	P
1992年	P★★★	P★★★	P
1993—1996年	T★★★	P★★★	P★★★
1997—1999年	T★★★	P★★★	P★★★
2000年	T	P★★★	P★★★
2005—2018年	P	/	/
总结	52种（P34、T16、H2） 1种特殊品： 761分月牙币	38种 （P34、T4）	30种（P23、T7） 1种细分版别： 565分大星版

【备注】：标注的★代表该版别分币的珍稀度，★号越多，珍稀度越高；"/"为"未发行"，"P"为平版，"T"为凸版，"H"为混合版，565分平版大版别下又包括小星版和大星版两种子版别。表中需要特别要说明的是，标注4—5个★号者为存世量最为珍稀、最具有收藏价值的15种硬分币，包括"七大珍"分币（发行量3千—1万，存世量珍罕，现市场参考价：3000—18000元），含1分：79T、81P、84P。2分：84T。5分：79、81P、84P。和"八小珍"分币（发行量分别在2万—8万，存世量珍稀，现市场参考价：1000—5000元），含1分：80P、

81T。2分：80、81T、82T。5分：80、81T、83T。以上珍稀分币均装帧在1979—1984年早期《中国硬币》套装中，在此特别提示大家，收藏时要多加注意。另外，761分（月牙）特殊品亦很珍稀。

关于两个特殊问题的说明

需要特别指出两个问题，一是流通硬币的生产时间、铸造年号与发行时间不完全一致，如1954年开始生产的1955年号的1分和5分，直到1957年12月1日才发行，又如直到1969年至70年代初还在生产1956年5分等。

二是在《中国名片：人民币》一书中出现了两组1957年版1、2、5分图片，笔者认为此币图并非实物图片而是电脑合成图片。原因有二：第一，该572分币图与575分币图存在高度一致性，而且年号字体别扭，和实物有较大出入，同时也与《沈阳造币厂图志》中572分币图完全不同。经过多年的求证证实国家并没有生产1957年号2分币，上述572分币图应均非实物图。第二，该组图中571分图文中"分"字为拐角钩、麦芒为露芒，属于典型的凸版分币，但铸造分币的三个厂家在20世纪50—60年代的二元模均由沈阳造币厂提供，均采用老版即平版铸造，直到70年代初才又设计出新版即凸版原模，开始部分用新版铸造，因此该凸版571分应为电脑制作图并非实物图。

另外还需要特别说明的是，关于第一套流通硬币是否存在1962年1分、1957年2分和1978年5分，一些文章中的分币发行年号表均列明了上述分币，甚至有人把1957年2分列为大珍。笔者现在可以负责任地说，记载有上面几种币品的文章均是以讹传讹，其中疏误之源基本都是出自1993年版《沈阳造币厂志》、1996年版《沈阳造币厂图志》和1993年版人行货币发行司编写的《中华人民共和国货币图录》。因为这三部书是官方和造币厂编写的文献资料，所以为很多本人不是收藏家的学者所采信，而事实是这三部书关于上述年号分币的记载属于疏误，这点早在90年代人行系统内部就已经得到确认。

二、第二套流通硬币的版别收藏大系

多年来笔者经过对大量的长城麦穗币包括公开投入流通的散币以及人行装帧成套的长城套币的实物研究，发现1980年上海版长城币可进一步细分为无砖错版和有砖普版两种细分版别，1980年麦穗角币均为上海版（H），82（H）、83（H）、86（Y）长城麦穗币均只有一种版别，81（Y、H)、84（Y、H）长城麦穗币均有两种版别，沈阳版841元可进一步细分为大字版和小字版两种细分版别，85（普制Y、H，精制Y）长城币有两种版别，1985年麦穗币只有沈阳版一种版别，加上1980年全套样币，长城麦穗币版别大全套为41种，细分版别尚有801元无砖和841元小字版两种。公开进入流通的普制长城麦穗币涵盖有17种版别与细分版别（包括1980年无砖错版和普版，1985年1元上海窄版和沈阳宽版）；装帧于1980—1986年早期《中国硬币》套装里的精制长城麦穗币有32枚（含1980年小黑本样币属于精制或半精制币亦纳入，1984年沈阳与上海两种版别）。由此笔者总结归纳出截至目前为止发现的《第二套流通硬币（长城麦穗币）41种版别大系收藏表》。（表8）

表8　第二套流通硬币（长城麦穗币）41种版别大系收藏表

年号面额	基本版别	细分版别	细分币种	典型趣味品
1980年1元样币	H★★★★★		BJ	
1980年5角样币	H★★★★★		BJ	
1980年2角样币	H★★★★★		BJ	
1980年1角样币	H★★★★★		BJ	

（续表）

年号面额	基本版别	细分版别	细分币种	典型趣味品
1980年1元	H★★	Hw	J、C、P	CH、SZ
1980年5角	H★★		J、C、P	
1980年2角	H★★		J、C、P	
1980年1角	H★★		J、C、P	
1981年1元	H★★★★★ Y		H（J） Y（J、C、P）	H（JZ、JQ）
1981年5角	H★★★★★ Y		H（J） Y（C、P）	
1981年2角	H★★★★★ Y★★		H（J） Y（C、P）	
1981年1角	H★★★★★ Y		H（J） Y（C、P）	
1982年1元	H★★★★		H（J）	JZ、JQ
1982年5角	H★★★★		H（J）	
1982年2角	H★★★★		H（J）	
1982年1角	H★★★★		H（J）	
1983年1元	H★★		H（J、C、P）	CH、JZ、JQ
1983年5角	H★★		H（J、C、P）	
1983年2角	H★★		H（J、C、P）	
1983年1角	H★★		H（J、C、P）	
1984年1元	H★★★★★ Y★★★★★	Yx	H（J） Y（J）	JZ、JQ
1984年5角	H★★★★★ Y★★★★★		H（J） Y（J）	
1984年2角	H★★★★★ Y★★★★★		H（J） Y（J）	
1984年1角	H★★★★★ Y★★★★★		H（J） Y（J）	
1985年1元	H★ Y★		H（C、P） Y（J、C、P）	H（CH、SZ） Y（JZ、JQ）
1985年5角	Y★		Y（J、C、P）	
1985年2角	Y★★★★☆		Y（J）	
1985年1角	Y		Y（J、C、P）	

（续表）

年号面额	基本版别	细分版别	细分币种	典型趣味品
1986年1元	Y★★★★★		Y（J）	JZ、JQ
1986年5角	Y★★★★★		Y（J）	
1986年2角	Y★★★★★		Y（J）	
1986年1角	Y★★★★★		Y（J）	
总结	41种（H25、Y16）	2种		

【备注】：本表缩写均采用中文术语中关键字的汉语拼音首拼字母。"H"为上海版，其中"Hw"为上海版里的细分版别"无砖版"，"Y"为沈阳版，"Yx"为沈阳版里细分版别"小字版"。"J"为精制币，"P"为普制币，"BJ"为半精制币或类精制币，"C"为初铸币，"JZ"为精制币中的重喷砂币，"JQ"为精制币中的轻喷砂币，"CH"为泉友习惯称谓的"彩虹币"，"SZ"为"少砖币"。标注的★代表该版别硬币的珍稀度，★号越多，珍稀度越高；标注5—6个★代表该版别硬币为未公开发行、较为珍罕的最具有收藏价值的25种长城麦穗币珍品，均装帧在1980年小黑本样币或1981—1986年早期《中国硬币》套装中，在此特别提示大家，收藏时要特别注意。

三、第三套流通硬币的版别收藏大系

根据前述第三套流通硬币的基本版别分类，笔者归纳出《第三套流通硬币（老三花币）34种版别大系收藏表》如下，供读者朋友参考。（表9）

表9　第三套流通硬币（老三花币）34种版别大系收藏表

年版号	1元（牡丹）	5角（梅花）	1角（菊花）
1991年版样币	H★★★★★	Y★★★★★	Y★★★★★

年版号	1元（牡丹）	5角（梅花）	1角（菊花）
1991年	H★	Y	Y
1992年	H★	Y★	Y★
1993年	H★	Y★	Y
1994年	H	Y★	Y★
1995年	H	Y	Y
1996年	H	Y★	Y
1997年	H	Y	Y
1998年	H	Y	Y
1999年	H	Y	Y★
2000年	H★★★☆	Y	Y★★★
2001年	/	Y★	/
总结	H11种	Y12种	Y11种

【备注】：标注的★代表该版别硬币的珍稀度，★号越多，珍稀度越高；"H"为上海版，"Y"为沈阳版，"/"为未发行；表中未区分细分版别。

四、第四套流通硬币的版别收藏大系

根据前述第四套流通硬币的基本版别分类，第四套流通硬币共计56种版别，样币3种版别，总计59种版别，另外还有21种细分版别，现归纳出《第四套流通硬币（新三花币）59种版别大系收藏表》如下，供读者朋友参考。（表10）

表10　第四套流通硬币（新三花币）59种版别大系收藏表

年版号	1元（菊花）	5角（荷花）	1角（兰花）
1999年版样币	H★★★★★（HZ、HF）	/	HL★★★★★
2002年版样币	/	N★★★★★☆	/

年版号	1元（菊花）	5角（荷花）	1角（兰花）
1999年	H（HZ、HF）	/	HL
2000年	H（HZ、HF）	/	HL
2001年	H（HZ、HF）	/	HL
2002年	H（HZ、HF）	N	HL
2003年	H（HZ、HF）	N	HL
2004年	H（HZ、HF）	N	/
2005年	H（HZ、HF）	N	NG
2006年	H（HZ、HF）	N	NG
2007年	H（HZ、HF）	N	NG
2008年	H（HZ、HF）	N	NG
2009年	H（HZ、HF）	N	NG
2010年	H（HZ、HF）	N	NG
2011年	H（HZ、HF）	N	NG
2012年	H（HZ、HF）	N	NG
2013年	H（HZ、HF）	N	NG
2014年	H（HZ、HF）	N	NG
2015年	H（HZ、HF）	N	NG
2016年	H（HZ、HF）	N	NG
2017年	H（HZ、HF）	N	NG
2015年	H（HZ、HF）	N	NG
总计	H21（HZ21、HF21）	N18	HL6 NG14

【备注】：标注的★代表该版别硬币的珍稀度，★号越多，珍稀度越高；"H"为上海版1元，细分版别"HZ"为正版、"HF"为反版；"N"为南京版5角；"HL"为上海版铝质兰花1角；"NG"为南京版钢质兰花1角；"/"为未发行。

第五章 流通硬币名品名版赏析

本章将向大家全面完整地展示中国流通硬币一甲子铸行史中丰富多彩、精品纷呈的名品名版。与我国数千年历史上历朝历代的钱币相比较，现代装帧套装硬币更加美轮美奂、绚丽多彩，成为我国铸币史上一颗颗璀璨夺目的珍品明珠。本章除了8种未采用的硬币试铸币样等图片来自网络和借图之外，其他近340余张图片均为笔者实物拍摄，力求币图完美清晰真实，因版面所限钱币图片尺寸适当进行了调整，套装硬币图片限于篇幅尺寸适当缩小，并均列明珍稀度等级与参考价格。下面让我们一起漫步于中国流通硬币的漫漫迷人长卷，一起来领略感悟博大精深，名品荟萃的中国现代钱币文化。

第一节
第一套流通硬币珍稀品种鉴赏

一、硬分币"七大珍"Ⅰ级（★★★★★）

未公开发行未进入流通，发行量珍稀在3千—1万枚之间，存世量更加珍罕，均仅发现装帧于1979—1984年人行版早期套装《中国硬币》精装册中，现单枚市场参考价：3000—22000元。（图113—119）

1分：79（T）	2分：84（T）	5分：79（T）
81（P）		81（P）
84（P）		84（P）

图113　791分凸版，发行量1万枚
Ⅰ级（★★★★★）

图114　795分，发行量1万枚
Ⅰ级（★★★★★）

图115　81 1分平版，发行量数千枚
Ⅰ级（★★★★★）

图116　81 5分平版，发行量数千枚
Ⅰ级（★★★★★）

图117　841分平版，精制，发行量5750枚
Ⅰ级（★★★★★）

图118　842分凸版，精制，发行量约3000枚
Ⅰ级（★★★★★）

图119　845分平版，精制，发行量5750枚
Ⅰ级（★★★★★）

二、硬分币"八小珍"Ⅱ级（★★★★）

未公开发行未进入流通，发行量极少，在2万—8万枚之间，存世量更加珍稀，均仅发现装帧于1980—1983年早期套装《中国硬币》中，现单枚市场参考价：1000—8000元。（图120—127）

1分：80（P）　　　2分：80　　　　　5分：80
　81（T）　　　　　　81（T）　　　　　81（T）
　　　　　　　　　　 82（T）　　　　　83（T）

图120　801分平版，发行量8万枚
Ⅱ级（★★★★）

图121　802分，发行量8万枚
Ⅱ级（★★★★）

图122　805分，发行量8万枚
Ⅱ级（★★★★）

图123　811分凸版，精制，发行量约少于2万枚
Ⅱ级（★★★★）

图124　812分凸版，精制，发行量约少于2万枚
Ⅱ级（★★★★）

图125　815分凸版，精制，发行量约少于2万枚
Ⅱ级（★★★★）

图126　822分凸版，精制，发行量约少于2万枚
Ⅱ级（★★★★）

图127　835分凸版，精制，发行量约少于2万枚
Ⅱ级（★★★★）

三、硬分币年号"五大天王"Ⅰ级（★★★★★）—Ⅱ级（★★★★）

未公开发行未进入流通，发行量极少，在3千—8万枚之间，存世量更加珍稀，均仅发现装帧于1979—1981年早期套装《中国硬币》中，其中811、815分平版或凸版可任选其一，现单枚市场参考价：3000—22000元。（见"七大珍""八小珍"分币图）

1分：81（P）　2分：80　5分：79
　　　　　　　　　　　 80
　　　 81（T）　　　　81（P）
　　　　　　　　　　　 81（T）

四、硬分币25枚"小天王"Ⅲ级（★★★）

未公开发行未进入流通，发行量稀少，在22万—32万枚，存世量较少，均仅发现装帧于人行版1991—2000年后期套装《中国硬币》中，现单枚市场参考价：60—600元。（图128—152）

1分：1992—1999年8枚　　2分：1992—2000年9枚　　5分：1993—2000年8枚

除此之外，25枚"小天王"分币每年尚生产了2万枚精制币，它们和套装币里的普币属于同原模同版别，但为精工铸造，品相更佳精美度更高，收藏价值更大。因篇幅所限，本书只展示2000年3枚精制分币。（图153—155）

图128 921分,发行量22.4万枚
Ⅲ级（★★★）

图129 922分,发行量22.4万枚
Ⅲ级（★★★）

图130　931分，发行量30万枚
Ⅲ级（★★★）

图131　932分，发行量30万枚
Ⅲ级（★★★）

图132　935分，发行量30万枚

Ⅲ级（★★★）

图133　941分，发行量30万枚

Ⅲ级（★★★）

图134　942分，发行量30万枚
Ⅲ级（★★★）

图135　945分，发行量30万枚
Ⅲ级（★★★）

图136　951分，发行量30万枚
Ⅲ级（★★★）

图137　952分，发行量30万枚
Ⅲ级（★★★）

第五章 流通硬币名品名版赏析

图138　955分，发行量30万枚
Ⅲ级（★★★）

图139　961分，发行量30万枚
Ⅲ级（★★★）

图140　962分，发行量30万枚
Ⅲ级（★★★）

图141　965分，发行量30万枚
Ⅲ级（★★★）

第五章　流通硬币名品名版赏析

图142　971分，发行量32万枚
Ⅲ级（★★★）

图143　972分，发行量32万枚
Ⅲ级（★★★）

151

图144　975分，发行量32万枚
Ⅲ级（★★★）

图145　981分，发行量32万枚
Ⅲ级（★★★）

图146　982分，发行量32万枚
Ⅲ级（★★★）

图147　985分，发行量32万枚
Ⅲ级（★★★）

图148　991分，发行量32万枚

Ⅲ级（★★★）

图149　992分，发行量32万枚

Ⅲ级（★★★）

第五章　流通硬币名品名版赏析

图150　995分, 发行量32万枚
Ⅲ级（★★★）

图151　002分, 发行量普制30万枚
Ⅲ级（★★★）

图152　005分，发行量普制30万枚
Ⅲ级（★★★）

图153　001分，精制，发行量2万枚
Ⅳ级（★★☆）

图154　002分，精制，发行量2万枚
Ⅲ级（★★★☆）

图155　005分，精制，发行量2万枚
Ⅲ级（★★★☆）

五、早期稀有分币"16小龙"Ⅳ级(★★)

公开发行进入流通,发行量上亿至数亿枚,但存世量较少。普品单枚参考价:5—120元。卷光全品少见,单枚市场参考价:300—5000元,根据市场供求波动。(图156—171)

1分:1955、1956、1957、1958、1959、1961、1963年

2分:1956、1959、1960、1961、1962、1963年

5分:1955、1956(小星版)、1957年

图156　551分

Ⅳ级(★★)

第五章 流通硬币名品名版赏析

图157　555分
Ⅳ级（★★）

图158　561分
Ⅳ级（★★）

图159　562分
Ⅳ级（★★）

图160　565分小星版
Ⅳ级（★★）

图161　571分
Ⅳ级（★★）

图162　575分
Ⅳ级（★★）

图163　581分
Ⅳ级（★★）

图164　591分
Ⅳ级（★★）

图165　592分
Ⅳ级（★★）

图166　602分
Ⅳ级（★★）

图167　611分
Ⅳ级（★★）

图168　612分
Ⅳ级（★★）

图169　622分
Ⅳ级（★★）

图170　631分
Ⅳ级（★★）

图171　632分

Ⅳ级（★★）

六、硬分币"五小侠" Ⅴ级（★）

公开发行进入流通，除了565分大星版、821分平版和832分凸版发行量相对较少外，其他品种发行量巨大，达数亿枚。但由于版别特殊，其中721分和781分是罕见的平凸混合版，821分、832分是罕见的平版、凸版两个版别均公开发行进入流通的年号分币，所以收藏研究价值较大。全品单枚参考价：15—300元，其中以721分全品和832分凸版全品较为稀少。（图172—176）

1分：721（H）、781（H）、821（P）

2分：832（T）

5分：565（大星）

图172　565分大星版
Ⅴ级（★级）

图173　721分混合版（H）
Ⅴ级（★级）

图174　781分混合版（H）
V级（★级）

图175　821分平版（P）
V级（★级）

图176　832分凸版（T）
Ⅴ级（★级）

七、第一套流通硬币样币

目前尚未发现硬分币样币实物。根据官方有关记载，国务院批准印制管理局指令造币厂正式铸造分币之前，国营六一五厂（沈阳造币厂）和六一四厂（上海造币厂）分别于1955年1月和3月曾上报1分和5分实物样币，印制管理局分别于1月14日和4月2日批复同意按照上报的样币正式生产，但至今在收藏市场和国家钱币博物馆、造币厂史料馆均未发现分币样币实物，由此推测当时上报样币实物应与公开铸行的分币相同。另据人行系统老同志回忆，人行曾把"五大天王"套装币作为样币发放（包括1979年小蓝本、1980年七枚装套币、1981年红本，见图232—245），现有些封存在人行金库里，但这些套装币性质上显然不属于样币。

第二节
第二套流通硬币珍稀品种鉴赏

一、长城币"四大珍" I+级（★★★★★★）

未公开发行未进入流通，长城币"四大珍"发行量极为稀少，只有寥寥660枚，存世量更加珍罕，实属现代钱币中与一版纸币王壹万元"牧马图"相比肩的大珍特珍，均仅装帧于人行版1986年《中国硬币》套装中，现单枚参考价10万—15万元。（图177–180）

861元（Y）、8605角（Y）、8602角（Y）、8601角（Y）

图177　861元，精制，发行量660枚
大珍，I+级（★★★★★★）

第五章 流通硬币名品名版赏析

图178　8605角，精制，发行量660枚
大珍，Ⅰ+级（★★★★★）

图179　8602角，精制，发行量660枚
大珍，Ⅰ+级（★★★★★）

171

图180　8601角，精制，发行量660枚
大珍，Ⅰ+级（★★★★★）

二、长城币"十七珍"Ⅰ级（★★★★★）

未公开发行未进入流通，发行量珍稀，在3000—20000枚之间，存世量更加珍稀，均仅装帧于人行版1981—1985年《中国硬币》套装中，现单枚市场参考价：1000—30000元。（图181—197）

8502角（Y）；

841元（H）、8405角（H）、8402角（H）、8401角（H）

841元（Y）、8405角（Y）、8402角（Y）、8401角（Y）

821元（H）、8205角（H）、8202角（H）、8201角（H）

811元（H）、8105角（H）、8102角（H）、8101角（H）；

第五章 流通硬币名品名版赏析

图181　811元上海版（H），精制，发行量约少于2万枚
Ⅰ级（★★★★★）

图182　8105角上海版（H），精制，发行量约少于2万枚
Ⅰ级（★★★★★）

图183　8102角上海版（H），精制，发行量约少于2万枚
Ⅰ级（★★★★★）

图184　8101角上海版（H），精制，发行量约少于2万枚
Ⅰ级（★★★★★）

图185　821元，精制，发行量约少于2万枚
Ⅰ级（★★★★★）

图186　8205角，精制，发行量约少于2万枚
Ⅰ级（★★★★★）

图187 8202角，精制，发行量约少于2万枚
Ⅰ级（★★★★★）

图188 8201角，精制，发行量约少于2万枚
Ⅰ级（★★★★★）

图189　841元上海版（H），精制，发行量约少于3000枚
Ⅰ级（★★★★★）

图190　8405角上海版（H），精制，发行量约少于3000枚
Ⅰ级（★★★★★）

图191　8402角上海版（H），精制，发行量约少于3000枚
Ⅰ级（★★★★★）

图192　8401角上海版（H），精制，发行量约少于3000枚
Ⅰ级（★★★★★）

图193　841元沈阳版（Y），精制，发行量5750枚，
Ⅰ级（★★★★★）

图194　8405角沈阳版（Y），精制，发行量5750枚
Ⅰ级（★★★★★）

图195　8402角沈阳版（Y），精制，发行量5750枚
Ⅰ级（★★★★★）

图196　8401角沈阳版（Y），精制，发行量5750枚
Ⅰ级（★★★★★）

图197　8502角，精制，发行量4825枚
Ⅰ级（★★★★★）

三、普制稀少长城币Ⅳ级（★★）

为少量铸造进入流通的版别硬币，发行量约数百万，从收藏市场看，其存世量尤其是全新卷拆全品币已稀少，现全品单枚市场参考价为600—1600元，普品150—450元。（图198—202）

8302角（H）、8301角（H）

8305角（H）

801元（Hw）

8002角（H）

除此之外，尚有1983、1985年版精制币，其与1983、1985年（沈阳版）普制币版别相同，但精美度更高，收藏价值更大。（图203—206）

图198　801元上海无砖版（Hw）
Ⅳ级（★★）

图199　8002角
Ⅳ级（★★）

图200　8305角
Ⅳ级（★★）

图201　8302角
Ⅳ级（★★）

图202　8301角
Ⅳ级（★★）

图203　831元精制币，发行量约少于2万枚
Ⅲ级（★★★）

图204　8305角精制币，发行量约少于2万枚
Ⅲ级（★★★）

图205　8302角精制币，发行量约少于2万枚
Ⅲ级（★★★）

图206　8301角精制币，发行量约少于2万枚
Ⅲ级（★★★）

四、1980年版长城币样币Ⅰ级（★★★★★）

  1980年版四枚装《中国硬币》，俗称1980年小黑本样币（如图207—209），其特点：一是样币采取精制套装形式，币面上没有镌刻"样币"字样；二是币品采取精制或半精制工艺，坯饼有抛光，有喷砂或喷砂不明显，币品状态与1980年版七枚装天王套装币区别不很明显，不易区分；三是此种样币的性质高度依赖密封的装帧册，拆散之后很难与1980年版天王套币乃至有些状态好的初铸币相区分。1980年小黑本样币的性质和地位与公开进入流通的散币以及1980年7枚装《中国硬币》精装册的硬币截然不同，前者属于样币、系独立版别，后者则是流通币，二者是性质、地位完全不同的版别。根据实物资料显示，1980版样币生产量应在2万套以内，早期流入社会的只有少部分，其余的目前封存在人行金库里，再很难流出。（图210-213）

第五章　流通硬币名品名版赏析

图207　人行版1980年4枚装套装硬币册封面，小黑本样币，发行量约2万套
Ⅰ级（★★★★★）　（100 mm×58 mm）

图208　人行版1980年4枚装套装硬币册，硬币背面，同图207

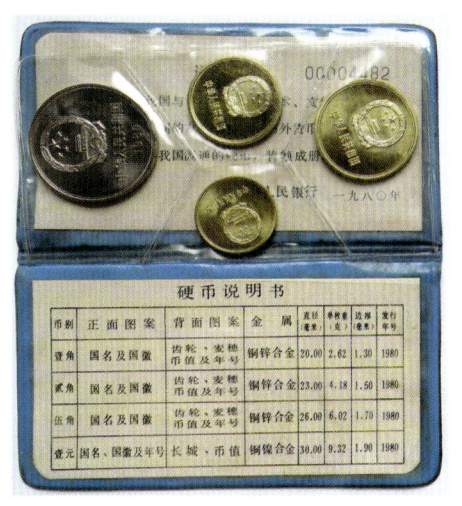

图209　人行版1980年4枚装套装硬币册，硬币正面，同图207

图210 801元样币，无砖版，(半)精制，发行量约2万枚
Ⅰ级（★★★★★）

图211 8005角样币，(半)精制，发行量约2万枚
Ⅰ级（★★★★★）

图212 8002角样币,(半)精制,发行量约2万枚
Ⅰ级(★★★★★)

图213 8001角样币,(半)精制,发行量约2万
Ⅰ级(★★★★★)

【链接】关于1980年小黑本长城样币的特别研究

1980年人行版四枚装小黑本套币，当时中国人民银行将其作为第二套流通硬币的标准样币发放到各省分行、支行，其样币地位是毋庸置疑的，也是迄今为止发现的新中国最早的一套流通硬币样币。笔者曾因为注意到其说明书中写明供世界钱币爱好者收藏交流之类的表述，所以当时对1980年小黑本是样币的观点有些疑问，便到山东省人行货币金银处求教，证实其为样币的判断是正确的。省人行当时是按照人行总行的指令把小黑本作为样币发放到各地方支行，目前大多数已收回，20本一捆，封存在省人行金库里。

后来笔者拆解了几套小黑本，对币的品相进行对比研究，比较了1981—1986年的精制币和1980—1985年的普制卷拆币，结果发现，小黑本中的长城币和精制币很接近，尤其是与1985、1986年的精制币最为贴近，有很好的抛光镜面，但喷砂多数不太明显；而与卷拆普制币的品相相差较远。据此笔者判断，1980年小黑本样币在工艺上属于精制币，但限于当时流通币刚开始铸造精制币，工艺不算成熟，币品没有后来的精制币好，说1980年小黑本长城币是流通币精制币的试验币也未尝不可。那么1980年小黑本就有了中国流通硬币的第一套样币、长城币样币、精制币或精制流通币的试验币等诸多地位和元素。笔者手中有一本编号019236的小黑本样币，是目前国内发现的编号最大的小黑本，可以推测小黑本发行2万套左右。鉴于其为样币，目前大多数封存在人行金库中，实际上进入收藏领域的为数很少。故此，1980年小黑本集诸多钱币史重要地位于一体，面世量又极为稀少，可谓收藏中的上品。

以前一尘网有801元"无砖版"的图片，图中显示有部分801元长城币背面烽火台上部没有城砖图案，完全是平滑的，这引起了笔者的关注。于是笔者研究了自己收藏的几套1980年小黑本和1980年7枚装天王蓝本和黑本套装币，以及几十枚卷光801元长城币，还对比了大量其他年版号的长城精制套币和普制卷拆散币，查阅了很多资料，又浏览了网上很多图片，现统计结果如下：1980年版小黑本、7枚装天王套币（蓝本和黑本）中长城币都是"无砖版"，散币中约四分之一是"无砖版"，四分之三是"有砖版"（此数据由于统计数量有限，仅做参考）。其他年版号的长城币无论是精制的还是普制的，均为"有砖"的普通版式，而众所周知八达岭长城的烽火台上部是有砖的。

因为小黑本、7枚装天王套币都是沈阳造币厂早期铸造装帧的，散币中"无砖版"少见，加之散币中多数是和后来年版号一样的普通"有砖版"，所以可以推断801元长城币存在特殊的错版币，就是泉友们所说的"无砖版"。

带着这个问题笔者又拜访了山东省人行的张建超先生等几位钱币专家，结果证实了上述判断。801元小黑本于1980年4月初首先到达各省人行，1980版7枚套币也是早期发行的，到达各省人行均比各行长城币散币到货早。大家一致认为无砖版式和普通版式是原模的差异，而不是工作模的差异所造成的。但遗憾的是，没有任何人行关于错版币的信息。笔者的看法是，在最早一批或几批铸造的801元长城币到达各省市行之后，有细心人士发现了其烽火台图案漏印城砖的错误，显然与长城烽火台的实际不符，后上报人行领导。其后悄悄地修改了原模，才形成后来各年版与烽火台实际有砖一致的普通版式。还有一种可能性是，1980年版长城币于1980年初首先由沈阳造币厂投产，1980年版小黑本样币和7枚装精装册均为沈阳造币厂生产，其中长城币均为"无砖版"。而上海造币厂10月份才投产，因此也有可能上海造币厂生产的是经过修改原模的"有砖版"，这以后还要根据实物和文献资料进行验证。

综上，通过各种统计数据以及在此基础上做出符合逻辑的合理推断，作为上海版的1980年长城币的确存在两种不同的细分版别，即烽火台上面没有城砖图案的错版"无砖版"，和与后来普版完全一样的有城砖图案的"有砖版"。错版801元长城币包括1980年小黑本样币（半精制币）、天王套币中长城币（蓝本和黑本，多为初铸币）和少量早期铸造进入流通的散币。1980版4枚装小黑本样币，不仅是新中国钱币史上迄今为止发现的第一套流通硬币样币，而且在工艺上也是精制币，或曰精制币的试验币。现在估计其流入收藏市场的不超过发行量的10%，计约2000套。虽然从版别上看，它和进入流通的801元长城币均属于上海版，但铸造工艺是经过抛光的精制工艺，而且其中的801元长城币是烽火台上侧没有城砖图案的早期"错版"801元长城币，收藏价值很高。笔者认为现在8000元的市场价格远没有体现其真正的收藏价值。

——节选自奉天收藏新浪博客第47篇博文，2011年10月

1980年初沈阳造币厂根据中国人民银行印制管理局的指示开始正式生产第二套流通金属币，上海造币厂8月才试制成功，10月才开始正式投产。人行1980年版4枚装套装币在4月初即分发到各省级人行，可见其应全部为沈阳造币厂生产。至于生产量，缺乏官方和造币厂文献记载，目前面世的小黑本样币很是稀少，其中发现的最大编号为019***号，笔者推测其发行量应在2万套以内，目前全品参考价3.5万元。

第三节
第三、第四套流通硬币珍稀品种鉴赏

一、老三花币2000年"双花币王"Ⅲ级（★★★☆）

　　2000年牡丹1元主币和菊花1角辅币，系第四套人民币和第三套流通硬币中唯一没有正式发行、未公开进入流通的品种，仅装帧在人行版2000年《中国硬币》精装册中，发行量为32万枚（其中精制币2万枚），发行量和存世量较少，喜爱人群大，单独消耗多，是配第四套人民币45枚版别大全套和第三套流通硬币31枚版别大全套的最大瓶颈品种；目前参考价为2000年牡丹1元普制币1200元、精制币3000元，菊花1角普制币1000元、精制币2800元。（图214—217）

二、1991年版老三花币样币Ⅰ级（★★★★★）

　　1991年版老三花样币，生产量不详，一说在2万套以内，早期流入社会的只有很少部分，其余的目前封存在人行金库里，再很难流出。目前参考价3.8万元一套。（图218—222）

图214　001元，普制，发行量30万枚
Ⅲ级（★★★☆）

图215　0001角，普制，发行量30万枚
Ⅲ级（★★★）

图216　001元，精制，发行量2万枚
Ⅱ级（★★★★）

图217　0001角，精制，发行量2万枚
Ⅱ级（★★★★）

图218 1991年版样币原装卡背面，生产量约2万套
Ⅰ级（★★★★★）（120 mm×75 mm）

图219 1991年版样币原装卡正面，同图218

第五章　流通硬币名品名版赏析

图220　911元样币，生产量约2万枚
Ⅰ级（★★★★★）

图221　9105角样币，生产量约2万枚
Ⅰ级（★★★★★）

图222 9101角样币，生产量约2万枚
Ⅰ级（★★★★★）

三、1999、2002年版新三花样币Ⅰ级（★★★★☆）

　　1999、2002年版新三花样币，生产量不详，一说在2万套以内，早期流入社会的只有极少部分，其余的目前均封存在人行金库里，再很难流出。目前1999年版菊花1元和兰花1角样币参考价为每枚4.0万元，2002年版荷花5角样币参考价8万元。（图223-231）

图223　991元样币原装卡背面，生产量约2万枚
I 级（★★★★☆）　（100 mm×67 mm）

图224　991元样币原装卡正面，同图223

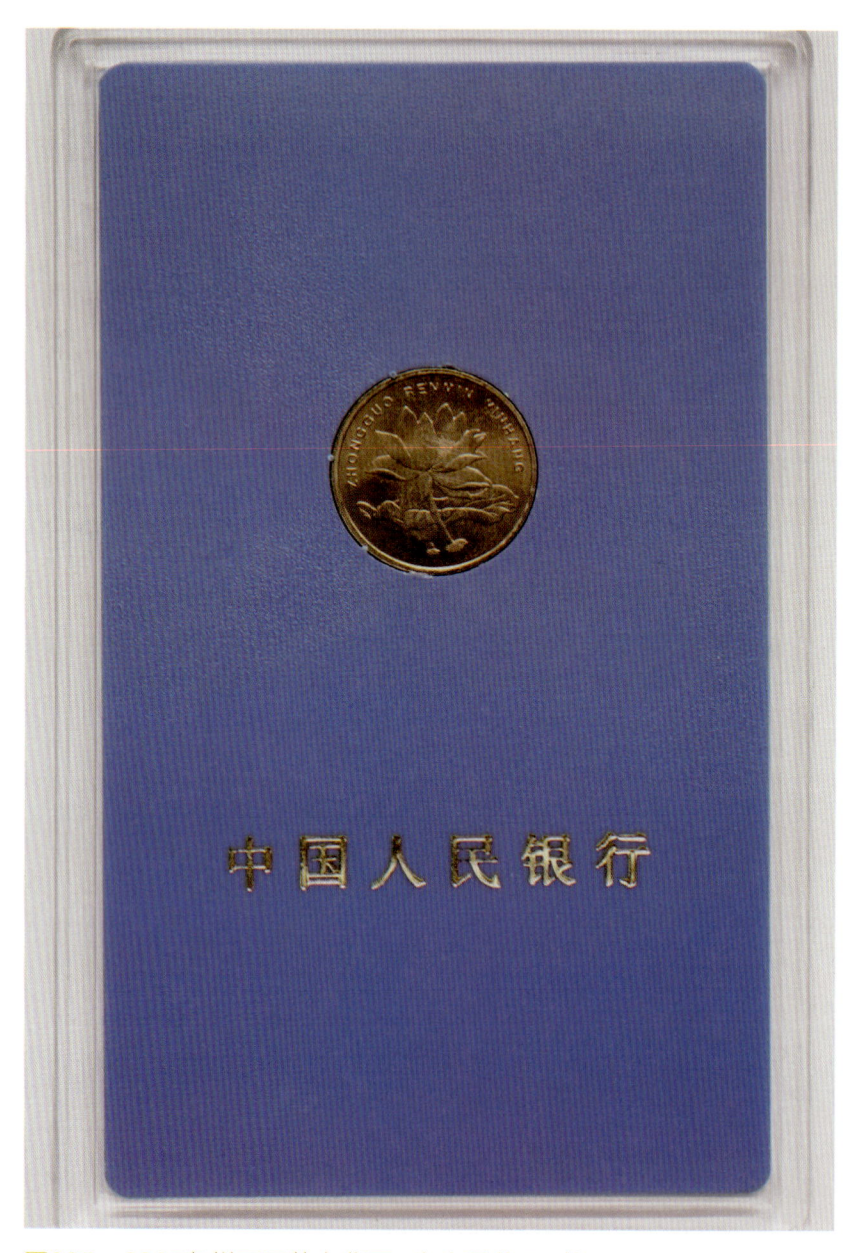

图225　0205角样币原装卡背面，生产量约2万枚

Ⅰ级（★★★★☆）　（75 mm×120 mm）

第五章　流通硬币名品名版赏析

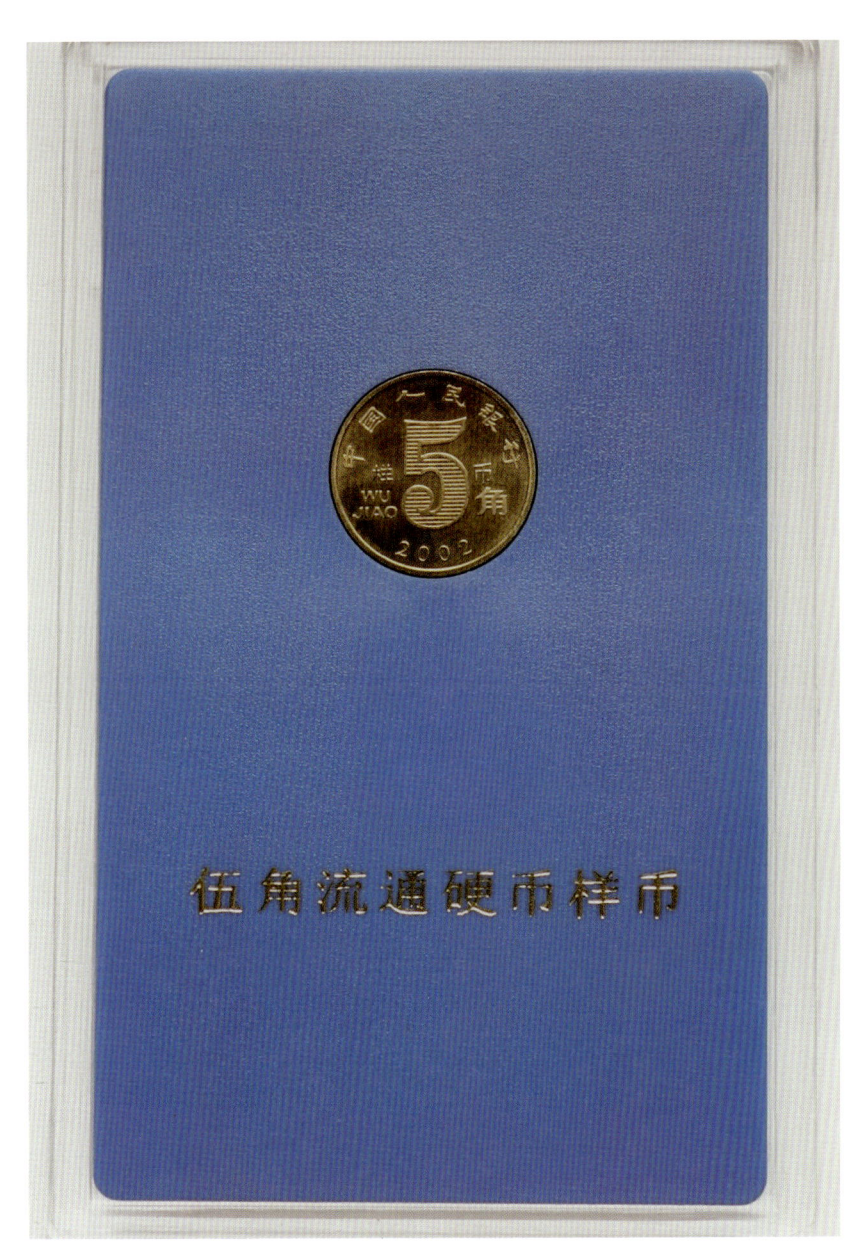

图226　0205角样币原装卡正面，同图225

图227　9901角样币原装卡背面，生产量约2万枚
I级（★★★★☆）（100 mm×67 mm）

图228　9901角样币原装卡正面，同图227

图229　991元样币，生产量约2万枚

Ⅰ级（★★★★☆）

图230　0205角样币，生产量约2万枚

Ⅰ级（★★★★★☆）

图231 9901角样币，生产量约2万枚

Ⅰ级（★★★★★☆）

第四节
人行版 1979—1986 年
早期套装《中国硬币》赏析

在新中国钱币史上，在人民币收藏大系中，占有重要地位的中国流通硬币的收藏已受到越来越多钱币爱好者的关注和喜爱，但很多人对于流通硬币的收藏体系还没有整体的把握，对五彩斑斓、形式各样的各品种的收藏价值以及投资价值也仅有朦胧的概念，知之尚少。细心的朋友会注意到，流通硬币收藏品种的珍品大都出自专门用于对外国销售出口创汇、进行国际钱币文化交流、专供国内外钱币爱好者收藏的人行版套装《中国硬币》精装册中，而在大量铸造公开进入流通的普通品种中涌现出来的珍稀品种还是凤毛麟角并存有很多争议和不确定性。究其根本原因，是少量发行的人行版套装《中国硬币》中含有一些铸造量稀少、未正式公开进入流通的珍稀年号或珍稀版别硬币，这就是大家通常所说的未正式发行币或收藏币。

流通硬币爱好者一般都知道，限量铸造和装帧的未正式发行、未公开进入流通的硬币，较之普通公开发行，进入流通的硬币收藏价值要高得多，也知道1979—1986年人民银行及中国造币公司官方正式装帧的11种早期套装币中包含有很多珍稀硬币，但由于多数爱好者流通硬币的版别知识较为匮乏，对于早期套装币具体含有哪些珍稀版别硬币，在流通硬币大系乃至人民币大系中的收藏地位和价值为何等问题，则知之甚少。笔者通过多年对流通硬币版别的研究，以及大量收集早期流通硬币套装而后进行甄别研究，现对早期装帧套币的收藏价值试做论述以飨读者，同时也对中国流通硬币的名品名版和珍稀套装硬币进行一次全面而集中的梳理展示。

第一套流通硬分币，到目前为止有平版、凸版、混合版三种版别类型，108个年版号，120种版别。现简单分述之：笔者把硬分币的基本版别分为三类，即主要有沈阳造币厂铸造的平版（P）、上海造币厂铸造的凸版（T）和过渡时期上海造币厂铸造的混合版（H）。按照传统的年版号大全套收藏方式（不考虑珍稀版别分币），其中最珍稀的是装帧于1979年小蓝本、1980年7枚装蓝本或黑本、1981年7枚装小红本或8枚装白本套装币里的811分、802分、795分、805分、815分年号"五大天王"分币，其发行量在3千—8万之间；其次较为稀少的亦装帧于1991—2000年《中国硬币》套装册里，包括1992—1999年1分、1992—2000年2分、1993—2000年5分，共计25枚"小天王"分币，发行量在22.4万—32万之间；当然还有一些20世纪五六十年代早期稀缺分币存量也较为稀少。但是如果根据近来的研究成果按照分币120种版别划分的话，硬分币珍稀度要重新排序。其中最为珍稀的是"七大珍"和"八小珍"分币，均装帧于人行版1979-1984年早期套装币中，发行量仅为3千—8万枚之间，远比二版纸币王"大黑拾"，三版纸币王"枣红""背绿"珍稀得多。这些品种就是提示给大家的具有极高收藏价值的品种。

关于长城币版别问题，请大家参阅本书第四章，在此不再赘述。经过以上详细分析之后，现在我们就可以在鉴别欣赏的同时，详细而系统地研究早期套装《中国硬币》中各品种硬币的收藏价值与收藏地位，透视和剖析早期套装硬币在流通硬币收藏大系乃至人民币收藏大系中的收藏地位与价值，一起领略早期套装《中国硬币》的钱币艺术之美。

一、人行版"五大天王"套装《中国硬币》

1. 1979年人行版4枚装《中国硬币》精装册Ⅰ级★★★★★

1979年中国人民银行印制管理局指示上海造币厂生产流通硬币精装册，上海造币厂首开历史先河，生产装帧了小蓝本《中国硬币》，此为新中国钱币史上第一套人行版钱币精装册，有历史资料记载其发行量为1万套，现参考价1.5万元。（图232—234）

图232　人行版1979年四枚装精装册封面，塑封蓝本
★★★★★　（75 mm×105 mm）

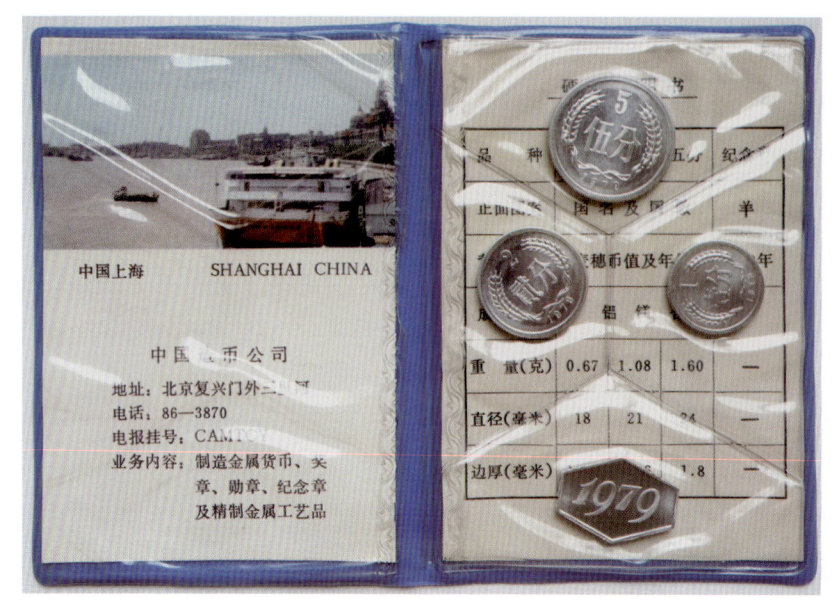

图233　人行版1979年四枚装精装册内页，币背面，同图232

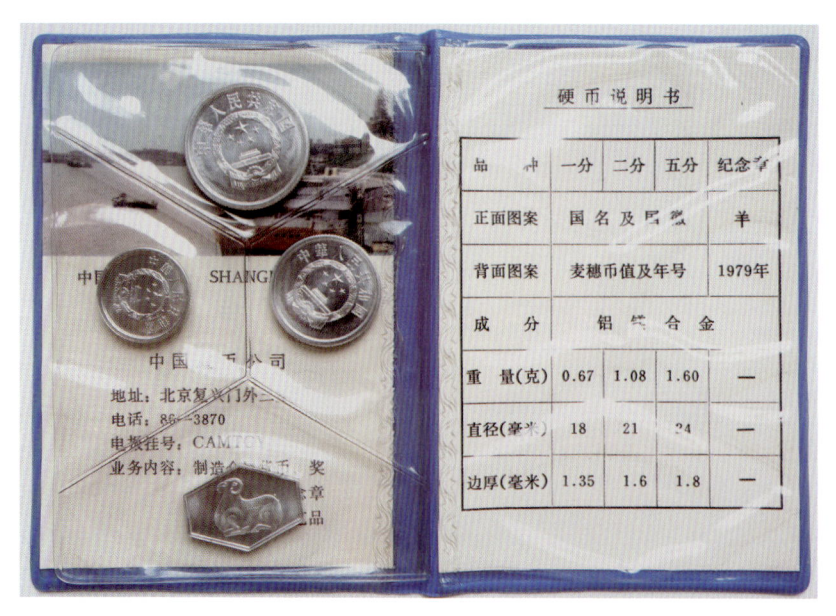

图234　人行版1979年四枚装精装册内页，币正面，同图232

该币册深蓝雕花设计，简洁明快而又不失庄重威严，深得泉友喜爱，泉友们爱称为"79小蓝本"。含791分（T），792分，795分三枚分币，和六边形铝质羊年生肖章各1枚。其中795分是分币"五大天王"之首发硬币，795分与其中的791分（T）更是分币版别"七大珍"之中的2枚。所以笔者认为，由于1979年套币是按年号划分发行最少的"五大天王"套币，加之还含有一枚凸版791分珍稀版别"七大珍"分币，虽然十年来已由不到千元突破万元，其收藏价值仍然没有被深度挖掘。

2. 1980年人行版7枚装《中国硬币》精装册Ⅱ级★★★★

1980年7枚装套币，包括早期的黑本和后期的蓝本，早期黑本又包括"说明书"全中文与中英文对照两种，三种包装币种及版别一样，总发行量为8万套，回流比例不详。参考价1.5万—1.6万元。（图235—238）

图235　人行版1980年七枚装精装册封面，塑封黑本
805普版 ★★★★　（138 mm×62 mm）　805小星版 ★★★★☆

图236　人行版1980年七枚装精装册封面，塑封蓝本
805普版 ★★★★　　（138 mm×62 mm）　　805小星版 ★★★★☆

图237　人行版1980年7枚装精装册黑本和蓝本内页，币背面

图238　人行版1980年7枚装精装册黑本和蓝本内页，币正面

其中1980年长城套币除了有长城币为无砖的错版币、多数为类精制初铸币的特点外，其中4枚均大量铸造进入流通。关于分币，大多数泉友知道1980年套币含有的802、805是"五大天王"中的两种，但对于其中的801（P）属于分币版别"八小珍"之一却并不清楚。这枚平版801分，和大量铸造进入流通的凸版801不是一种版别，而与802、805一样具有很高的收藏价值。收藏1980年7枚装套币要把握两点：一是长城币是无砖"错版币"和大多为带镜面的"初铸币"；二是3枚分币均为"八小珍"之一，尤其是801分属珍稀版别，与进入流通者不同。另外，805天王币又包括普通"大星"和较少的"小星"两种趣味品种。

"小星版"80天王套币较少，目前行价要高些。

目前看，沈阳造币厂生产的1980年版小黑本样币和1980年版7枚装套装币中的801元均为无砖版。由于1980年初沈阳造币厂先正式投产而上海造币厂直到10月份才投产，因此笔者推断无砖版系沈阳造币厂早期生产，有砖版系上海造币厂生产，中间经历了修模的程序，才将设计有缺陷的无砖版修改成图案更协调的普通有砖版。

除上述装帧册之外，市场上还见到一种只有1980版3枚角币和3枚分币的朝文版纸卡装1980年版套币，甚为少见，参考价1万元。尚见有美国富兰克林造币厂装帧的805分币封，贴有1枚邮票，加盖1981年北京邮戳，都较为少见，参考价2000元。（图239—242）

图239　1980年6枚装朝文版装帧卡，币背面
★★★★　（200 mm × 145 mm）

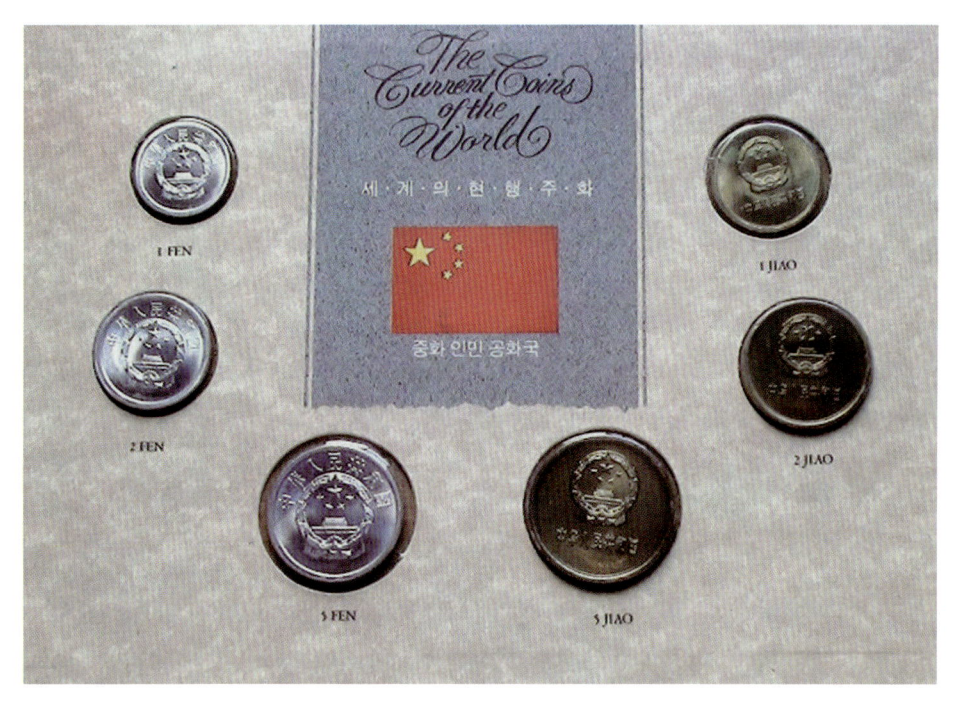

图240　1980年6枚装朝文版装帧卡，币正面，同图239

图241　1980年5分美国富兰克林造币厂币封，币背面
★★★★　（188 mm×98 mm）

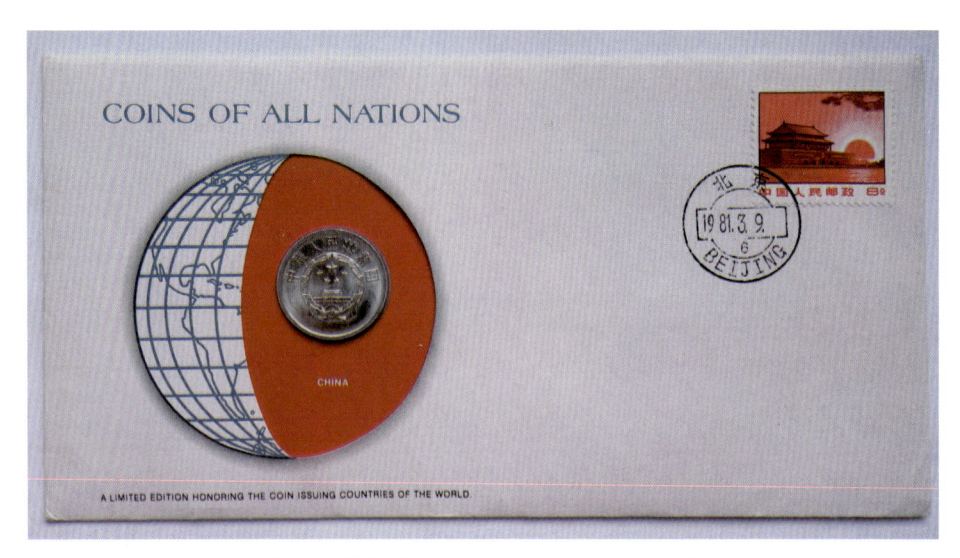

图242　1980年5分美国富兰克林造币厂币封，币正面，同图241

3. 1981年人行版7枚装《中国硬币》精装册 I 级★★★★★☆

1981年7枚装红本套装币（Ⅰ级★★★★★☆），沈阳造币厂铸造装帧，根据《沈阳造币厂志》记载生产量为23400套，但其配图是1981年精制白本，因此1981年红本普制套装币具体生产量尚无定论，但根据市场上流通量看，明显比1981年精制白本要少，因此推算其实际生产量应在数千到一万之内。由于早年消耗大，现市场存量颇为稀少，市场紧缺度极高，好品、全品的尤其珍稀。全品参考价5.5万元。（图243—245）

其中1981年4枚长城麦穗币属于大量进入流通的普通沈阳版，3枚平版1981年分币，除了812分平版大量进入流通之外，811分（P）、815分（P）均未正式进入流通。后两者不仅属于108枚分币年号大套里的"五大天王"分币，更是分币120枚版别大全套的"七大珍"之二种珍品，是配120枚版别大全套绝对的最大瓶颈品种之一。1981年红本收藏价值很高，现在价格已经超越1981年白本，全品已达到5.5万元以上的行价，未来几年随着爱好者配硬分币版别大全套的需要，其价值更会日益体现。

1981年版8枚装精制白本《中国硬币》装帧册（Ⅰ级★★★★★）另含紫铜精制鸡章1枚，上海造币厂铸造装帧，生产量约在2万套以内，参考价1.8万元。（图246—249）

图243　人行版1981年七枚装精装册封面，塑封红本，带鸡年贺卡，绝品
★★★★☆　（138 mm×62 mm）

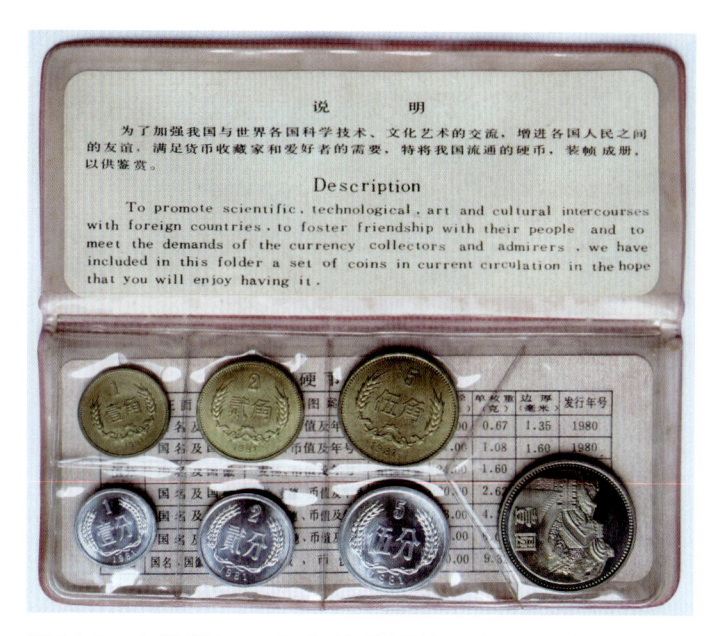

图244　人行版1981年七枚装精装册内册，币背面，同图243

币别	正面图案	背面图案	金属	直径（毫米）	单枚重（克）	边厚（毫米）	发行年号
壹分	国名及国徽	麦穗、币值及年号	铝镁合金	18.00	0.67	1.35	1980
贰分	国名及国徽	麦穗、币值及年号	铝镁合金	21.00	1.08	1.60	1980
伍分	国名及国徽	麦穗、币值及年号	铝镁合金	24.00	1.60	1.80	1980
壹角	国名及国徽	齿轮、麦穗、币值及年号	铜锌合金	20.00	2.62	1.30	1980
贰角	国名及国徽	齿轮、麦穗、币值及年号	铜锌合金	23.00	4.18	1.50	1980
伍角	国名及国徽	齿轮、麦穗、币值及年号	铜锌合金	26.00	6.02	1.70	1980
壹元	国名、国徽及年号	长城、币值	铜锌合金	30.00	9.32	1.90	1980

图245　人行版1981年七枚装精装册内册，币正面，同图243

第五章　流通硬币名品名版赏析

图246　人行版1981年八枚装精装卡封面，纸卡白册
★★★★★　（143 mm×92 mm）

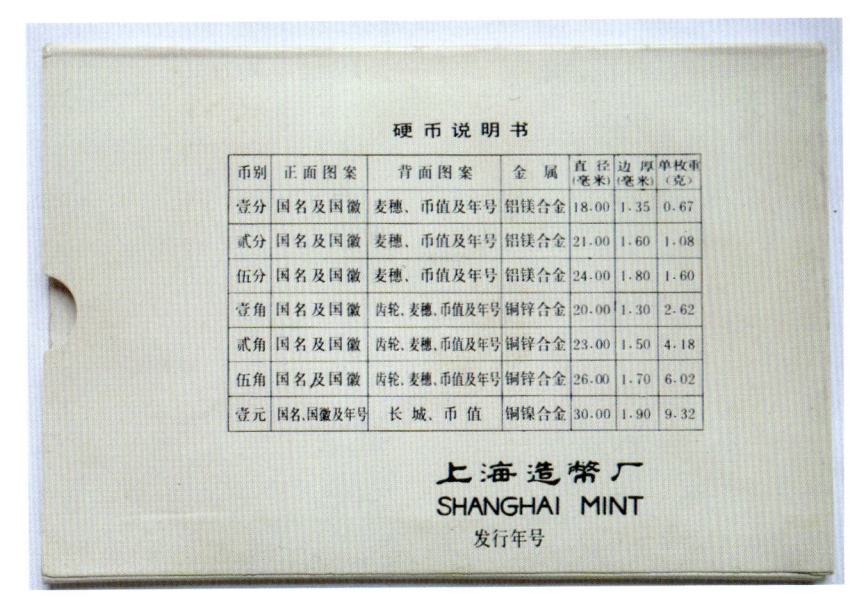

币别	正面图案	背面图案	金属	直径(毫米)	边厚(毫米)	单枚重(克)
壹分	国名及国徽	麦穗、币值及年号	铝镁合金	18.00	1.35	0.67
贰分	国名及国徽	麦穗、币值及年号	铝镁合金	21.00	1.60	1.08
伍分	国名及国徽	麦穗、币值及年号	铝镁合金	24.00	1.80	1.60
壹角	国名及国徽	齿轮、麦穗、币值及年号	铜锌合金	20.00	1.30	2.62
贰角	国名及国徽	齿轮、麦穗、币值及年号	铜锌合金	23.00	1.50	4.18
伍角	国名及国徽	齿轮、麦穗、币值及年号	铜锌合金	26.00	1.70	6.02
壹元	国名、国徽及年号	长城、币值	铜镍合金	30.00	1.90	9.32

图247　人行版1981年八枚装精装卡封底，纸卡白册，同图246

217

图248　人行版1981年8枚装精装卡内册，币背面，精制，同图246

图249　人行版1981年8枚装精装卡内册，币正面，精制，同图246

此套币所有7枚硬币均系未正式发行、未公开进入流通的特殊版别，誉为中国套装币之王也不过分。其中的4枚长城麦穗币，为发行量极少的上海版（H），而正式发行进入流通的为沈阳版（Y）。3枚1981年凸版分币，均属分币版别"八小珍"，其中811分（T）、815分（T）又属"五大天王"分币，收藏价值颇高。随着大家对长城币和分币版别认识的深入，1981年白本的收藏价值会得到更进一步挖掘。

人行版1981年精制长城币（H）水晶板（Ⅰ级★★★★☆），上海造币厂铸造装帧，1元长城币为上海版精制币，重喷砂甚是精美，水晶板上镌刻有"中国造币公司"字样，配有浅蓝色花格纸外盒，此种水晶板极为稀少，参考价2.8万元。市场上还出现一种类似水晶板，没有"中国造币公司"字样，来源待考。（图250—251）

图250　人行版1981年精制长城币（H）水晶板，币背面，精制重喷砂　★★★★☆

图251　人行版1981年精制长城币（H）水晶板，币正面，精制重喷砂，镌刻"中国造币公司"，同250

除此之外，市场上还可见到国外回流的美国富兰克林造币厂装帧的1981年精制和普制邮币卡，参考价1.8万元和1200元。但由于外国造币厂对我国钱币认识不足，很多是年号混装的。如图所示为富版1981年全套精制邮币卡、含精制8305角的混装普制邮币卡。（图252—255）

笔者收集到一套富版1981混装邮币卡，除了含有1981年普制沈阳版4枚长城麦穗币，竟然含有822分、835分两枚凸版"七小珍"分币，甚为少见。（图256、257）

无论是什么样的装帧形式，外国回流的装帧册，钱币均来源于中国早期出口的套装硬币或散币，均是外国币商为了在其国内便于销售而拆解中国硬币原装册或者用散币重新封装的。

图252　1981年富兰克林邮币卡第一种，币背面，精制

★★★★★　（203 mm×292 mm，以下富兰克林装帧卡尺寸相同）

图253　1981年富兰克林邮币卡第一种，币正面，同图252

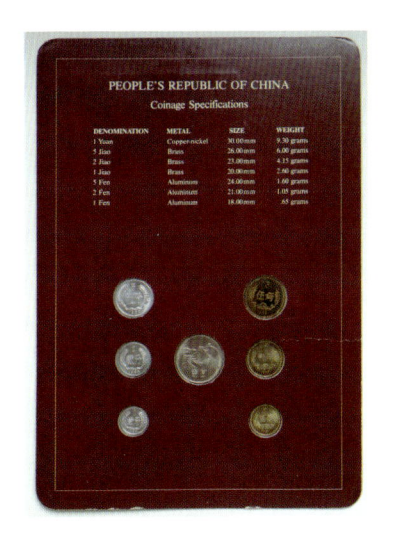

图254　1981年富兰克林邮币卡第二种，币背面，精普混装

★★★★

图255　1981年富兰克林邮币卡第二种，币正面，同图254

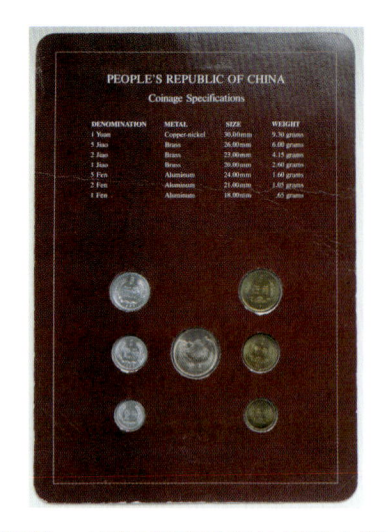

图256 1981年富兰克林邮币卡第三种,币背面,精普混装,含835分(T)、822分(T),少见
★★★★

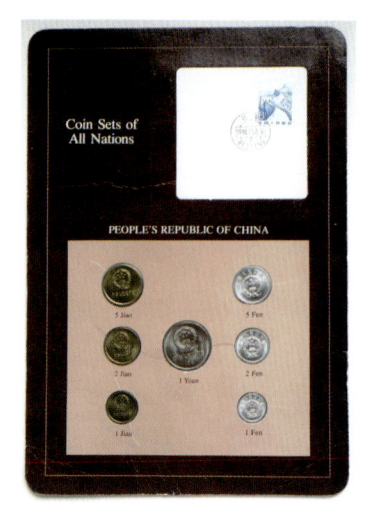

图257 1981年富兰克林邮币卡第三种,币正面,同图256

二、人行版珍稀"长城币王"套装《中国硬币》

1. 1982年人行版8枚装精制白本精装册 Ⅰ级★★★★★

1982年人行版8枚装精制白本精装册由上海造币厂生产,具体发行量不详。笔者根据《上海造币厂志》记载数据测算其产量约在2万套以内,目前参考价1.6万元。(图258—261)

该精装册含有3枚1982年版号的凸版分币和4枚上海版长城麦穗币,以及上海造币厂铸造的紫铜精制狗年生肖章1枚。其中822分(T)是分币版别"八小珍"之一,是配分币118枚版别大全套的瓶颈品种,具有很高的收藏价值。其他2枚凸版分币属于公开发行、大量进入流通的品种(工艺是精制);4枚上海版长城麦穗币,均未正式发行、未进公开入流通,为收藏第二套流通硬币的筋币之一,收藏价值很高。1982

图258　人行版1982年八枚装精装卡封面，纸卡白册
★★★★★　（145mm×92mm）

图259　人行版1982年八枚装精装卡封底，同图258

图260　人行版1982年八枚装精装卡内册，币章背面，精制，同图258

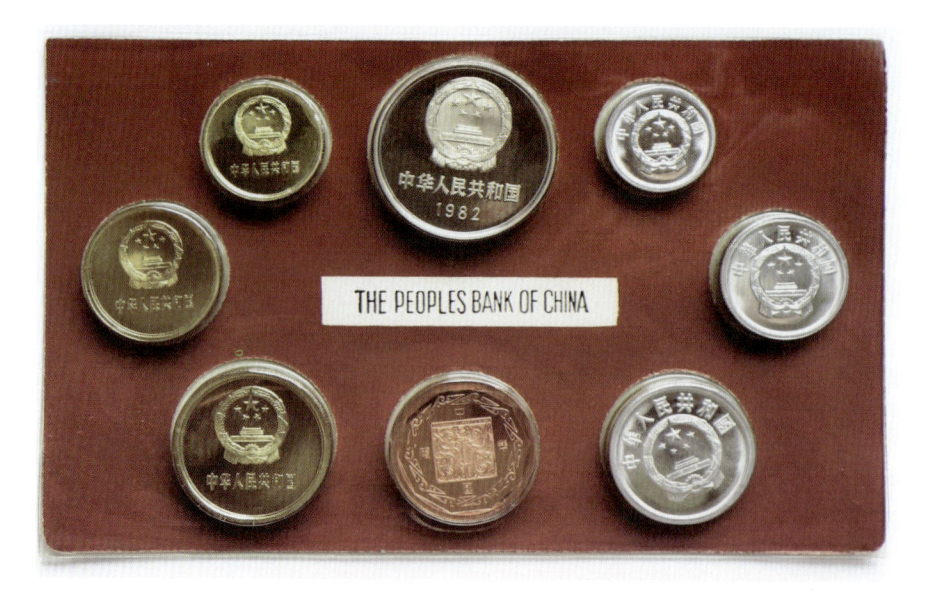

图261　人行版1982年八枚装精装卡内册，币章正面，精制，同图258

年套币含有5枚未正式发行的版别硬币，收藏价值值得进一步挖掘。

市场还可见到国外回流的美国富兰克林造币厂装帧的1982年精制邮

币卡和混装套邮币卡。如图所示为富版1982年精制全套、含8302角和835分的1982年混装、含8305角的混装精制邮币卡三种。（图262—267）

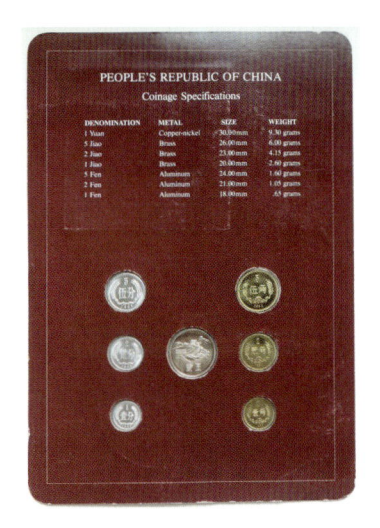

图262　1982年富兰克林邮币卡第一种，币背面，精制
★★★★★

图263　1982年富兰克林邮币卡第一种，币正面，同图262

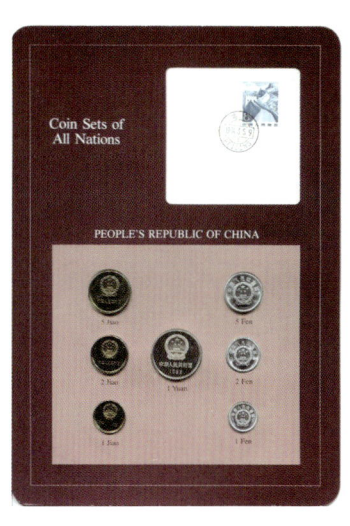

图264　1982年富兰克林邮币卡第二种，币背面，精制混装
★★★★★

图265　1982年富兰克林邮币卡第二种，币正面，同图264

图266　1982年富兰克林邮币卡第三种，币背面，精制混装
★★★★★

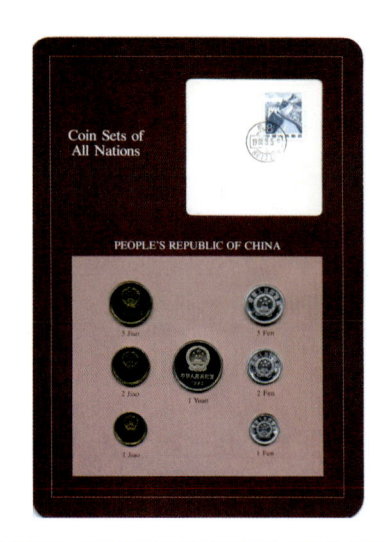

图267　1982年富兰克林邮币卡第三种，币正面，同图266

2. 1983年人行版精制套装币

1983年人行版8枚装精制绿本套币（Ⅱ级★★★★），为上海造币厂生产，具体发行量不详。笔者根据《上海造币厂志》数据测算其产量大约在2万套以内。此卡装有3枚1983年版号的凸版分币和4枚上海版长城麦穗币，以及上海造币厂铸造的紫铜精制猪章1枚。其中835分（T）是分币版别"八小珍"之一，是配分币120枚版别大全套的瓶颈品种，具有很高的收藏价值。其他2枚凸版分币与大量进入流通的分币基本版别相同，铸造质量为精制；4枚上海版长城麦穗币，除了工艺属于精制币之外，基本版别与公开发行进入流通的硬币相同，均为上海版。目前参考价1.3万元。（图268—271）

第五章　流通硬币名品名版赏析

图268　人行版1983年八枚装精装卡封面，纸卡绿册
★★★★　(145 mm×95 mm)

图269　人行版1983年八枚装精装卡封底，同图268

227

图270　人行版1983年八枚装精装卡内册，币章背面，精制，同图268

图271　人行版1983年八枚装精装卡内册，币章正面，精制，同图268

1983年人行版精制红本礼品装（Ⅰ级★★★★☆），由上海造币厂生产，装帧量极少，扉页上镌刻着金光闪闪的国徽，册子鲜红，像一面红旗，藏界爱称83精制"红旗本"。册内附有硬币中英文说明书各一张，内册塑封装有7枚精制硬币，其版别与上述普通精制绿本一样，不再赘述。1983年精制红本多年来市场罕见，罕有成交，市场参考价约3.8万元。（图272—274）

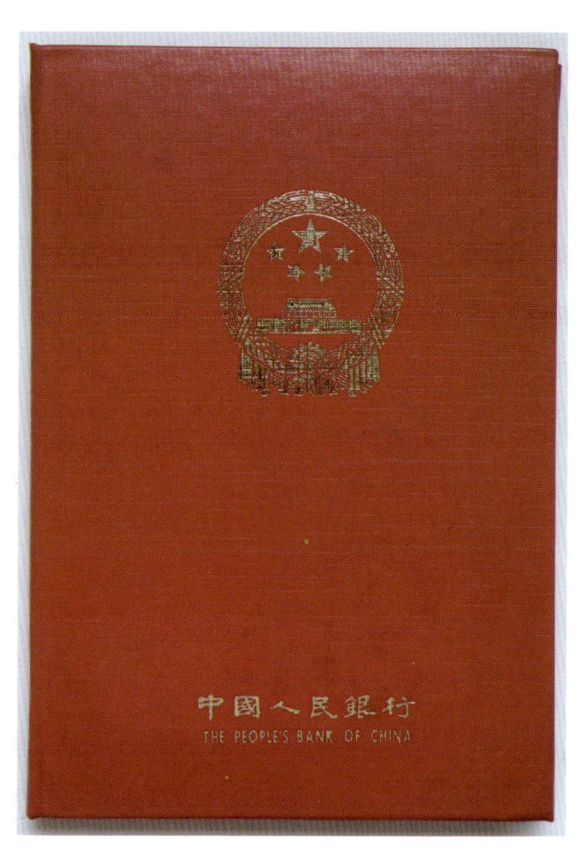

图272　人行版1983年七枚装精装册封面，礼品装塑封红本，精制 ★★★★☆　（98 mm×140 mm）

图273　人行版1983年七枚装精装册，币背面，同图272

图274　人行版1983年七枚装精装册，币正面，同图272

1983年人行版精制白本礼品装（Ⅰ级★★★★☆），由上海造币厂生产，装帧量很少，册子样式、说明书和硬币版别与红本完全一样，装帧精美；1983年白本市场上一直很少见，偶见成交，参考价3.5万元。（图275—277）

市场上还可见到国外回流的美国富兰克林造币厂装帧1983年精制邮币卡，其中有些年号混装。如图所示，下图为富版1983年全套精制、含822分、825分的1983年版精制混装邮币卡，参考价1.2-1.3万。含821分、825分和8202角的1983年精制混装邮币卡。（图278—283）

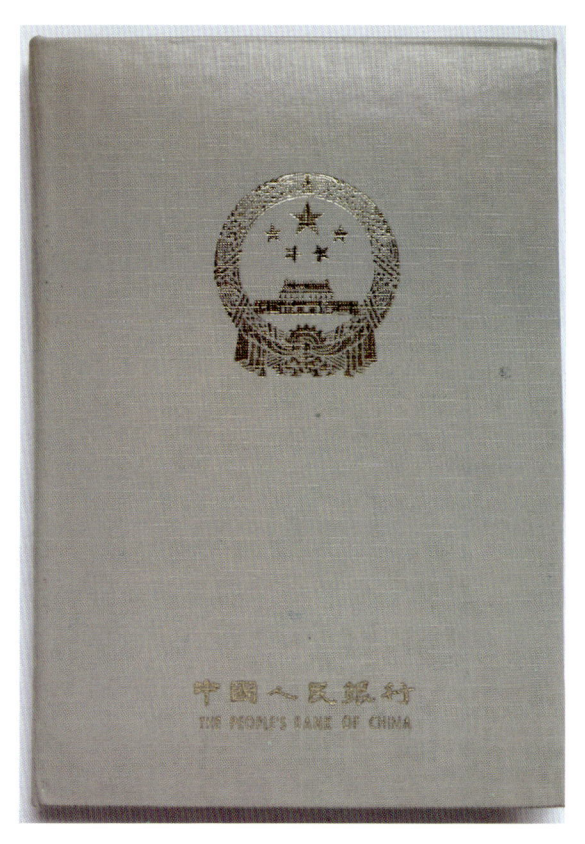

图275　人行版1983年七枚装精装册封面，礼品装塑封白本，精制
★★★★☆　（98 mm×140 mm）

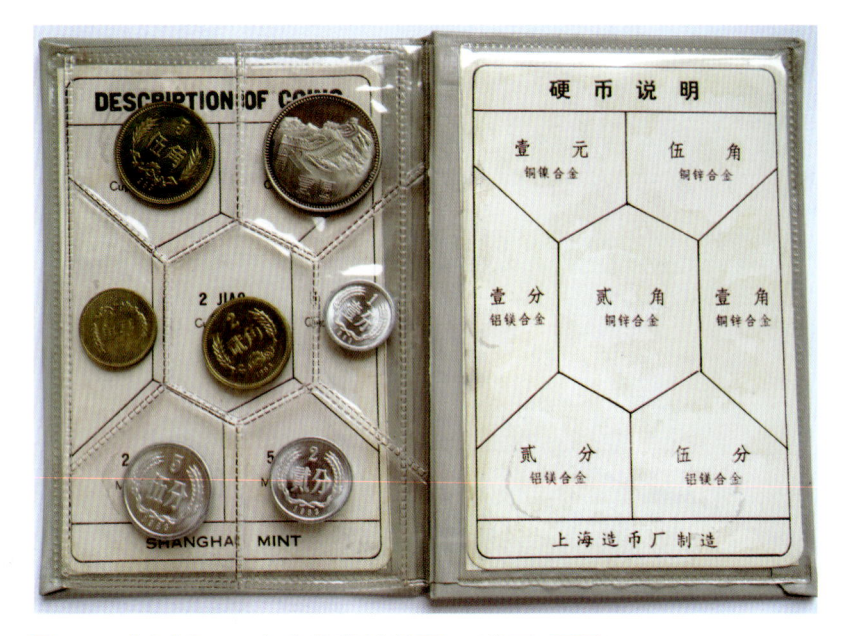

图276 人行版1983年七枚装精装册，币背面，同图275

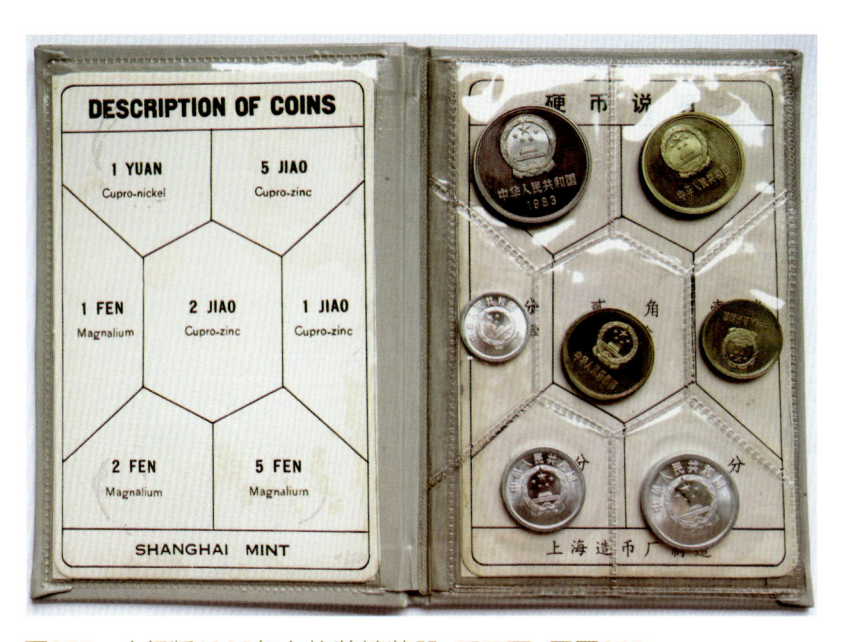

图277 人行版1983年七枚装精装册，币正面，同图275

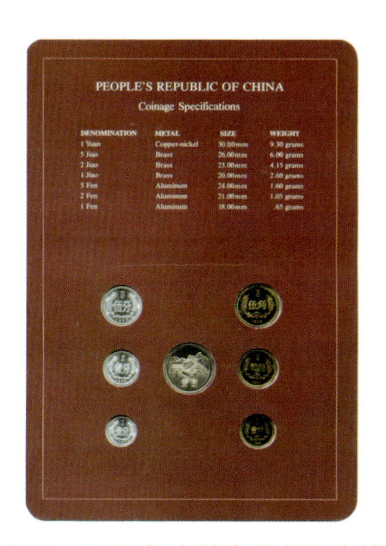

图278　1983年富兰克林邮币卡第一种，币背面，精制
★★★★

图279　1983年富兰克林邮币卡第一种，币正面，同图278

图280　1983年富兰克林邮币卡第二种，币背面，精制混装
★★★★

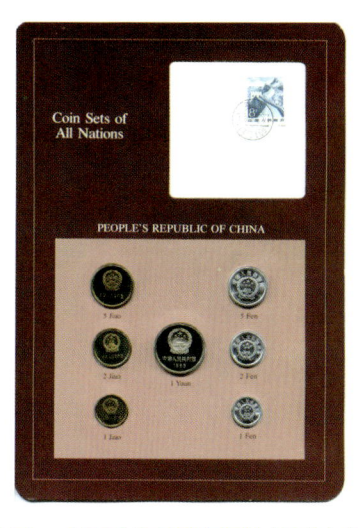

图281　1983年富兰克林邮币卡第二种，币正面，同图280

图282　1983年富兰克林邮币卡第三种，币背面，精制混装

★★★★☆

图283　1983年富兰克林邮币卡第三种，币正面，同图282

3. 1984年人行版精制套装币

1984年人行上海版8枚装纸卡精装册（Ⅰ级★★★★★☆），由上海造币厂生产，具体发行量不详。笔者根据《上海造币厂志》数据以及市场实际出现比例测算其发行量约在3000套以内。从市场实际成交量来看，其数量较1984年沈阳版套装币明显偏少，价格较高，目前全品参考价5.5万元。（图284—286）

此册含有3枚1984年版号的凸版分币和4枚上海版长城麦穗币，以及紫铜精制鼠章1枚。其中842分（T）是分币版别"八大珍"之首，是配分币120枚版别大全套的最大筋币，具有极高的收藏价值。其他2枚精制凸版分币和公开进入流通的普制分币版别相同；4枚上海版长城麦穗币，属于未正式发行币，为收藏第二套流通硬币版别大全套的最大筋币品种之一，收藏价值很高。1984年上海版套币含有5枚未正式发行的版

图284　人行版1984年八枚装精装卡封面，纸卡白册，上海版（H），全品，封底同图259

★★★★☆　（145 mm×92 mm）

图285　人行版1984年八枚装精装卡内册，币章背面，精制，上海版（H），同图284

图286 人行版1984年八枚装精装卡内册，币章正面，精制，上海版（H），同图284

别硬币，收藏价值极高，未来表现值得期待。

1984年8枚装上海版精制长城币水晶球，上海造币厂铸造装帧，极为少见（Ⅰ级★★★★☆），罕有成交，市场估价5.8万元。（图287）

1984年人行沈阳版8枚装塑卡白本套币（Ⅰ级★★★★☆），由沈阳造币厂生产，含有3枚1984年版号的平版分币和4枚沈阳版长城套币，及黄铜精制鼠章1枚，发行量5750套。全品参考价2.8万元。（图288—290）市场上尚见一种塑卡正面无

图287 人行版1984年七枚装长城币（H）水晶球，水晶球和外盒
★★★★☆

第五章 流通硬币名品名版赏析

图288　人行版1984年八枚装精装卡封面，塑卡白册，沈阳版（Y）
★★★★☆　（165 mm×110 mm）

图289　人行版1984年八枚装精装卡内册，币章背面，精制，沈阳版（Y），同图288

237

图290　人行版1984年八枚装精装卡内册，币章正面，精制，沈阳版（Y），同图288

说明书，背面字体与国徽较小的84沈阳版套装币，其中沈阳版841元为"小字版"细分版别，更为少见，近几年来炒作价格甚高。

其中841分（P）、845分（P）是分币版别"七大珍"之二珍，是配分币120枚版别大全的最大筋币品种之一，具有很高的收藏价值。精制2分和大量进入流通的散币版别相同；4枚沈阳版长城麦穗币，属于未正式发行币，为收藏第二套流通硬币的筋币，收藏价值也很高。1984年沈阳版套币含有6枚未正式发行的版别硬币，收藏价值很高，未来表现会更加不俗。

4．1985年8枚装沈阳版白本精制套装币Ⅰ级★★★★☆

1985年人行沈阳版8枚装塑卡白本套装币，由沈阳造币厂生产，含有3枚1985年版号的平版分币和4枚沈阳版长城麦穗币，以及黄铜精制牛章1枚，发行量4825套，全品参考价3.8万元。（图291—293）

图291　人行版1985年八枚装精装卡封面，塑卡白册
★★★★☆　（165 mm×110 mm）

图292　人行版1985年八枚装精装卡内册，币章背面，精制，同图291

图293　人行版1985年八枚装精装卡内册，币章正面，精制，同图291

3枚平版分币与大量铸造进入流通的散币基本版别相同，铸造质量为精制，因而收藏价值较高；4枚沈阳版长城麦穗币，只有2角为未正式发行币，系收藏第二套流通硬币的最大筋币品种之一，收藏价值很高；1元和5角、1角与大量铸造进入流通的散币版别相同，均为沈阳版，铸造质量为精制。1985年沈阳版套币含有1枚未正式发行的版别硬币，为配长城麦穗币版别或年号大全的最大瓶颈品种之一，具有很高的收藏价值。

5. 1986年人行沈阳版8枚装白本套装币Ⅰ+级★★★★★★

1986年人行8枚装沈阳版塑卡白本精制套装币，由沈阳造币厂铸造和装帧，含有3枚1986年版号的平版分币和4枚沈阳版长城套币，以及黄铜精制虎章1枚，发行量仅为660套，系发行量最少的流通人民币，在现代钱币收藏界被誉为"中国硬币之王"，参考价48万元一套。（图294—296）

第五章　流通硬币名品名版赏析

图294　1986年人行版八枚装精装卡封面，纸卡白册
★★★★★　（165 mm×110 mm）

图295　人行版1986年八枚装精装卡内册，币章背面，精制，同图294

241

图296　人行版1986年八枚装精装卡内册，币章正面，精制，同图294

　　该精装册中的3枚精制分币与大量铸造进入流通的散币同为平版分币，基本版别相同，但其生产质量为精制；4枚沈阳版1986年长城币，均未正式发行未进入流通，为收藏第二套流通硬币乃至第三套人民币版别大全套的最大筋币，收藏价值极高。由于其铸造量是共和国流通人民币里最少的，比发行量300万枚的壹万元"牧马图"纸币王少得多，仅有区区660套，加之早年出口海外毁损遗失较多，目前存世量估计只有小几百套而已，与一版纸币王壹万元"牧马图"珍稀度相比肩，在流通硬币收藏大系乃至人民币收藏大系中实属珍罕，被誉为"新中国硬币之王"当之无愧。现在1986年长城套币价格已经涨到48万元，未来无论1986年长城套币价格涨到什么程度都不足为奇，不久的将来，1986年长城套币只会在珍品拍卖会上才可偶见尊容。

硬币收藏与鉴赏

王美忠 ◎ 著

下册

学苑出版社

第五节
人行版 1991—2000 年后期套装
《中国硬币》赏析

一、人行版1991-2000年套装《中国硬币》铸行基本情况

1948年人行成立之后，一共分两批发行并装帧了套装《中国硬币》精装本供国内外钱币爱好者收藏：第一批是1979—1986年共计发行装帧了16种套装币（包括小黑本样币及两种水晶板和水晶球特殊装帧形式，发行量见表3），第二批是1991—2000年共计发行并装帧了26种套装币，每年都分精制和普制两种（包括1991年样币、1991年贴条版套币、1997—2000年木盒版礼品装精制币，发行量见表4），之后16年来再未发行装帧套装硬币。

1991—2000年人行版后期套装《中国硬币》由上海造币厂与沈阳造币厂联合铸造，是中国人民银行授权中国印钞造币总公司及康银阁钱币有限公司装帧的，目的是专供国际钱币文化交流和国内外钱币爱好者收藏。其中，中国人民银行分别于1991、1992、1996年授权中国印钞造币总公司制造和装帧了1991—1996年《中国硬币》精制和普制精装册

13种；又于2000年授权康银阁钱币有限公司装帧了1997—2000年《中国硬币》精制和普制精装册12种。有意思的是，正如1980—1986年早期套装币把第一套和第二套流通硬币混合装帧一样，1991—2000年后期套装币也把第三套和第一套流通硬币混合装帧了，这正是1991—2000年套币收藏价值的关键之处，以下笔者将做详细论述。

二、1991—2000年套装币在中国流通硬币体系乃至人民币大系中的收藏价值与地位

首先，它们涵盖有第一套流通硬币第二大瓶颈板块品种25枚分币"小天王"。众所周知，自1992年开始，硬分币基本已经停止铸造，只有1991-2000套装币中限量铸造发行了1992-2000年的分币。后期套币中含有第一套流通硬币的第二大瓶颈板块，即25枚分币"小天王"，具体包括：1992年1、2分；1993、1994、1995、1996年1、2、5分，1997、1998、1999年1、2、5分和2000年2，5分，现分述如下。

1. 1991年套装币　普制（半精制）★★★精制★★★★

1991年和1992—2000年套装币一样，包括当年年号的1、2、5分硬分币和牡丹1元、梅花5角、菊花1角共六枚硬币，1991年六枚硬币均与大量铸造公开进入流通的散币基本版别相同，人行只是配套装帧了20万套1991年套币，其中普制（半精制）18万套，精制2万套。普制套币中又包括包装盒上贴有"中国人民银行"字条的早期装帧套币和无字条的普通套币。目前贴条版参考价350元，普通版250元，精制币参考价2800元。（图297—304，图308—310）

图297　人行版1991年六枚装精装卡封面，塑卡彩册，贴条
★★★　（130 mm×85 mm）

图298　人行版1991年六枚装精装卡封底，同图297

图299　人行版1991年六枚装精装卡内册，币背面，半精制，同图297

图300　人行版1991年六枚装精装卡内册，币正面，半精制，同图297

图301　人行版1991年六枚装精装卡封面，塑卡彩册
★★★　（130 mm×85 mm）

图302　人行版1991年六枚装精装卡封底，同图301

图303　人行版1991年六枚装精装卡内册，币背面，半精制，同图301

图304　人行版1991年六枚装精装卡内册，币正面，半精制，同图301

　　实际收藏时不少泉友问1991年套币为何大量出现山寨盗版，究其原因是91年套币六枚硬币均大量铸造公开进入流通，随处可见的低廉的卷拆品1991年三花币和硬分币可以替代其年号序列号，如图即为市场多见的山寨版1991年套币，售价在40元左右。（图305—307）

　　人行版正宗1991年套币，除了包装正宗具有钱币史价值之外，其所有硬币虽然和公开发行的散币基本版别一样，但爱好者须注意以下几点：一是正宗91年套币中5角是半精制币，笔者对此做过认真研究，虽然正宗91套币其他币和普通卷拆币没区别，但梅花5角的确有类镜面，也有的单面或双面有喷砂，当然这比91年精制套币中正宗精制币的精制度要差一些；因此笔者推测，铸造和装帧91年套币时，造币厂本着节约的原则，由于剩余了部分铸造精制5角的工作模，部分普制套币中梅花5角继续使用这些模具，才出现这种类似精制币的效果；或者坯饼没抛光，只是用的精制工作模

图305　1991年六枚装精装卡封面，塑卡彩册，山寨仿册

（130 mm×85 mm）

图306　1991年六枚装精装卡内册，币背面，普制，同图305

图307　1991年六枚装精装卡内册，币正面，普制，同图305

压印而呈现半精制效果，但由于其精制度较低，坯饼也未抛光，基本版别也一样，所以其收藏价值较91年精制币要差些，当然要比9105角普制币要高；二是正宗1991年套币中912分与普通流通品虽都是平版分币，基本版别相同，但系年号字体不同且左移位的特殊的细分版别币，这在笔者

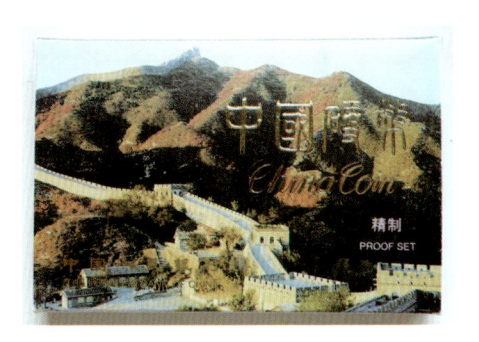

图308　人行版1991年六枚装精装卡封面，塑卡彩册，精制

★★★★　（132mm×88mm）

图309　人行版1991年六枚装精装卡内册，币背面，精制，同图308

图310　人行版1991年六枚装精装卡内册，币正面，精制，同图308

另一部专著里会有详细论述。需要提及的是，91年精制套币由于其精美度、精制度较高，加之最早发行，消耗沉淀大，收藏价值较大。

2. 1992年套装币　普制★★★精制★★★

1992年套装币共发行22.4万套，其中普制9.2万套，精制13.2万套，目前参考价普制1000元，精制900元。（图311-316）

92年套装币中包括的六枚硬币，除了精制套币中的属于精制工艺币，921、922分属于未公开发行币之外，其他硬币均与大量铸造进入流通的散币基本版别相同（其中只有925分套装版与流通版有细分版别的区别）。在1993—2000年套币问世之前，硬币收藏界有551、571、921、922分是硬分币"四小龙"之说，这都是历史的产物，现已失去意义。92年套装中的921、922分币现在属于第一套流通硬币大全套中第二瓶颈品种的25枚分币"小天王"之二枚，发行量略少于以后年号的"小天王"分币。需要特别提及的是，由于92年精制和普制套币版别相同，因此配分币年号大

图311　人行版1992年六枚装精装卡封面，塑卡彩册，普制
★★★　（130 mm×85 mm）

图312　人行版1992年六枚装精装卡内册，币背面，普制，同311

图313　人行版1992年六枚装精装卡内册，币正面，普制，同311

全套时均可通用，92年精制和普制由于发行量相差不大，故92年精制套币除了工艺上更精美之外，和普制套币硬币基本版别没有区别；目前92年普制套币出现很多重铸高仿921、922分币，而精制套币由于工艺精细，目前还没有赝品，综合判断92年精制套币的收藏价值应略高于92年普制套币。

图314　人行版1992年六枚装精装卡封面，塑卡彩册，精制
★★★　（132 mm×88 mm）

图315　人行版1992年六枚装精装卡内册，币背面，精制，同图311

图316　人行版1992年六枚装精装卡内册，币正面，精制，同图311

3. 1993—1996年套装币　普制★★★精制★★★★

1993—1996年套装币均在1996年发行，共发行30万套，其中普制28万套，精制2万套。普制为塑卡纸盒装，精制为绒盒礼盒装，均含有三枚当年年号、未公开发行的"小天王"分币，三花币与公开发行的散币基本版别相同（其中4枚牡丹币1元系比较稀少的的窄勾版细分版别）。其发行量略高于1992年套币，但每套含有三枚"小天王"分币，故每年号套币收藏价值应和92年套币处于伯仲之间；每年参考价普制200元，精制750元。四个年号的套装币普制和精制包

装分别完全相同，限于篇幅在此只展示1993年普制和精制套装币。（图317—324）

目前92年套币普制行价在1000元，精制在900元，而93—96年普制套币行价总价才800元，平均每套才200元，可见93—96年套币的增值潜力较92年套币要大。而精制93—96年套币现价约3000元，由于其发行量为2万套，远低于92年精制套币发行量，因此其收藏价值更高，市场潜力更大。

图317　人行版1993年六枚装精装卡封面，塑卡黑册，普制
★★★　（142 mm×88 mm）

图318　人行版1993年六枚装精装卡封底，同图317

图319　人行版1993六枚装精装卡内册，币背面，普制，同图317

图320　人行版1993年六枚装精装卡内册，币正面，普制，同图317

4. 1997—1999年套币　普制★★★精制★★★木盒★★★★☆

　　1997—1999年套装币均在2000年发行，共发行32万套，其中普制塑卡纸盒装30万套，精制塑卡普通礼盒与木盒礼品装总计2万套，一般认为木盒装为礼品币，装帧量约2000套。目前每年参考价普制180元，精制普通礼盒装750元，精制木盒礼品装2500元。三个年号的套装币普制和精制包装分别完全相同，在此只展示1997年普制和精制套装币。

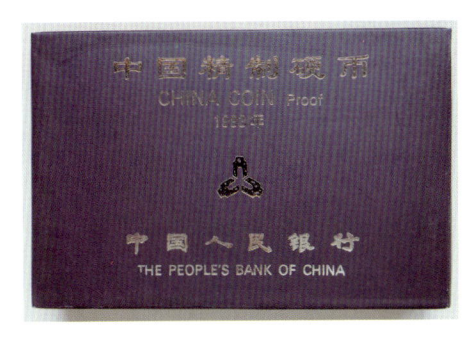

图321　人行版1993年六枚装精装盒封面，塑卡绒盒黑册，精制
★★★★　（145 mm×95 mm）

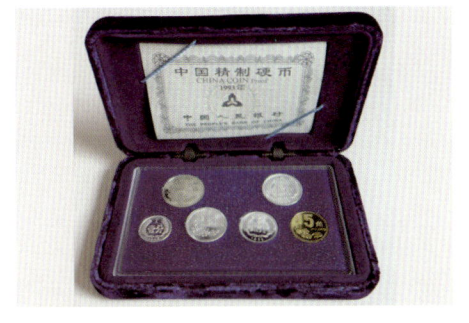

图322　人行版1993年六枚装精装盒绒盒，同图321

图323　人行版1993年六枚装精装盒内册，币背面，精制，同图321

图324　人行版1993年六枚装精装盒内册，币正面，精制，同图321

图325　人行版1997年六枚装精装册封面，塑卡纸盒，普制
★★★　（138 mm×90 mm）

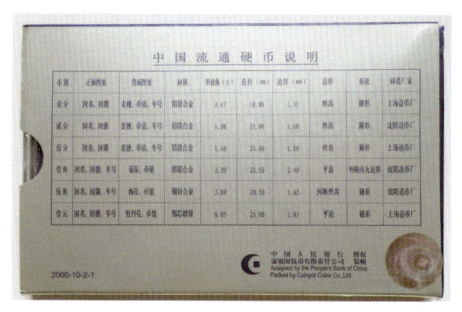

图326　人行版1997年六枚装精装卡封底，同图325

图327　人行版1997年六枚装精装册内册，币背面，普制，同图325

图328　人行版1997年六枚装精装册内册，币正面，普制，同图325

图329　人行版1997年六枚装精装盒封面，塑卡礼盒，精制
★★★★　（153 mm×110 mm）

图330　人行版1997年六枚装精装盒，礼盒，同图329

内册塑卡币正背图同图333、334

图333　人行版1997年六枚装精装盒内册，币背面，精制，同图331

图331　人行版1997年六枚装精装盒封面，木盒礼品装，精制
★★★★☆　（168mm×116mm）

图332　人行版1997年六枚装精装盒，木盒，同图331

图334　人行版1997年六枚装精装盒内册，币正面，精制，同图331

（图325-334）

其均含有三枚当年年号的1、2、5分未公开发行的"小天王"分币，三花币属于公开发行的品种。发行量略高于1993-1996年套币，每套均有三枚分币"小天王"，收藏价值略低于93—96年套币，目前行价总价在550元，相对于93—96年普制套币800元行价属于正常量价比；97—99年精制套币由于其发行量也为2万套，但精美度相比93—96年精制套币有所提高，因此其收藏价值和市场价格应该和93—96年精制套币

基本相当。

5. 2000年套装币　普制★★★☆精制★★★★☆木盒★★★★★

2000年套装币于2000年发行，共生产32万套，其中普制塑板纸盒装30万套，塑板礼盒装与木盒礼品装共2万套，一般认为木盒装为礼品

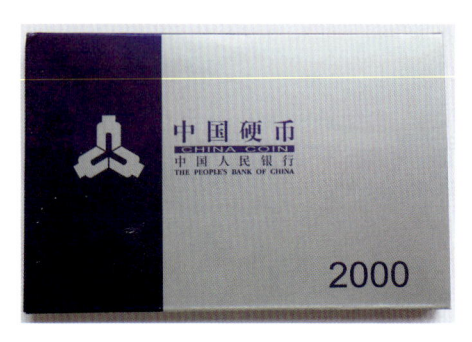

图335　人行版2000年六枚装精装册封面，塑卡纸盒，普制
★★★☆　（138 mm×90 mm）

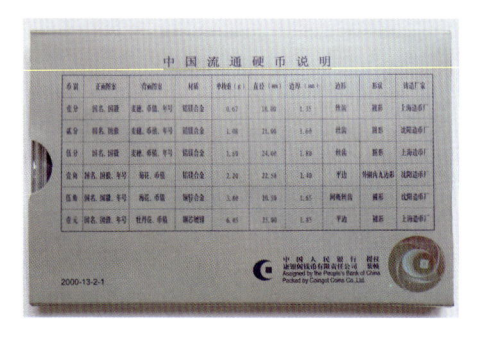

图336　人行版2000年六枚装精装册封底，同图335

图337　人行版2000年六枚装精装册内册，币背面，普制，同图335

图338　人行版2000年六枚装精装册内册，币正面，普制，同图335

图339　人行版2000年六枚装精装盒封面，塑卡礼盒，精制
★★★★☆　(153 mm×110 mm)

图340　人行版2000年六枚装精装盒，礼盒，同图339，内册塑卡币
正背图同图343、344

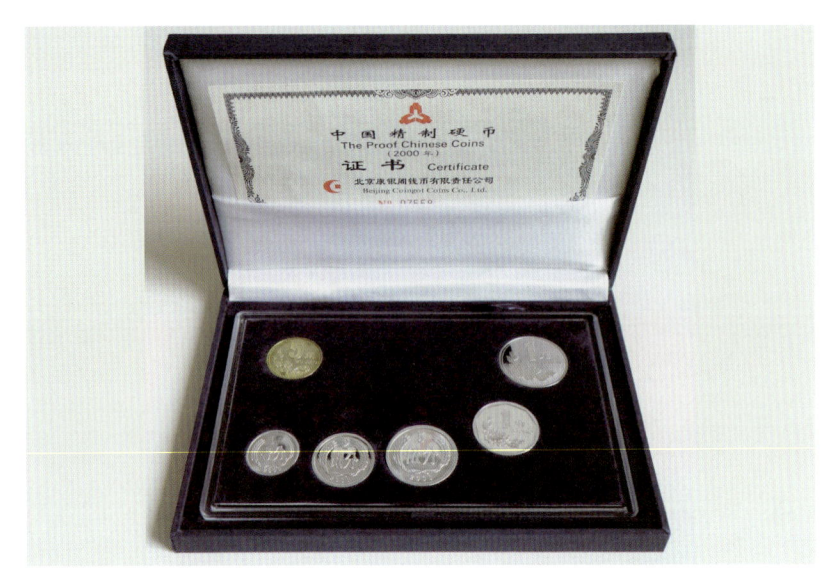

图341　人行版2000年六枚装精装盒封面，塑卡礼盒装，精制
★★★★★　（168 mm×116 mm）

图342　人行版2000年六枚装精装盒，木盒礼盒，同图341

图343　人行版2000年六枚装精装盒内册，币背面，精制，同图341

图344　人行版2000年六枚装精装盒内册，币正面，精制，同图341

币，装帧量约2000套。目前参考价普制2500元，精制礼盒装6500元，精制木盒礼品装10000元。（图335—344）

2000年套装币含有未公开发行的4枚2000年关门年号硬币，包括002、005分两枚"小天王"分币和2000年牡丹1元、菊花1角"双花天王"，其他硬币均和公开发行进入流通的散币基本版别相同。

首先，92—2000年套装币中每套都含有2—3枚未公开发行、未进入流通的收藏币。总计25枚"小天王"分币，因这些分币只用于装帧套装硬币，铸造量稀少，故而是继分币"七大珍""八小珍"（其中包括年号"五大天王"）之后最有收藏价值的分币，也是配120枚分币版别大全套或108枚年号大全套的第二大瓶颈品种，泉友们习惯上称其为分币"小天王"名副其实。现在一枚"小天王"分币平均不到100元，目前的价格还远远没有体现其真正的收藏价值。随着流通硬币集藏群体的迅速扩大，配套消耗的急剧增加，未来其价格必将一路攀升，每一枚达到500元以上的价格是很有可能的。

其次，涵盖有第四套人民币的最大筋币品种和第三套流通硬币的绝对龙头品种2000年牡丹1元和菊花1角"双花币王"。

①2000年"双花天王"是第三套流通硬币大全套的绝对龙头筋币。

2000年套装币是第三套流通硬币的绝对瓶颈品种，也包含002、005两枚"小天王"分币，是分币大全的瓶颈品种，弥足珍贵。

具体来说，首先2000年套币拥有第三套流通硬币唯一的未公开发行、未进入流通的2000牡丹1元和菊花1角，铸造量仅32万枚，相对于普通年号老三花币动辄十数亿的铸行量来说，可谓凤毛麟角、弥足稀少。随着老三花币爱好者人群的不断扩大（"80、90后"居多），未来"双花天王"必将成为第三套流通硬币的绝对龙头和瓶颈品种，而追随分币"七大珍""八小珍"（含年号"五大天王"）和86年"长城币王"

的足迹。未来"双花币王"的收藏价值会越来越得到广大爱好者和投资者的青睐，收藏价值定会被更深入挖掘。基于"五大天王"平均价格单枚平均已8000元以上，86年长城麦穗币已折合平均12万元一枚，即使82、84年长城套币也已折合3000元一枚以上，就目前看其1000元一枚的价格还远未体现"双花币王"在第三套流通硬币和第四套人民币大系中的龙头地位和价值。

②2000年套装币是91—2000年后期套币的绝对龙头品种，因为只有2000年套装币一套币包含了第一和第三套流通硬币两套硬币的龙头和瓶颈品种。

③2000年套装币还有千禧龙年和牡丹1元菊花1角关门币的概念，这是92套装币以及93—99年套装币根本无法比拟的。有一句话可以体现2000年套币与92—99年套币的本质区别，即2000年"双花不兴，三花不藏"，通俗地讲即"双花币王"不发光，三花币没有收藏前途。

再次，2000年"双花天王"是 第四套人民币45枚版别大全套的最大筋币。

第四套人民币大全套共有45种版别，由四版纸币14枚版别大全套和第四套人民币硬币（即第三套流通硬币老三花币）31枚版别大全套有机组成。其中2000年牡丹1元和菊花1角，被收藏界誉为"双花币王"，是收藏第四套人民币大全套的最大两枚筋币，也是收藏第三套流通硬币的龙头筋币。最后要特别强调，"双花币王"因存世量稀少，其收藏价值实际上要远远高于存世量数千万级的80年50和100元纸币，虽然目前价格严重倒挂，但实质上2000年"双花天王"是和它们不属于一个层级的钱币藏品，这一点一定要引起大家的重视。

综上，2000年"双花币王"收藏价值极高，主要表现为：①"双花币王"是第三套流通硬币中唯一限量发行、未公开流通、仅供国内外钱币爱好者收藏的硬币；②"双花币王"发行量仅为32万枚，相对于四版纸币数十亿上百亿以上、普通年份三花币十数亿的发行量来讲极为稀少；③"双花币王"发行量远小于四版纸币钞王80年50元和100元数千万级的存世量，是收藏者配第四套人民币大全套最大的筋币；④"双花币王"是正面镌刻国徽、国号的"关门币"；⑤"双花币王"是具有千禧龙年3000年一遇重大题材的稀有硬币，从而被赋予千禧送福、吉祥如意的特殊含义；⑥"双花币王"是法定、权威、正宗、稀有、精美、内涵丰富、收藏群体大的世纪珍币，是每个钱币收藏爱好者追求的必备钱币收藏精品，其未来增值潜力不可估量，现在2000年普制套币行价为2500元、精制套币为6500元，但和发行量数百万的80版猴票、建行纪念币和存量数千万级的8050纸币相比较，其收藏价值还远未体现。

三、1991—2000年精制套装币收藏价值

1991—2000年精制套装币精工铸造、工艺精美，属于收藏佳品，对于高级玩家来说是不可或缺的精良品种，其收藏价值也应引起大家足够的重视。就其版别来说，和大量铸造进入流通的硬币属于同种基本版别，精制分币与普制卷品视觉上区别更少一些。但三花币由于铸造质量和工艺为坯饼抛光和工作模喷砂镀铬处理的精制工艺，所铸造的三花币镜面和喷砂很是精美，雍容华贵、光彩夺目，与普制币相比精美度具有较大的提升，因而具有更高的收藏价值。三花精制币发行量2万套，目前10个年号全套行价在1.8万元左右，由于发行量很少，未来市场潜力可圈可点。集藏精制三花币时，大家一定要注意一个细节问题，即铜质梅花5角的氧化问题，最好用钱币专用圆盒予以封装以防止氧化。

第六节
造币厂、地方银行和邮政装帧套装《中国硬币》鉴赏

一、造币厂装帧的套装《中国硬币》鉴赏

20世纪80年代，按照人行和中国造币总公司的指令，沈阳造币厂和上海造币厂生产装帧了1979—1986年版《中国硬币》精装册，是为人行版；除此之外，为了出口创汇以及经营创利，上海造币厂等还自行装帧了一些普制《中国硬币》套装册，其中尤以80、81、83年版为多，内装的4枚长城币和3枚分币均为公开发行进入流通的普制币，大部分还配套装帧了一枚生肖章，很多出口日本、新加坡等地，也有的通过国内商业银行等联营企业销售给国内钱币爱好者，或赠送给银行客户，或发放给银行职工。这些套装《中国硬币》卡册在国内外宣传了中国钱币文化，也体现了中华文明博大精深的生肖文化内涵。这些装帧卡册属于造币厂正式生产装帧的套装硬币，绚丽多彩、美观大方，得到了国内外收藏爱好者的一致青睐，经过近30年的沉淀现在市场已鲜见，价格也在迅速提升，参考价1500—1万元。由于利益驱动，市场现也出现了一些仿册以及仿章（如图359—361，367—368）。下面选择一些代表品种展示给读者，一起鉴赏领略中国硬币文化的精妙之处。（图345—380）

图345　造币厂装帧1980年八枚装精装册封面，纸卡绿册，普制币紫铜精制鸡章，分币混装，★★★☆　（145 mm×95 mm）

图346　造币厂装帧1980年八枚装精装册内册，币章背面，同图345

图347　造币厂装帧1980年八枚装精装册内册，币章正面，同图345

图348　造币厂装帧1980年八枚装精装册封面，纸卡绿册
紫铜精制狗章，分币混装，★★★☆　（145 mm×95 mm）

图349 造币厂装帧1980年八枚装精装册内册，币章背面，同图348

图350 造币厂装帧1980年八枚装精装册内册，币章正面，同图348

图351　造币厂装帧1980年八枚装精装册封面，纸卡绿册，少见
紫铜精制狗章（正面孔雀），分币混装，★★★★，甚少见，
（145 mm×95 mm）

图352　造币厂装帧1980年八枚装精装册内册，币章背面，同图351

图353 造币厂装帧1980年八枚装精装册内册,币章正面,同图351

图354 造币厂装帧1981年八枚装精装卡,币章背面,透明塑卡
紫铜精制龙章,分币混装,★★★ （155 mm×68 mm）

第五章　流通硬币名品名版赏析

图355　造币厂装帧1981年八枚装精装卡，币章正面，同图354

图356　造币厂装帧1983年八枚装精装册封面，纸卡绿册
铝质精制鼠章，★★★　（145 mm×95 mm）

267

图357　造币厂装帧1983年八枚装精装册内册，币章背面，同图356

图358　造币厂装帧1983年八枚装精装册内册，币章正面，同图356

图359　仿制1983年八枚装精装册封面，纸卡绿册
紫铜精制猪章（145 mm×95 mm）

图360　仿制1983年八枚装精装册内册，币章背面，同图359

269

图361 仿制1983年八枚装精装册内册，币章正面，同图359

图362 造币厂装帧1983年八枚装精装册封面，蓝卡白册
铝质精制鼠章，分币混装，★★★☆ （145 mm×95 mm）

第五章　流通硬币名品名版赏析

图363　造币厂装帧1983年八枚装精装册内册，币章背面，同图362

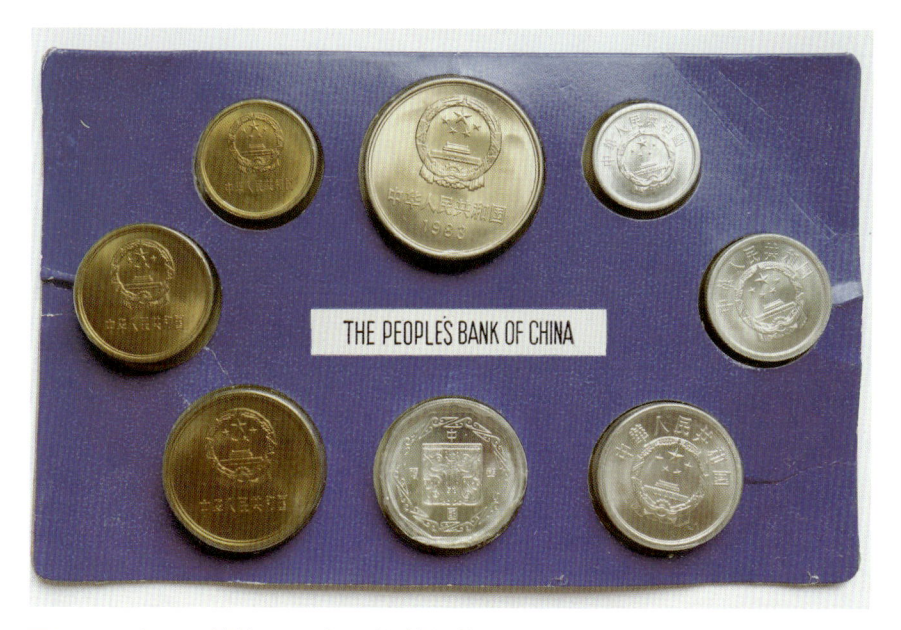

图364　造币厂装帧1983年八枚装精装册内册，币章正面，同图362

图365　造币厂装帧1983年八枚装精装卡，币章背面，绿色塑卡
铝质精制鼠章，分币混装，★★★☆　（155 mm×95 mm）

图366　造币厂装帧1983年八枚装精装卡，币章正面，同图365

第五章　流通硬币名品名版赏析

图367　仿制1981年八枚装精装卡，币章背面，绿色塑卡
假普制鸡章，角币电镀，分币混装（155 mm×95 mm）

图368　仿制1981年八枚装精装卡，币章正面，同图367

273

图369　造币厂装帧1983年八枚装精装卡，币章背面，蓝色塑卡
紫铜精制猪章，分币混装，★★★☆　（155 mm×68 mm）

图370　造币厂装帧1983年八枚装精装卡，币章正面，同图369

图371　造币厂装帧1983年八枚装精装卡，币章背面，透明塑卡
紫铜精制猪章，分币混装，★★★☆　（155 mm×68 mm）

第五章 流通硬币名品名版赏析

图372　造币厂装帧1983年八枚装精装卡，币章正面，同图371

图373　造币厂装帧1983年八枚装精装卡，币章背面，透明塑卡
铝质精制鼠章，分币混装，★★★☆　（155 mm×68 mm）

图374　造币厂装帧1983年八枚装精装卡，币章正面，同373

图375　造币厂装帧1983年八枚装精装卡，币章背面，透明塑卡
紫铜精制龙章，分币混装，★★★☆　（155 mm×68 mm）

图376　造币厂装帧1983年八枚装精装卡，币章正面，同图375

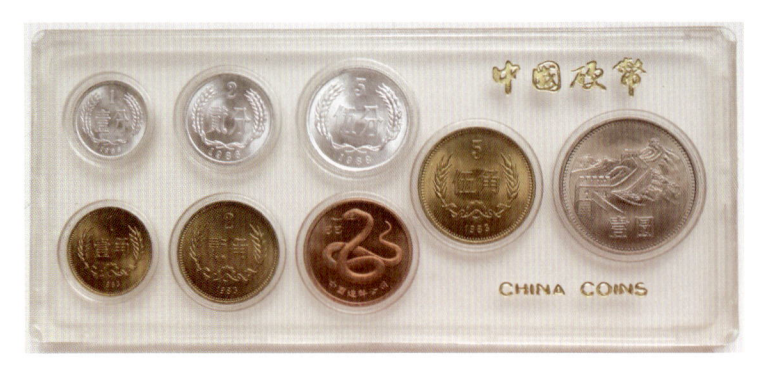

图377　造币厂装帧1983年八枚装精装卡，币章背面，透明塑卡
紫铜精制蛇章，分币混装，★★★★　（155 mm×68 mm）

第五章　流通硬币名品名版赏析

图378　造币厂装帧1983年八枚装精装卡，币章正面，同图377

图379　造币厂装帧1983年八枚装精装卡，币章背面，透明塑卡，少见
紫铜精制马章，分币混装，★★★★　（155 mm×68 mm）

图380　造币厂装帧1983年八枚装精装卡，币章正面，同图379

277

二、地方银行、邮政公司及坊间装帧的套装
   《中国硬币》鉴赏

20世纪80年代初,人行公告发行了第二套流通硬币。新版四种金属币的发行,受到广大群众以及国内外钱币爱好者的热烈追捧,为此一些地方银行为了增加营业收入吸引储户,或者发放给银行客户及职工作为新版硬币发行纪念品,也装帧了一些四种金属币册子。由于这些钱币册装帧的不仅都是卷拆币品相很好,而且也具有一定的历史纪念意义,因而受到钱币爱好者的喜爱,参考价2500-4000元。(图381—386)但近年来这些地方版套装币已出现大量赝品,值得警惕。

80年代到90年代,造币厂的三产企业、邮政公司、币商等为了经营需要,也装帧了一些中国硬币套装卡册、钱币水晶球、币封等,丰富了流通硬币装帧形式,为爱好者增添了收藏乐趣,参考价200-4500元。(图387—404)

图381　地方银行装帧1980年四枚装精装册封面,塑封黑册
★★★　(100 mm×58 mm)

图382　地方银行装帧1980年四枚装精装册,币背面,同图381

第五章 流通硬币名品名版赏析

图383 地方银行装帧1980年四枚装精装册封面，塑封棕册
★★★ （100 mm×58 mm）

图384 地方银行装帧1980年四枚装精装册，币背面，同图383

图385 地方银行装帧1980年四枚装精装册封面，塑封黑册
★★★ （100 mm×58 mm）

图386 地方银行装帧1980年四枚装精装册，币背面，同图385

图387　1981年七枚绒盒装水晶球，绒盒正面图

角币电镀，分币混装，★★

（85 mm×85 mm）

图388　1981年七枚绒盒装水晶球，全景图，同图387

图389　1981年七枚绒盒装水晶球，水晶球正位图，同图387

图390　1981、1983年七枚装精装册封面，塑封红本（仿83年精制红本）

角币电镀，分币混装，★★

（98 mm×140 mm）

图391　1981、1983年七枚装精装册，币背面图，同图390

图392　1981年八枚装精装卡，币章背面，绿色塑卡
黄铜普制猴章，角币电镀，分币混装，★★　（155 mm×68 mm）

图393　1981年八枚装精装卡，币章正面，同图392

图394　1981年七枚装精装卡，币背面，绿色塑卡，分币混装
★☆　（155 mm×58 mm）

图395　1981年七枚装精装卡，币正面图，同图394

图396　《中国印象骑车图案》5分邮币封（乙种）
★★★★　（175 mm×127 mm）

图397　《北京首日封邮折展览》81年长城币邮币封
★★★☆　（180 mm×105 mm）

图398　《世界硬币封》81年贰角邮币封（庚种）
★★★★★　（175 mm×127 mm）

图399　《给您拜年》双梅花币拜年封
★★★★　（230 mm×120 mm）

第五章 流通硬币名品名版赏析

图400　金版《碎银闲趣》1991-2000年套装硬币装帧册封面
礼品公司装帧，★★★☆　（208 mm×195 mm）

图401　金版《碎银闲趣》1991-2000年套装硬币装帧册，内册之一，同图400

图402　金版《碎银闲趣》1991-2000年套装硬币装帧册，内册之二，同图400

图403　金版《碎银闲趣》1991-2000年套装硬币装帧册，内册之三，同图400

图404　硬分币装帧卡，外国币商装帧，回流国内
（155 mm×100 mm）

第七节

套装《中国硬币》里的珍稀生肖章

在20世纪九十年代人行指令造币厂或造币厂自行正式装帧的套装《中国硬币》卡册里，一般都包含一枚精美的生肖章。上海造币厂生产的生肖章除了1979年是六边形异形铝质羊年生肖章、1984年有铝质鼠年精制生肖章以外，其他部分年份包括鸡年、狗年、鼠年、龙年、马年均为紫铜精制生肖章，这些生肖章正面镌刻"中国硬币"四个篆体字，背面则为当年的生肖。由于这些章与中国硬币密不可分又铸量稀少，且设计和工艺精美，深得流通硬币和币形章藏家的喜爱，参考价300-8000元。市场尚见紫铜精制蛇年生肖章，正面图案是天干地支，参考价6000元。沈阳造币厂则于1984、1985、1986版《中国硬币》配套生产了相应年份的黄铜精制生肖章，亦很珍稀，参考价2000-40000元。（图405—417）

图405　1979羊年铝质生肖章，上海造币厂
★★★★　（22.2 mm × 16.3 mm）

图406　1981鸡年紫铜精制生肖章，上海造币厂
★★★★　（23 mm×1.9 mm，同图407-417生肖章）

图407　1982狗年紫铜精制生肖章，上海造币厂
★★★★

图408　1982狗年紫铜精制生肖章，正面孔雀，篆体"中国硬币"，上海造币厂
★★★★☆

图409　1983猪年紫铜精制生肖章，上海造币厂
★★★★

图410　1984鼠年紫铜精制生肖章，上海造币厂
★★★★

图411　1984鼠年铝质精制生肖章，上海造币厂
★★★

第五章 流通硬币名品名版赏析

图412　1988龙年紫铜精制生肖章，上海造币厂
★★★★

图413　1990马年紫铜精制生肖章，上海造币厂
★★★★☆

图414　1989蛇年紫铜精制生肖章，正面天干地支图
★★★★

图415　1984鼠年黄铜精制生肖章，沈阳造币厂
★★★★

图416　1985牛年黄铜精制生肖章，沈阳造币厂
★★★★

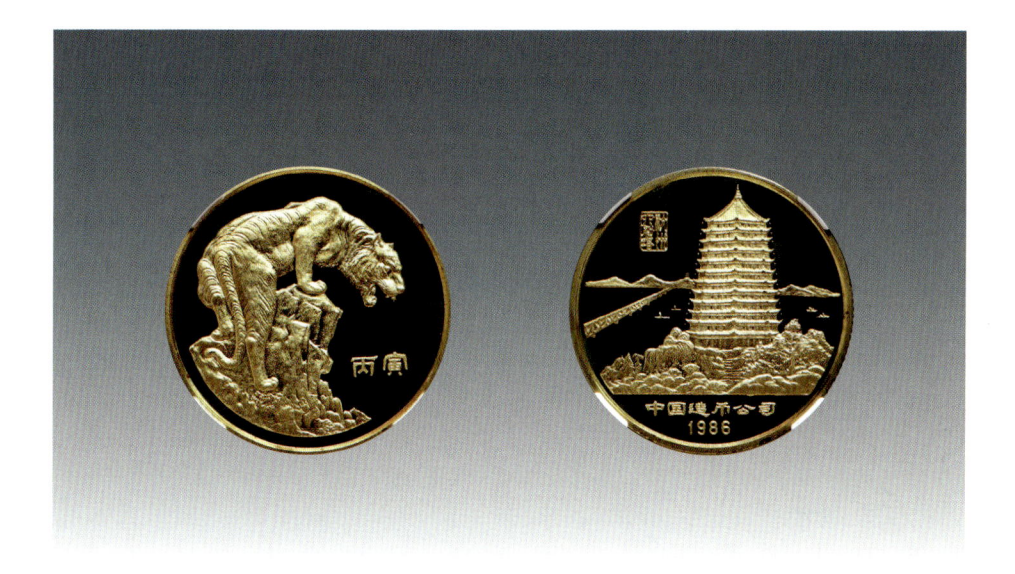

图417　1986虎年黄铜精制生肖章，沈阳造币厂
★★★★★

第八节
造币厂未被采用的流通硬币试制币样

一般来说，各个造币厂研制设计货币并试制法定货币币样都是根据国务院及中国人民银行的指令进行的，其中有些试制币样获得了国务院的批准，人民银行印制管理局下达生产命令后开始正式铸行，这种币样就会和正式铸行的硬币或者在正式发行之前给人民银行各分支机构的工作样币是一样的，就是标准样币，诸如1980年版小黑本样币、1991年版老三花样币、1999年和2002年版新三花样币，这些都是正宗的流通硬币标准样币；但也有部分造币厂试制币样处于试验铸造阶段，或者由于各种原因没有正式向国务院和人行申报，或者正式申报后国务院没有批准正式铸行，则此类试制币样就只属于试制或报样阶段，不属于标准样币，而是试制币样。目前市场及拍卖会出现了1952年1角、1955年大1分以及数套在1969-1975年"文革"期间的硬分币试制币样。据笔者观察，部分品种实物就工艺看应为造币厂工艺，其中很多品种的真实性、地位和性质有待人行和造币厂官方权威资料验证，尚处于研究论证阶段。由于近年来出现的试铸币样版本品种越来越多，站在对中国当代钱币史高度负责的角度，笔者认为无论哪种试铸币样，其真实性、性质和地位须有官方或造币厂权威史料予以确认，而且与钱币博物馆或造币厂史料馆实物币样核对无误且完全一致，必须同时满足以上两个必要条件，方可下定论。（图418-421）

图418　1952年国徽麦穗1角试制币样，光边

图419　1955年国徽麦穗大1分试制币样，光边

图420　1969年毛主席像第一种1、2、5分试制币样，网络图片

图421　1969年毛主席像第二种5分试制币样一对

近十几年来，在拍卖会上接连出现了一些铸造年号在"文革"期间的硬分币试制币样，部分图案是伟人主席像，部分图案具有"文革"的时代特征。以前在钱币市场如上海云洲收藏品市场可以见到这些币样，当时有的柜台摆出了1969年1、2、5分试制币样原卷货拆卷出售，币商声称是试铸币，拆出成套出售，每套售价在200元左右。从现在的市场面世量看这些试制币样市场已少见。进入21世纪，近十几年来一些拍卖会上出现的频率越来越多，而且拍卖价格奇高，达到十几万元、几十万元乃至上百万元一套，这引起了收藏者的注意。由于其面世量少，加之带有强烈的时代特点，具有特殊历史时期的文物性质，因此也深受流通硬币藏家的关注，属于流通硬币板块阳春白雪的另类收藏。（图422—425）

图422　1969年毛主席像第三种1、2、5分试制币样，网络图片

图423　1975年学生、农民、工人像1、2、5分试制币样，网络图片

图424　1969年毛主席故居、延安宝塔山、天安门1、2、5分试制币样，网络图片

图425 1975年水坝、工厂、拖拉机1、2、5分试制币样，网络图片

综上，这些试制币样市场出现品种越来越多，由于其具有钱币特点，又具有鲜明的时代烙印，如经验证为真则是较为难得的钱币史料。目前市场报价和拍卖会起拍价都很高，其中很多品种的真实性、地位和性质尚待进一步研究论证，更需要官方及造币厂权威史料予以确认，其价格较难评估，成交价格受到面世量、宣传、行情、人气、币商、拍卖行等多种因素的影响。

第九节
中国第一套国评流通硬币版别大全套鉴赏

2014年5月,为了推广流通硬币版别知识,便于参加交流会携带,并支持我国钱币国评事业,笔者把多年来珍藏的一套全品相流通硬币版别大全套送到北京公博公司评级封装,这是全国第一套国评流通硬币版别大全套,现展示部分主要品种,和读者朋友们分享。(图426—428)

图426 中国第一套国评流通硬币版别大全套全景之一

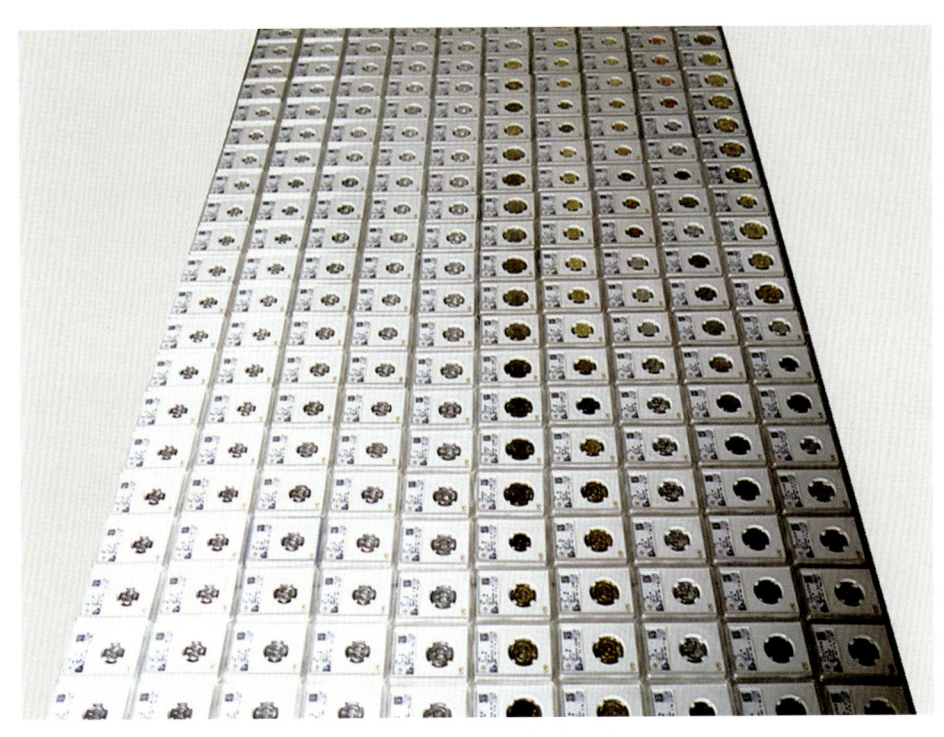

图427　中国第一套国评流通硬币版别大全套全景之二

图428　第一套国评流通硬币版别大全套在第一届中国国际评级会上的展览图片，泉友拍摄

【链接】中国第一套国评流通硬币版别大全套诞生记

"五四"青年节那天,为了推广流通硬币版别知识并作为以后参加钱币交流会时的展示样品,我按照中国流通硬币版别(基本版别、大版别)大系的分类标准,共让北京公博钱币鉴定公司封装评级了218枚现代币,包括第一套流通硬币(硬分币)118枚版别大全套,第二套流通硬币(长城麦穗币)37枚版别大全套和第三套流通硬币(老三花币)31枚版别大全套及1980年长城样币、老三花样币,还有一些背逆等趣味币,因第四套流通硬币新三花币正在发行,收藏价值不高,故未送。品相选择基本上是全新卷拆或全品品相。遗憾的是79—86年早期套装币里,一些好品套装币没有舍得拆开,少数套装币币品不是很理想。(图429—437)

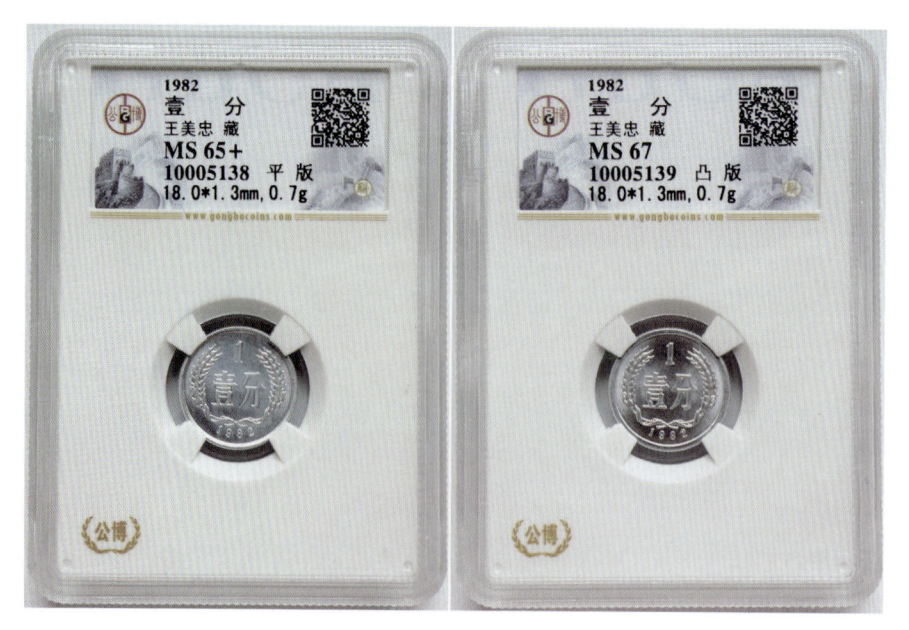

图429　821分平版(P)、凸版(T)

第五章 流通硬币名品名版赏析

图430 721、781分混合版（H）

图431 565分小星版、大星版

301

图432　811分平版（P）、凸版（T）

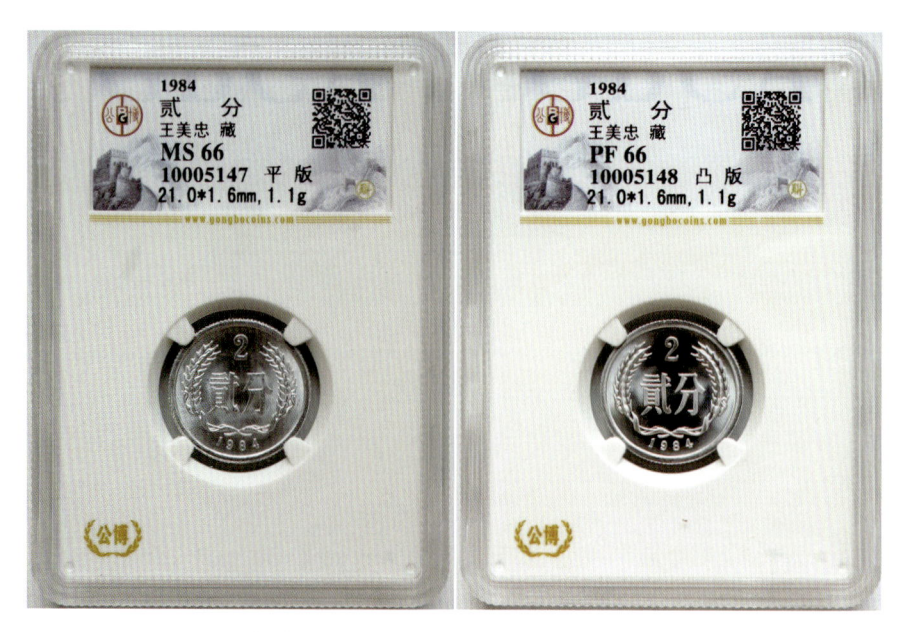

图433　842分平版（P）、凸版（T）

图434　835分平版（P）、凸版（T）

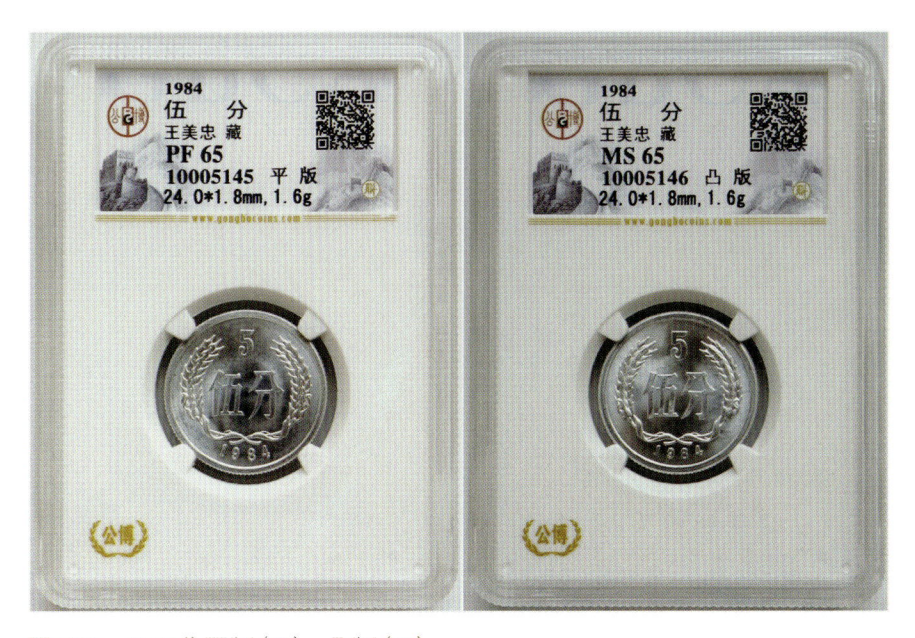

图435　845分平版（P）、凸版（T）

图436　761分月牙币和普版761分

图437　592分透打币

之所以选择北京公博公司，主要是因为，一是公博是第一家中国人自己开办的钱币鉴定评级公司，支持国评情理之中；二是其创办人段洪刚先生是著名的近代机制币、古币收藏研究大家，因此更加放心；三是该公司专业技术实力雄厚，是目前世界上唯一一家能有效鉴定封装我国全部标准形状及绝大部分非标准形状中国古钱币的鉴定评级机构，国内评价相对更加客观公允。

我和段洪刚先生在公博写字楼里一起紧张地工作了整整一天，才把这套钱币的版别、状态、参数等数据整理并输入完，经过细致紧张的共同研究和严格论证，段先生从机制币的版别理论出发，决定以后公博公司主要参照我的版别大系分类法进行鉴定评级（关于流通硬币版别大系表请见笔者在《中国钱币》《齐鲁钱币》《钱币报》等公开发表的文章和本博客博文），以推广流通硬币版别知识，帮助硬币爱好者尽快熟悉硬币版别特征与分类，以促进流通硬币收藏事业的发展。待硬币版别、状态、参数等数据输入完成已经很晚，我才离开公博公司，一身疲惫地回到酒店。至于评判品相和分数，与我无关，我也不太计较，都是由公司评级师按照公平公正的原则进行评定。（图438-449）

在公博评级币标签上，除了明确标注硬币的品相状态，即精制品（PF）、初铸币或半精制品（PL）、普制品（MS）和品相分数外，最显著的特征是用中文汉语明确地标注了流通硬币的版别类型，即第一套硬分币明确标注"平版""凸版"和"混合版"三种基本版别类型，1956年5分再进一步标注平版下的细分版别"大星版"和"小星版"；第二套长城币明确标注"上海版"和"沈阳版"两种基本版别类型，1980年1元在上海版大版别之下又进一步明确标注了"无砖版"和"有砖版"细分版别。为了简化程序，一个年版号一种面额的硬币，只有一种版别者不再标注版别类型，而同时有两种以上版别或者属于特殊版别的，就明确标注，以利于爱好者清楚地辨析硬币的版别，也便于收藏和

图438　811元上海版(H精制)、沈阳版(Y)

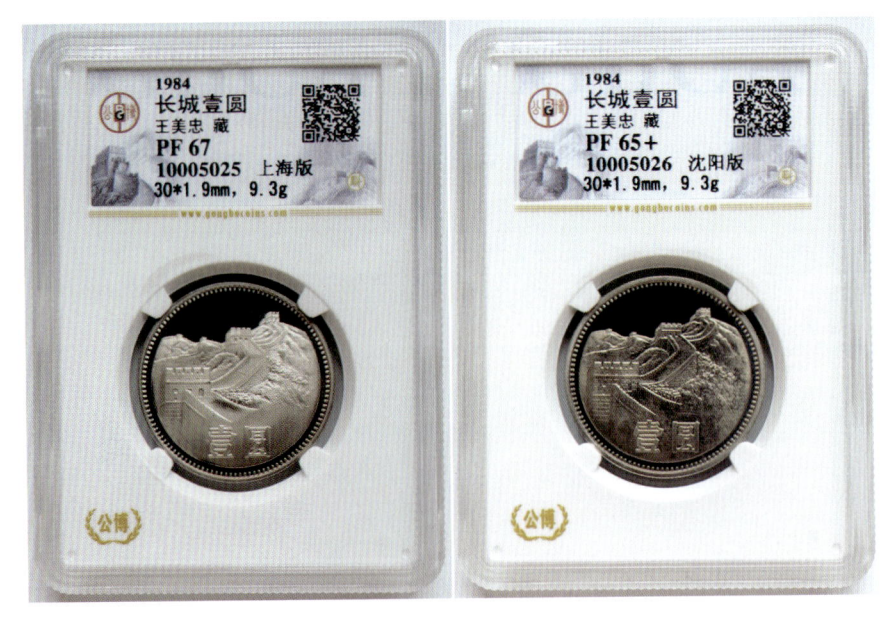

图439　841元上海版(H精制)、沈阳版(Y精制)

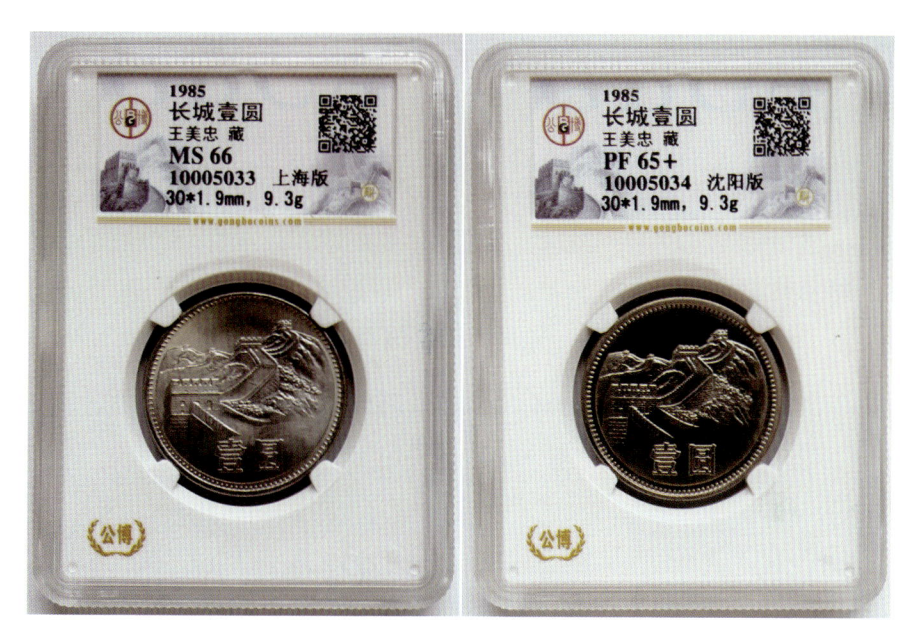

图440　851元上海版（H）、沈阳版（Y精制）

图441　801元无砖版（Hw半精制）、有砖版（Hy）

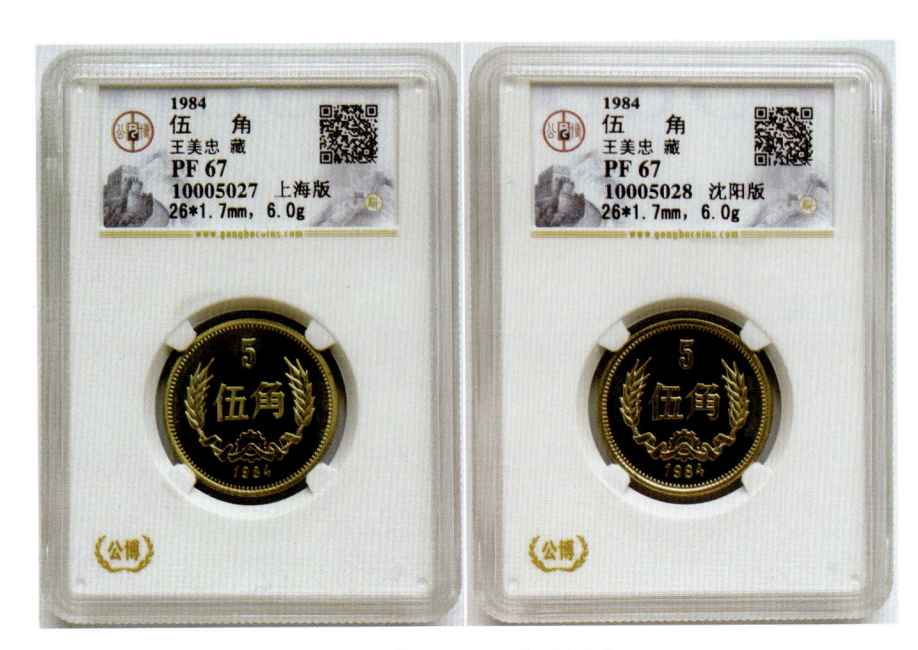

图442　8405角上海版（H精制）、沈阳版（Y精制）

图443　8102角上海版（H精制）、沈阳版（Y）

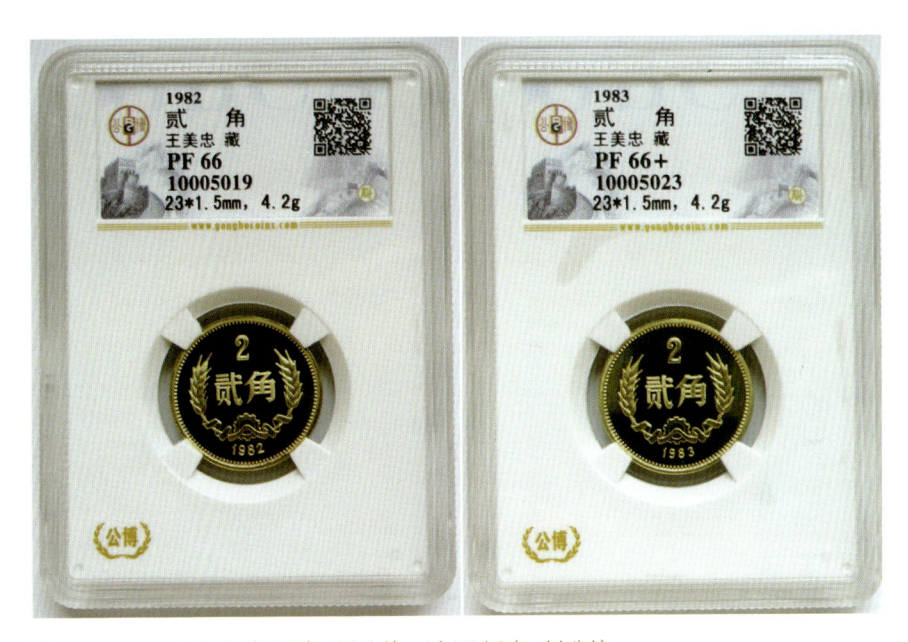

图444　8402角上海版(H精制)、沈阳版(Y精制)

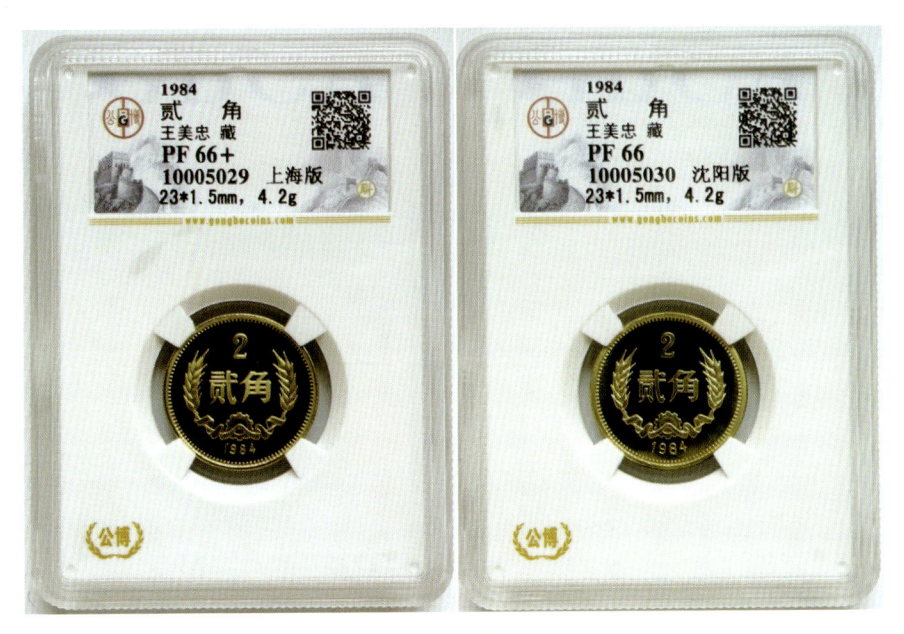

图445　8202角(精制)、8302角(精制)

图446　861元正背图（精制）

图447　8502角（精制）、8602角（精制）

图448　801元、8005角样币（半精制）

图449　8002角、8001角样币（半精制）

交易。对于样币，均明确注明"样币"中文字样，特别是1980年长城小黑本样币，由于硬币上没有"样币"字样而高度依赖原装册，我建议公博公司必须是当场拆开的原封的小黑本才标注"样币"，其他一概不予标注，只根据其品相状态区别标注"精制""半精制"或"普制"。段先生也愉快地采纳了我的建议。对于一些业内公认的趣味币，经鉴定为硬币胎里带原始状态，在排除人为后期加工的情况下，可以明确标注"背逆""移位""复打"等趣味币类型。1976年1分"月牙币"则特别标注了"面月牙"或"月牙币"字样，（关于趣味币鉴定评级工作，我建议段先生再和其他国内现代币资深趣味币藏家如天津张卫民先生等人进一步沟通交流探讨，最后一起研讨界定趣味币的分类），这都有助于爱好者们的交流和交易。（图450-455）

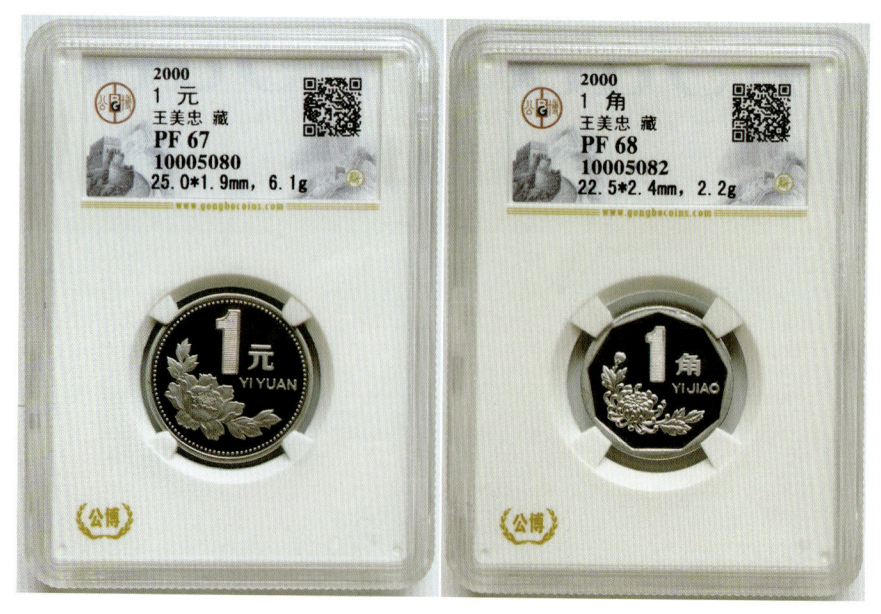

图450　001元、0001角（精制）

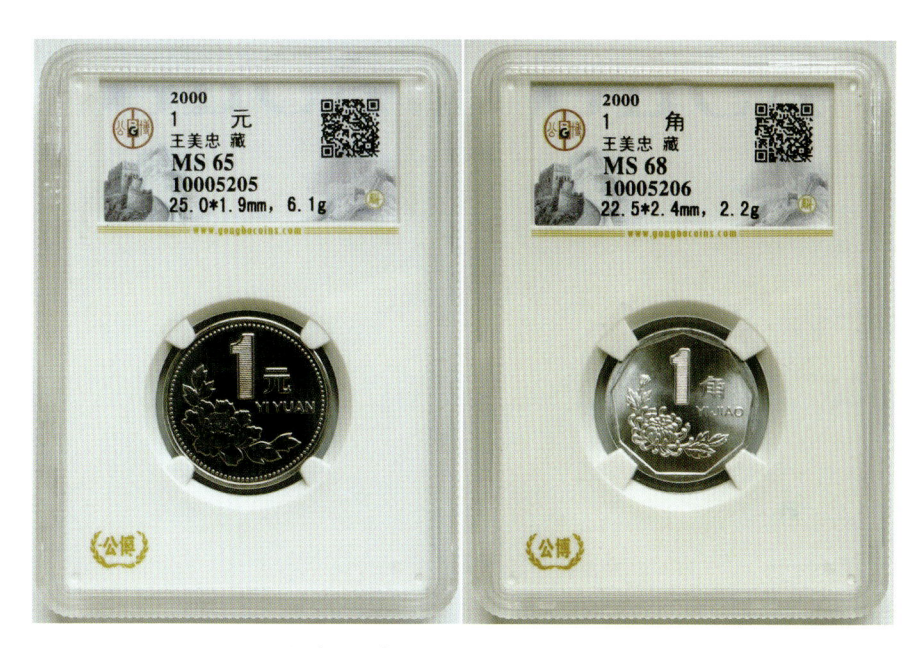

图451　001元、0001角（普制）

图452　9101角背逆币（145度）

图453　911元、9105角、9101角样币背面

图454　911元、9105角、9101角样币正面

图455　9705、9805、9905角（精制）

因评分和封装要好几天，我5月6号有急事先返鲁了。后来段先生说把这套流通硬币版别大全套在嘉兴举办的"长城币硬币联谊会第二次会议""中国第一届评级币推广会"上做了展示，得到了爱好者们良好的评价。会后段先生亲自来到济南送还了这套硬币。前几天著名收藏家"天涯布衣"陈兄、三版纸币大家"博士刘"于兄、"河北旭日"白兄来济南相聚，和段先生偶遇，参加的还有济南杂项收藏家"一鸣"胡兄、纸币收藏大家邢兄，大家在我办公室品尝"第一泉"泉水泡茶，品茗赏泉、欢快畅谈，真是一次愉快融洽的钱币沙龙，大家都觉得受益颇丰。我从这些前辈和收藏家身上学到了不少币识、收藏乃至做人的哲理。朋友们渐次别离，我仍久久难以忘怀。（图456-461）

看了这套钱币之后，总体评价基本上是满意的。第一，采用中文：标签上均用中文汉字明确标注了硬币的名称和版别，让爱好者一目了然，和中国钱币文化协调一致。第二，币盒高档：给人的总体印象是高档大器、结实光洁，标签底图采用中国万里长城，凸显了中国传统文化的深厚底蕴。第三，科技含量高：每一枚公博鉴定评级封装的钱币均在标签上有独一无二的二维码，相当于给每一枚公博评级币发了一个身份证，任何人用手机一扫二维码，立即可以在公博官网查询此枚币的大图和信息，真伪立辨，甚为方便。第四，币盒是双面可透视边齿设计，便于爱好者鉴赏边齿，亦助于辨伪。分币、老三花评定分数和我的看法基本一致，只是几个年份精制长城币和麦穗币，感觉公博评定的标准严格苛刻了一些。（图462-465）

图456　551、561、571分

图457　562、592、612分

图458　555、575、745分

第五章 流通硬币名品名版赏析

图459　581、591、611分

图460　602、622、802分

图461　795、805、815分（凸版）

图462　1981鸡年、1982狗年、1983猪年紫铜精制生肖章

图463　1982狗年（正面孔雀）、1988龙年、1990马年紫铜精制生肖章

图464　1984鼠年紫铜、铝质、黄铜精制生肖章

图465　1986虎年背面和正面、1985牛年黄铜精制生肖章

此时此刻,这套公博评级的中国国评第一套流通硬币版别大全套(含118枚分币、38枚长城麦穗币、31枚老三花币、4枚长城样币、3枚老三花样币以及一些趣味币)摆放在眼前,蔚为壮观,我甚是喜爱,也很满意。我想以后它将伴随着我走遍祖国的大好河山,走遍钱币博览盛会和学术交流会,走遍中国硬币爱好者所在的每一个角角落落。

摘自奉天收藏新浪博客第122篇博文

2014年5月16日星期五

第六章 流通硬币的特殊品和趣味品

第一节
因铸造质量标准差异产生的
特殊品和趣味品

一、精铸币

  精铸币亦称精制币，顾名思义属于工艺上精工铸造的硬币，是国家造币厂为了展现和试验现代高超的铸币技术，丰富和发展现代完美的造币工艺，面向钱币收藏爱好者少量生产的特别精工铸造的硬币。一般是硬币坯饼逐枚抛光，工作模底板镀铬，浮雕面进行喷砂处理，有的还采用更精良的印花机进行压印，使铸造的精制币相对于普制币图文更加清晰饱满，浮雕立体感和底板明暗对比更强，底板呈现强烈的镜面感，硬币具有更加精美的钱币艺术效果（图466—468）。因发行目的不同，我国贵金属纪念币大多采用精制工艺生产，流通硬币和流通纪念币只有很少部分采用精制工艺生产，如大部分1981—1986年早期套装硬币和少部分1991—2000年后期套装硬币采用了精制工艺。如前所述，相同原模的精制币和普制币仍属于相同基本版别，但由于精制币铸造质量精良，精美度更高，品相更好，因此收藏价值更大，在收藏实践中很多泉友把精制币作为流通硬币的特殊币种进行集藏。笔者有缘集藏一枚811元沈阳版精制币，图案文字和普通沈阳版811元完全相同，版别相同，但由于系精工铸造，底板具有强烈的镜面感，浮雕有明显的喷砂，很是精美，甚少见，如图469—470。

二、半精铸币

半精铸币，顾名思义是铸造工艺比普制币精良而又达不到精制币工艺的状态，坯饼有抛光，工作模无镀铬或喷砂工艺不严格。一般认为流通硬币中的1980年小黑本样币和1991年普制套装硬币即属于半精制币。因此半精制与初铸币更类似，有镜面感但不强烈，一般浮雕无喷砂感或喷砂不明显。相同原模的精制币、半精制币和普制币仍属于相同基本版别，半精制币铸造质量、精美度、品相相对于普制币要好些，收藏实践中有些泉友把半精制币作为流通硬币的特殊品对待。如图所示为相同原模的9105角精制币、半精制币和普制币对比。（图471）

图466　851元沈阳版普制币（左）与精制币（右）背面
版别相同，图文相同，铸造质量不同

图467　851元沈阳版普制币（左）与精制币（右）正面，同466

图468　8305角上海版精制币（左）与普制币（右）背面
版别相同，图文相同，铸造质量不同

第六章　流通硬币的特殊品和趣味品

图469　811元沈阳版普制币（左）与精制币（右）背面
版别相同，图文相同，铸造质量不同

图470　811元沈阳版普制币（左）与精制币（右）正面，同469

图471　9105角精制币（上）半精制币（左）与普制币（右）背面
版别相同，图文相同，铸造质量不同

三、初铸币

　　大家通常所说的初铸币，就是指部分初始状态良好的工作模开始工作时压印的底纹平整度很高的类似镜面币。初铸币品相完美、图纹深峻、浮雕挺拔、底板平整、有镜面感。初铸币虽与坯饼抛光的精制币形成的工艺程序不同，但在光学仪器测试下，与精制币镜面的光谱学效应相同或类似。就其本质来说，初铸币中较好的镜面币与精制币的镜面是一样的。当然，精制币在工艺上还有工作模镀铬和喷砂处理这两项工艺，但要注意一个细节问题，精制币工作模开始压印的阶段，由于模具无或很少磨损，压印的精制币喷砂效果明显，这时与初铸币中好的镜面币用肉眼观察光线明暗立体感有区别，但模具后期压印的精制币，由于喷砂颗粒的磨损而逐渐平整，致使精制币喷砂感不明显，故实质上与初铸币中的好状态镜面币已无本质区别，属于相同硬币，这就是不了解中国钱币铸造工艺的外国评级公司在很多情况下把初铸币评定为精制币PF标示的原因。如图所示555分、8002角初铸币与普铸币对比图，镜面良好、浮雕带有凝霜效果的555分、8002角初铸币可与精制币的精美度相媲美。（图472—475）

图472　555分普币（左）与初铸币（右）背面
版别相同，图文相同，初铸币具有精制币效果

图473　555分普币（左）与初铸币（右）正面，同472

图474　8002角初铸币（左）与普币（右）背面
版别相同，图文相同，初铸币具有精制币效果

图475　8002角初铸币（左）与普币（右）正面，同474

所以，我们一直强调版别，版别属于原模设计与雕刻等的本质不同，上述情况下初铸币中好状态镜面币与工作模使用后期铸造的精制币，如其普制币与精制币原模相同则版别相同，就没有区别，属于相同的硬币；而如果版别不同（比如，1981年白本中的上海版长城麦穗币和大量进入流通的沈阳版普制币），即使其视觉效果和表面状态一样，也是本质不同的硬币。因此，我们一直强调工艺是非本质区别，工艺差异只导致硬币表面状态和品相的量的差导，原模图文设计与雕刻的差异才是硬币版别的本质区别。

四、末打币

末打币是与初铸币相反的一种硬币状态。一般来说，一个工作模从开始压印硬币到报废之前，压印的硬币状态呈现由精良、良好、普通到低劣的变化，末打币则是工作模在报废之前的最后阶段压印的状态较差的硬币，此类硬币品相较差、图纹模糊、浮雕不清、底板粗糙。末打币与弱打币虽然状态相似，但形成原理截然不同，前者是由模具磨损造成的，后者则是由机械故障导致压力不足造成的。末打币收藏价值较低。

第二节
因铸造模具生产工差所致的特殊品和趣味品

一、粗细体趣味币

在造币厂生产过程中，直接压印硬币的工作模由原模或二元模翻制而成，有时因为造币工艺不严格或机械调校存在工差，致使工作模之间存在生产质量检验允许程度之内的工差，导致压印的硬币出现图文轻微的粗细差异。这种差异在很多年号的硬币中都存在，不属于模具设计与雕刻的显著差异而导致硬币图文的明显差别，因此不属于不同版别，而属于粗细体趣味币，如565分粗体字和细体字趣味币，9205角粗细体趣味币。（图476—479）

二、大小星趣味币

基于同样的原因，很多同版别硬币尚存在国徽和五角星有轻微的大小差异的情况，如图所示555分就是大小星趣味币。（图480、481）

图476　565分小星版粗体字（左）与细体字（右）趣味币背面
版别相同，年号文字字体略有粗细差异

图477　565分小星版粗体字（左）与细体字（右）趣味币正面，同476

图478　9205角粗体字（左）与细体字（右）趣味币背面
版别相同，年号字体略有粗细差异

第六章 流通硬币的特殊品和趣味品

图479　9205角粗体字（左）与细体字（右）趣味币正面，同478

图480　555分大星（左）与小星（右）趣味币背面
版别相同，五角星大小略有差异

图481　555分大星（左）与小星（右）趣味币正面，同图480

第三节

因铸造质量瑕疵缺陷产生的特殊品和趣味品

  在现代机制币的铸造过程中，随着造币技术的长足发展，应当说铸币出错率越来越低，但在印花机高速冲压的过程中，不可避免地会有偶然的机械故障，模具本身的质量问题及在制作模具时也会存在工差，还有其他诸多偶然因素，就会产生各种各样的残次品与趣味品。如果它们在质检中被遗漏出厂，就会进入流通和收藏市场，其中有些美观的趣味品种深得钱币爱好者的喜爱，为广大泉友增添了诸多收藏乐趣。

一、背逆币

【链接】浅谈背逆（转）币的收藏价值

在现代机制币中，背逆（转）币是指硬币在压印时一侧模具由于偶然性的机械故障，发生瞬时角度旋转而致使硬币正面与背面的轴心偏移，不在一个中心轴上，所产生的正背面中轴呈现一定角度的趣味币。背逆（转）币严格说属于生产质量问题。但由于现代流通硬币中出现背逆（转）币的概率很低，进入流通的更少见，所以背逆（转）币以其稀缺性、趣味性而具有独特的收藏价值。

如图482—484所示为一组卷光全品相大角度背逆分币，品相如此好的大角度背逆币比较少见。（图482—484）

关于背逆（转）币的名称，角度旋转为0度—180度之间的，称为背转币，背转币又分顺时针背转币和逆时针背转币，最优美的为90度背转币（含顺时针和逆时针），180度的称为背逆币。作为一种趣味币，180度的背逆币最为珍罕、收藏价值最高，其次是背转90度的，第三是大于90度小于180度的，第四是大于20度小于90度的。在0度到20度之间的，由于多见而且趣味性不强，收藏价值不大。

如图所示为一组卷光全品相长城麦穗背逆币，比较少见。（图485—486）

图482　911分全新卷拆大角度背逆币,165度

图483　912分全新卷拆大角度背逆币,65度

图484　865分全新卷拆大角度背逆币，75度

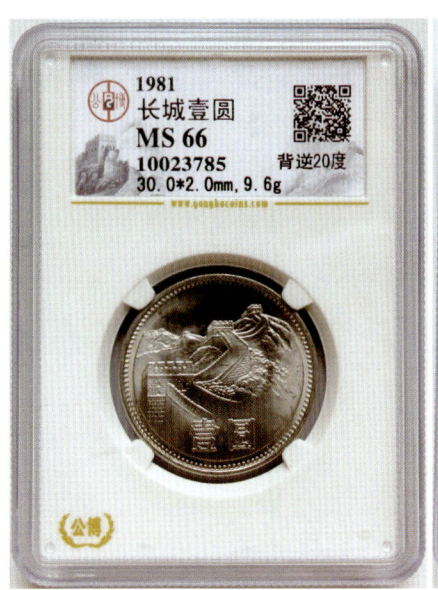

图485　811元（Y）全新卷拆背逆币，20度

图486　811角（Y）全新卷拆背逆币，45度

　　背逆（转）币角度的精确测量方法是，用纸夹牢固封装硬币，使正面（一般是国徽面）中心轴线（国徽向上）与纸夹成垂直角度，并使硬币中心点与纸夹中心点重合；然后顺时针翻过来背面向上，在纸夹中心轴上画十字垂直线，上侧和右侧画箭头；再找出硬币背面的中心轴线并画线，向上一侧画箭头，这样就可以用量角器测量精确角度。箭头位于第一、第四象限是顺时针背转币，位于第二、第三象限是逆时针背转币，位于中心轴线向下则是180度背逆币。测量时为了精准一定要把量角器中心点对准背面坐标中心点。

选自奉天收藏新浪博客第25篇博文
2011年6月29日

　　如下页图所示为一组卷光大角度背逆老三花币，品相如此好的大角度三花背逆币实为难得。（图487—489）

第六章 流通硬币的特殊品和趣味品

图487 951元卷光大角度背逆币，90度

图488 9205角卷光大角度背逆币，90度

图489　9101角全新卷拆大角度背逆币，145度

二、偏打移位币

偏打移位币主要是因为冲压时坯饼和模具中心点不切合造成的，致使硬币出现一面或两面图案向一侧偏移移位的现象，形成原因较为复杂。一是由于机械故障或调试不严格导致模具中轴与模圈中轴不切合而出现偏移所致，此类偏打币一般底板平整；二是由于模圈较浅，出现机器故障时坯饼还没有完全进入模圈，或者在模圈中有倾斜，模具冲压下来就会形成偏打，偏打程度视坯饼进入模圈的范围或倾斜程度而各不相同，此类偏打币一般硬币底板向一侧翘起。图中所示分别为8101角、921元卷光偏打币，921牡丹偏打背逆币，后者偏打和背逆同时出现在一枚币上，甚为少见。（图490—492）

第六章 流通硬币的特殊品和趣味品

图490 8101角全新卷拆偏打币,沈阳版(Y),背面左下边缘偏打

图491 921元卷光偏打币,背面左侧边缘偏打

341

图492　921元偏打背逆币，背面上方边缘偏打，背逆30度，少见

三、缺口币

  流通硬币几乎都是圆形的，但由于把关不严，造币厂流出了一些有缺损的硬币。它们在硬币边缘部分缺少一块，有的大些有的小些，缺损部分圆润完整，多呈现月牙状，此乃造币厂铸造质量把关不严所致，既非偶然磕碰也非在流通中人为造成，这就是缺口币。缺口币是由残次坯饼压印而成，这些坯饼则是制造过程中冲压板材偶然错位移动或者宽度不够，冲压到了边缘部分所致，加之检验坯饼时不严格而混入合格品中，成品硬币检验时又因不严格而流出造币厂进入人行发行库。辨别是否为胎里带缺口币的关键一是看缺口是否圆润光滑、界面自然，二是看缺口相对另一边是否有自然的改变。明显的大缺口币较为稀少，是一种虽不美观但也很有意思的趣味品。（图493）

图493　911分卷光缺口币，背面有一明显缺口，对侧边缘有对称异形

四、复打币

　　复打币与叠压币不同，后者是压印过程中由于机器故障坯饼被冲压了两次或两次以上而形成的图案整体或局部重叠的现象。复打币亦称重影币，它不是在冲压阶段产生的，而是工作模质量瑕疵所致。复打币的形成机理是，雕刻机如果在制作工作模时紧固不牢有松动，或者因其他机械故障而发生阶段性颤抖，就会在工作模上留下重影。是局部重影还是整体重影，则视雕刻机颤抖的阶段而定。（图494）

图494　911分全新卷拆复打币，正面文字与国徽复打重影

五、浅打币

浅打币亦称弱打币，与深打币相对应，不是模具设计原因所致，也不是在流通中磨损所致，而是在硬币压印过程中产生的质量有瑕疵的硬币。浅打币有两类：一类是工作模局部图案缺少或磨损导致压印的硬币图案局部模糊不清甚至没有浮雕图案，此类硬币一般多表现为局部图案尤其是浮雕图案模糊或缺如；第二类是由于机械故障使模具冲压时压力不足导致硬币图案不深峻、不清晰，此类浅打币多表现为图案整体均匀的弱打和不清晰。一般来说，浅打币只有卷光而又浅打明显的硬币才有收藏价值。如图示为原卷拆出的局部图案明显缺如的浅打811元长城币，较为难得。（图495）

六、透打币

透打币，有人也称之为反打币，就是另一面的图案反着印在此面的硬币。其形成机理是在高速冲压过程中，由于坯饼没有及时准确进入模

图495　811元沈阳版全新卷拆浅打币，国徽下侧浅打明显

圈，造成上下两侧的正背面模具直接对撞，即撞模，上下模具突出的局部图案相互压印在对面模具上，致使再压印出来的硬币除了正常图案之外，还有对面的局部图案。这些反着的局部图案有的只有痕迹，表面不凸起，有的图案凸起，这视模具对撞的程度而定。此类趣味币看起来就像对面模具冲压力过大将图案透过硬币压印到此面了，所以泉友们一般都喜欢称其为透打币。（图496）

图496　911分全新卷拆透打币，国徽内有透打的反转"壹分"字样

第四节
因铸造过程中特殊巧合
因素所致的特殊品

一、硬币局部多出图案：761分"月牙版"、9205角"旗帜版"

1. 1976年1分"月牙版"

761分"月牙版"作为流通硬币中最奇特的品种，属于趣味币还是特殊版别，一直是收藏界争论的话题。笔者的观点是，在官方权威资料能够证实761分月牙币系原模特别设计具有特殊含义的月牙图案，或者月牙图案系防伪暗记之前，月牙币定性为特殊品为宜。（图497—498）

认真观察两枚卷拆全新品相的761分普通币和761分月牙币，二者除了月牙币分字里面有月牙图案的区别之外，其他在图纹字体等方面没有任何区别。经仔细观察，月牙图案肉眼清晰可见，其材质、光泽、底纹及边缘形态，月牙图案应为硬币出厂前胎里带图案，非人为后期镶嵌。经分析，月牙图案虽然优美规整，但没有任何官方资料记载，应该不会是硬币设计、雕刻原模时故意设计而成，也没有任何权威资料证实月牙图案系作为硬币暗记等故意添加形成，而应是某工作模在一些巧合

第六章 流通硬币的特殊品和趣味品

图497 761分全新卷拆"月牙版"特殊币正背图

图498 761分全新卷拆"月牙版"特殊币局部图案,"分"字内有"月牙"图案

347

因素下形成了一处凹陷而铸造出一批带有月牙图案的761分币,所以761分月牙币严格讲应不属于独立的版别,而是一种巧合因素所致的特殊品。761分"月牙版"以其优美新奇的特质和稀少的存世量,而成为众多现代钱币收藏家所珍视、追逐和研究的特殊品种。

2. 1992年5角"旗帜版"

与761分"月牙版"相类似的还有1992年5角梅花币中的"旗帜版",仔细观察天安门城楼门洞中间部位,有一特别长而略倾斜的类似旗杆的图案,其形成机理应为特殊原因下工作模局部缺损或开裂所致。稍感遗憾的是,此种特殊趣味品肉眼较难观察,但作为梅花币中较为奇特的特殊品,9205角"旗帜版"亦为众多梅花币爱好者所钟爱和研究。(图499)

图499 9205角全新卷拆"旗帜版"特殊币正背与局部放大图,天安门城楼中间有"旗杆"图案

二、硬币局部图案阙如：851元"少砖版"

1985年上海版长城币中还有一种特殊品，泉友称之为"少砖版"。据笔者观察，"少砖版"长城币与普通品比较，背面中间长城城墙下方较小的局部城砖图案模糊不清甚至阙如，肉眼可辨，但相对"无砖版"长城币的区别明显要小。从不规律的城砖图案缺损来看，经分析推测应为模具局部磨损或弱打所致，不是原模设计雕刻的差异所致，所以不属于独立版别，而是一种有趣的特殊品，851元"少砖版"现亦为众多长城币爱好者所喜爱。（图500—501）另外，有细心的泉友在有砖版801元中也发现了"少砖版"。

图500　851元上海版全新卷拆"少砖版"特殊币正背图

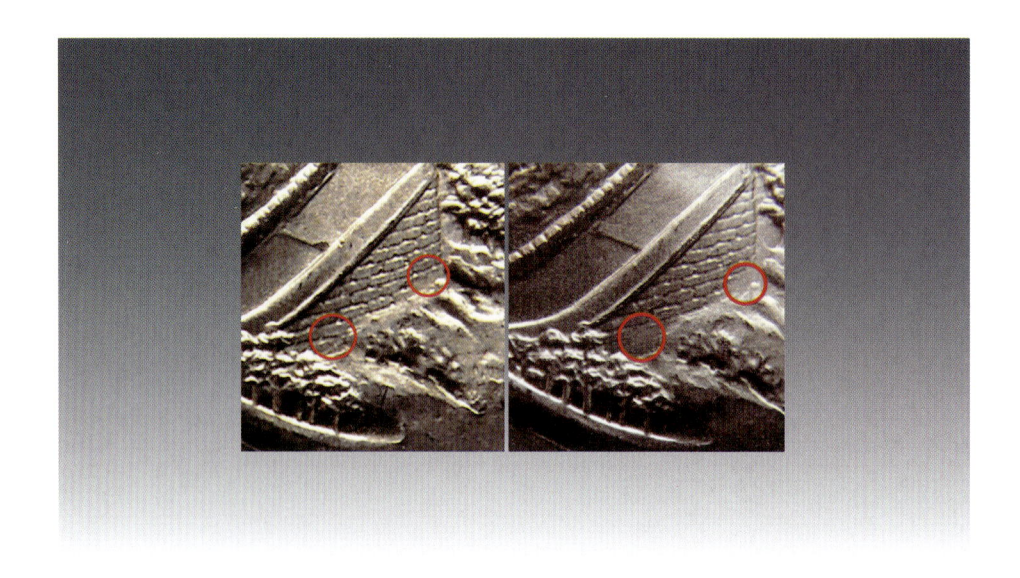

图501 851元上海版全新卷拆"少砖版"(右)与普版(左)局部对比图,"少砖版"长城城墙下侧局部城砖图案阙如

三、硬币局部光学改变:851元"彩虹版""日出版"

1. 1985年1元"彩虹版"

但凡收藏长城币的泉友,都知道851元上海版长城币有一种两端封口的油光牛皮纸卷包装,这就是著名的"彩虹版"长城币。经仔细观察,发现彩虹版长城币与普通的上海版851图纹字体完全一样,并非特殊版别。那么,其背面长城上方一弧优美的彩虹图案是怎么形成的呢?经分析,其应为正面国徽压印过度模具对撞,导致浮雕透打或印到另一面,或者背面模具底板不平整,导致背面与国徽上方相对应的底板略有细微变化,而使光学折射改变形成的一定角度下的光学彩虹图案,这并不属于独立版别,而是一种趣味品。 其实这种光学彩虹图案,不仅存在于851元上海版长城币中,也存在于801元、831元等上海版长城币中。

优美的"彩虹版"长城币一直深受广大硬币收藏者的喜爱。(图502)

2. 1985年1元"日出版"

与"彩虹版"长城币形成机理一样,851元上海版中还有泉友称之为"日出版"的长城币。总之无论是"彩虹版"还是"日出版",越是全新卷拆的币品光学图案越清晰,收藏趣味性也就越强。(图503)

图502　851元上海版全新卷拆"彩虹版"趣味币正背图,背面第二烽火台上方有光学"彩虹"图案

图503　851元上海版全新卷拆"日出版"趣味币正背图,背面第二烽火台上方有光学"日出"图案

第五节
因氧化包浆或流通污渍因素所致的趣味品

　　流通硬币在流通使用过程中经常受到潮湿脏污的影响，导致表面出现氧化层或污染物与氧化层的混合物，而形成五颜六色的包浆，尤其是长城币，更是容易形成彩色包浆，有的甚为美妙奇特。卷光长城币有各种颜色的氧化包浆之后，被泉友们亲切地称为"蓝美人""金美人"，而流通中污渍和氧化因素形成的厚重包浆则被称为"黑美人""红美人"。这与容易形成各种彩色氧化包浆的袁大头具有异曲同工之妙，因此长城币又被称为现代版袁大头。（图504—507）此种现象在铜质角币如长城麦穗币和梅花币中也存在。

　　综上，流通硬币趣味品和特殊品虽不列入流通硬币正宗版别收藏大系之列，但因其形式多样、丰富多彩又奇特美妙，给钱币爱好者增添了很多收藏乐趣，带来诸多钱币艺术美的享受，而成为收藏者非常喜爱的另类收藏门类。

图504　801元全新卷拆长城币，宝石蓝氧化包浆，俗称"蓝美人"

图505　811元沈阳版全新卷拆长城币，金黄色氧化包浆，俗称"金美人"

图506　811元沈阳版流通品长城币，黑褐色污渍厚重包浆，俗称"黑美人"

图507　811元沈阳版流通品长城币，红褐色污渍厚重包浆，俗称"红美人"

第七章 流通硬币防伪鉴定与作伪揭秘

第一节
流通硬币的防伪技术

货币造假是世界各国头痛的问题，世界上的主要国家都深受其害，假币严重扰乱了国家社会的金融秩序，危害了人民群众的经济生活，在收藏界更是流毒深远，严重危害着收藏投资者的切身利益。所以，造币反假工作历来为各国政府、银行和造币厂所重视，钱币收藏界更是一直在追寻研究。造币厂反假中最关键的一环是提高造币技术，以提高造假者仿制造假的难度和成本，以下就是国家造币厂采取的一些高科技防伪技术。

1. 间断丝齿和连续斜丝齿工艺

硬币的币边主要是以光边无丝齿、周边连续丝齿等为主，前者如第三套流通硬币的菊花1角、牡丹1元和第四套流通硬币的兰花1角，后者如第一套、第二套流通硬币的全套硬币。为了增加防伪性使作伪者更难以仿制，现在很多硬币采用了间断丝齿、连续斜丝齿等新技术，前者如第三套流通硬币之梅花5角币（见第三章图044），后者如近年来我国发行的高面额的纪念币，如2016年猴年贺岁纪念币。

2. 边部滚字和凹槽滚字工艺

边部滚字工艺是在硬币边缘上刻上文字或图纹的工艺技术，该图文可以是阴文也可以是阳文，称为"边铭"或"边饰"。边部滚字技术比较复杂，不仅增强了硬币的鉴赏效果，也提高了硬币的技术含量和防伪性能，如第四套流通硬币菊花1元在币边上就有"RMB"的汉语拼音滚字（见第三章图046）。凹槽滚字就是在币边上切割出一条凹槽，凹槽内再雕刻上图纹或铭文，目前我国硬币尚未运用该工艺。

3. 异型工艺

传统机制硬币的形状主要是圆形，异型硬币是指多边形硬币、不规则型硬币、圆形中间打孔硬币等几种形式。目前我国的流通硬币中只有第三套流通硬币的菊花1角的内边采用了九边形，但整体外形仍然是圆形，其他均为通常的圆形（见第三章图045）。在我国异形币主要用于贵金属纪念币，如四大名著《红楼梦》中金银币便是多边形，生肖金银纪念币有梅花形、扇形等异型币，2015年发行的吉祥文化系列金银纪念币中"并蒂同心"更是运用了特别精美的心形，这些异型金银币不仅提高了观赏性而更加美观，也增强了防伪性。

4. 金属镶嵌工艺

金属镶嵌就是一枚硬币包含有互相嵌合的两种或两种以上金属的工艺技术。目前我国流通硬币尚未采用此技术，但在流通纪念币如1997年庆祝香港特别行政区成立纪念币、航天和贺岁纪念币，熊猫金银币以及其他金银纪念币上应用较多。金属镶嵌工艺不仅增加了硬币的观赏性，也提高了其防伪性。

5. 隐形雕刻和激光全息工艺

前者是一种运用计算机设计处理的双重图像雕刻工艺，防伪性能较好，如辛亥革命90周年纪念币、航天纪念币等。目前我国流通硬币尚未采用此技术。

6. 抛光和喷砂工艺

此工艺主要用于精制币特别是贵金属纪念币的生产，近年来我国在贵金属纪念币的生产上更是广泛采用了更加先进的反喷砂工艺。我国早年为了对外出口创汇，以及为钱币爱好者特别生产装帧的1981—1986年早期精制套装《中国硬币》和1991—2000年后期精制套装《中国硬币》，均采用了精制币生产工艺，其中主要是抛光和喷砂工艺。主要是对坯饼精选、抛光，印模镀铬、喷砂，在密封无尘车间，用特殊精密大压力的冲压设备，人工逐枚续饼，低速压印而成，所生产的硬币表面光亮，局部有凝霜效果，图纹清晰饱满，图案立体感强，体现了现代精良的铸币工艺和完美的钱币艺术效果。抛光和喷砂工艺的运用，不仅使防伪性得以提高，更较大地增强了硬币的观赏性和美观度，深受钱币爱好者的喜爱。

7. 微粒细点和秘密暗记

此工艺就是在硬币上一个很小的范围内，利用精细的造币工艺技术镌刻上许多很微小的浮雕粒子和秘密暗记，是较为有效的硬币防伪工艺。目前我国还没有在流通硬币生产领域运用此工艺。

第二节

流通硬币的伪品鉴别

一、作伪手法

1. 改制作伪

造假者将普通年版号流通硬币的年号改刻或焊接成稀有年号的硬币，如把841、845分的年号4的中竖左右两边磨去，打磨平整改刻成1，摇身一变成为"五大天王"的811、815分。又如，把781分改刻成581分等早期稀少硬币，把8105角改刻成8405角等珍稀硬币。（图508、509）

图508　581改刻假币，混合版（H），为781分改刻

图509　8405角改刻假币，沈阳版（Y），为8105角改刻

2. 翻砂作伪

造假者以真币为样板制成模子翻砂浇铸制作假币，这是早期造假者惯用的方法，由于做出来的伪品粗糙，周边浇铸打磨痕迹明显，直径一般小于真币，一般用肉眼就能分辨真伪，现在这种作伪方法越来越少了。

3. 机制作伪

造假者利用真币做模板，用先进的电火花机床或仿形铣床翻制假硬币的印模，同时仿制与真币相近的币材甚至熔融价格低廉的真币作为币材，然后在油压机上压印假币。由于此种方式生产的假币与真币更相近，具有更大的欺骗性，现在此类伪品越来越多。现在甚至用激光扫描的先进技术制作假模具。其图文主要特点是由于模具表面因电火花放电被电弧烧蚀，因此压印出的假币与真币相比，其图文比较粗糙、字体笔画略粗不规整，细微处有缺损，图纹边线模糊发虚，缺乏立体感和层次感，更重要的一点是边齿不规整、形状怪异，与真币有明显区别。

4. 臆造作伪

造假者抓住收藏爱好者和研究者追逐大珍、异品以及猎奇的心理，凭空杜撰臆造根本不存在的钱品，甚至很多打着样币、呈样的幌子来欺骗收藏者。如图所示2014年某外国评级公司鉴定封装并评分的一枚阴阳反版合背551分，即为典型的臆造品，对比看图文和边齿属于一眼假，此币经笔者定假后该公司已召回。又比如，某拍卖会上拍卖号称长城币样币的1985年白铜麦穗角币，实际上是用普通麦穗角币镀了一层镍或其他白涂层，臆造成根本不存在的1985年号的长城币样币而已。（图510—511）

第七章 流通硬币防伪鉴定与作伪揭秘

图510　某外国评级公司鉴定入盒的反版阴阳文合背551分
臆造假币，网络图片

图511　某外国评级公司鉴定入盒的反版阴阳文合背551分
臆造假币，正背面和边齿图，网络图片

361

二、伪品鉴别

假币包括两种：一种是作伪者专用于在收藏市场出售牟取暴利的假币，这类假币多数为原钱品收藏市场价格较高的稀少品，制作质量相对精良，具有较大的欺骗性；第二种是造假者为了在市场中流通所制的假币，一般是牡丹和菊花1元居多，这类假币制作质量低下，辨伪较为容易。

收藏爱好者对流通硬币的辨伪主要从图文、工艺、重量、材质、色泽、音韵、手感等方面综合分析做出判定。原则是，只要上述特征有一种不符合真币特征，即为伪品。伪品鉴别要做到三点：第一，思想上要有所警惕，即要充分认识到这些珍稀或稀有的硬币真品是很难遇到的，不要抱有在钱币市场上或作假成风的某些综合网站捡大漏的占便宜心理；第二，要提高自己的币识，熟悉掌握在各套流通硬币中，哪些品种是稀有的平常不容易见到的，这些稀有品种真品的市场价格，其版别特征、图文特征、工艺特点、材质色泽、直径尺寸、标准重量等；第三，要提高鉴别能力，在充实币识的基础上历练自己的眼力，多过手真币，养成拿到钱币先不急于做出结论，而是先整体判断后细部对比观察，再综合分析的良好习惯。

1. 版别特征分析法

要掌握硬分币平版、凸版和混合版，长城麦穗币上海版和沈阳版的版别特征，如果发现某市场出售的钱品不符合版别特征，则可立即判定为伪品。比如，2014年笔者在某网站上就鉴定过某外国钱币鉴定评级公司封装入盒的795分"五大天王"为重铸版假币，当时此币正在拍卖，已拍到2200元，被笔者发现后立即叫停。因为此币为平版（P），不符合795分为凸版的版别特征，所以一眼法即可宣告为伪品。（图512）

图512　某外国评级公司鉴定入盒的795分"五大天王"币，平版重铸假币，网络图片

2. 图文对比分析法

如果属于重铸版假币，作伪者自己制模铸造的假币，其图案纹饰、文字书体、浮雕层次的立体感和清晰度，底板和边缘的平整度、光洁度则均不如真币，而且往往会在某一细节之处与真币特征不合，真假对比即可分辨；如果系作伪者以真币翻砂铸造，则其图文的清晰度、浮雕的深峻度、底板边缘的平整度和光洁度，乃至精气神均不能与真币同日而语。也可以将真币和存疑币放在对接重影比较仪下，对两枚币的图案、花纹、文字进行重合比较，看是否完全重合，以此来辨别伪品，如果不是完全重合，则存疑币为伪品的可能性很大。（图513）

图513　8102角假币，图纹字体丑陋，边齿参差不齐

3. 工艺特征分析法

国家造币厂的造币设备昂贵精密，管理操作严格，工艺流程规范，因此压印的硬币图文深峻清晰、底板光洁平整，整体精细自然、逼真柔和；而作伪者的设备简陋粗糙，压印机压力不足，导致压印的假币地章浮而不实，纹饰模糊不清，字口毛糙淫渗，整体粗糙乖张不实、光泽刺眼。

4. 重量测定分析法

由于假币的币材和真币绝大多数不可能完全一样，加之工艺精密度差，所以其重量和真币大多有一定出入，误差明显超过国家造币厂规定的合理工差，因此测定重量法是行之有效的辨伪方法。

5. 材质测定分析法

作伪者制造假币，用的币材很难做到和国家造币厂的币材一样具有严格的金属质量和合金配比，所以可以通过币材成分分析测定进行辨伪。合金成分检测包括仪器检测和化学分析法，经过分析检测，如果合金配比误差超过国家规定的误差标准，则可定为伪品。

6. 光泽音色判定法

每种机制币均具有其特殊而自然的金属光泽和自然音色，新铸造的假币则有一种耀眼的"极光气"。如果币材有差距，则会发出不自然的"刺眼"光泽，其音色也比较怪异，而真币则呈现柔和的金属光泽。尤其是经过岁月沉积的硬币基本上都有氧化包浆，使得光泽更加柔和，富有时光沉积的岁月感，这些假币很难做到。

7. 边缘边齿观察法

由于国家造币厂具有精密的滚边工艺和制造模圈技术，真币币边平整光洁，丝齿间距匀称、形状规整，齿沟平整深骏；而假币则币边不光洁有毛刺，丝齿间距异样或不一、形状参差，齿沟肤浅。仔细对比，则可辨伪。（图514）

【链接】假币泛滥的年代（上）

今天逛市场，又见一些假长城币，8002角麦穗币见到了早期应当是20世纪90年代重铸的假币。这种低劣假币应该是90年代作伪的，那时没有激光扫描、电脑制作模具的作伪技术。还见到801元、831元、8105角、8505角高仿币，只看图文很难辨认真假。目前就市场来看，801元、831元长城币也有两种假币版本：一种是类似这种的低劣假币，特征是

图514 真币与假币的边齿对比，上下为真，中间为假，假币边齿形状怪异不规整，齿沟肤浅不平整

粗糙、图文不同、边齿很假；一种是近年出来的激光扫描和电脑刻模的高仿假币，其材质、重量、纹理、图文都具有很大的欺骗性，很难靠肉眼辨认真假，一般的藏家光看纹理、图文都很容易受骗上当。这种高科技假长城币的合金配比可以精确到只有2%左右的误差（而假银元的金属配比更可以达到0.1%的误差），实为人力所难以洞察。

但注重文化底蕴的行家，可以发现这种假币其神韵和真币仍有区别，感到打眼感、犯贼光，仔细观察边齿和真币还是有区别。假的真不了，我想其一还是因为假币是在真币基础上通过激光扫描或用电火花铣床制作模具而成，有传导的扩大了的误差，所以导致图文神韵有区别；其二，铸造年代差了几十年，那种几十年的自然浅表包浆为假币所不具备，因此假币是"珠光宝气"、闪亮崭新的，让人感觉其光泽刺眼而不柔和；其三，钱币防伪中，主要合金配比国家是公布的，但稀有金属元素的添加是绝密，是作伪者不宜掌握和不好搞到原材料的，因此其金属自然光泽还是有细微区别，行家可以感觉"不舒服"、泛贼光；其四，高仿假币的边齿毛刺不规整的难题还是难以攻克，这是因为模圈技术不过关和印花机压力不足所致。

所以，大家在市场上或网上购买钱币一定要慎重，看不懂或存疑就坚决不要购买，请行家掌掌眼更稳妥，也是有必要的；不幸的是，随着商业评级公司评级的泛滥，这些高仿假币，某些评级公司看不出真假便给评分入盒，坑害了很多新人；尤其是那些不良作伪者或者是不良币商明知其货来源不明，还利用评级公司来坑人，评级公司在我国又成了售假的保护伞，具有更大的欺骗性和危害性；在老银元市场（高科技造假，金属配比已经达到小数点后的精确程度了），利用外国评级公司将假币评级入盒，甚至再和著名拍卖公司联合而坑骗钱币爱好者的更是比比皆是、司空见惯，已成了行内的潜规则。而对于现代钱币，利用这些评级公司欺骗爱好者的也初露端倪，一、二版纸币，纪念币，样币，流通硬币，不良者把假币送给外国评级公司评级入盒，致使爱好者受骗上当的事件也开始越来越多起来。

现代钱币板块，连需要几百吨压力的公斤银币都可以作假（某宝网上到处是假公斤银币），还有什么不可以作假呢？暴利行业中的作伪者真是不惜血本、无所不用其极。加上有关部门的不作为甚至包庇纵容，收藏市场的作伪行业至今已经发展成为产供销一条龙的巨大的产业链。在这些不利因素面前，收藏爱好者只有捂紧自己的口袋，然后潜心学习研究，自己历练本领，狠打基本功，才能不被欺骗或少被欺骗，没有其他任何捷径可走。

最后，由于高科技作伪的迅猛发展，加上时代已经变迁，藏品的市场价格今非昔比，不可同日而语，收藏行业的很多板块对于刚刚进入的新人都早已失去意义，诸如古玩、字画、瓷器、青铜器、古币银元等一些高端收藏市场，其实早已对新人永远地关上了大门。

摘自奉天收藏新浪博客第75篇博文

2012年12月22日

第三节
流通硬币的常见伪品

在第一套流通硬币中，811、802、795、805、815分，爱好者称之为分币"五大天王"或"五朵金花"，是很珍稀的，真品很难见到，因此伪品赝品也最常见。平常在全国钱币市场上所见的散币，几乎都是伪品假币，其作伪手法有两种，一种是年号改刻，另一种是重铸，如图515—519所示即为"五大天王"重铸版假币。作伪的第二重灾区是传统称为"四小龙"的分币，即551、571、921、922分，作伪手法同上，如图520—521即为"四小龙"921、922分重铸版假币。售假者往往把这种假币装入1992年套装硬币册里出售牟利，具有更大的欺骗性。作伪的第三大重灾区是25枚"小天王"分币以及早期稀有年号的好品硬分币，诸如1993、1994年分币重铸版，581、592、612分的原光卷光品精心改刻版。近几年某宝网等综合网站出售的很多早期稀有年号卷拆或原光好品硬分币都是作假者精心改刻而成，具有较大欺骗性，很多泉友都上过当，见链接文章。（图515—521）

第七章　流通硬币防伪鉴定与作伪揭秘

图515　811分重铸假天王分币，平版（P），图文模糊粗糙，边齿毛刺不规整

图516　802分重铸假天王分币，图文模糊粗糙，边齿毛刺不规整

图517　795分重铸假天王分币,平版(P),图文模糊粗糙,边齿毛刺不规整

图518　805分重铸假天王分币,图文模糊粗糙,边齿毛刺不规整

第七章 流通硬币防伪鉴定与作伪揭秘

图519　815分重铸假天王分币，平版（P），图文模糊粗糙，边齿毛刺不规整

图520　921分重铸四小龙假币，图文模糊粗糙，边齿毛刺不规整

图521　922分重铸四小龙假币，图文模糊粗糙，边齿毛刺不规整

在第二套流通硬币中，作伪的第一重灾区是元币和1982、1984、1986年版号的全套长城麦穗币和1985年2角，主要是重铸和改刻两种手法，如图522—523即为重铸版831元、8602角假币。作伪的第二重灾区是1980、1981、1983年普通年号的2角，大多是重铸，少数是改刻，如图524—526即为8002、8102、8302、8502角重铸假币。现在随着普通长城麦穗币的价格攀升，普通年号的5角，甚至1角也常见假币，主要是重铸，如图527—528所示即为重铸版高仿8105、8505角假币，其图文细节、金属光泽以及边齿形态均证实为假币无疑。其鉴别要点是：①根据铸币工艺特征鉴别，1982、1984、1986年版号的全套长城麦穗币和8502角只有精制币没有普制币，只要在市场上见到上述钱品的普制散币，定假无疑；②根据图文细节鉴别，仔细观察钱币图文、年号、底板和边齿，一般假币图文细节模糊，年号字体别扭，边齿肤浅而不规整；③根据上海版（H）和沈阳版（Y）的不同版别特征来鉴别。（图522—528）

第七章　流通硬币防伪鉴定与作伪揭秘

图522　831重铸假币，普制币，图文丑陋模糊粗糙，边齿生硬不规整，齿沟肤浅

图523　8602角重铸假币，普制品，图文丑陋模糊粗糙，边齿生硬不规整，齿沟肤浅

373

图524 8002角老版重铸假币，图文形态丑陋模糊粗糙，边齿生硬僵直，齿沟肤浅

图525 8102角新版重铸假币，与真币边齿对比图，图文僵硬模糊粗糙，边齿怪异不规整，齿沟肤浅

图526　8302角和8502角重铸假币,普制品,图文僵硬模糊粗糙,边齿怪异不规整,齿沟肤浅

图527　8105角高仿重铸假币,图文几可乱真,边齿生硬怪异不规整,齿沟肤浅

图528　8505角高仿重铸假币，图文几可乱真，边齿生硬僵直，齿沟肤浅

在第三、第四套流通硬币中，由于单价较低，不法分子主要针对流通市场造假，而针对收藏市场造假的很少。目前造假重灾区是牡丹1元和菊花1元，梅花5角假币很少见。收藏爱好者需要注意的是，目前来看流通币中发现的牡丹1元、菊花1角背逆币绝大多数都是假币，而背逆真币是很少见的。

另外，现在套装硬币中的生肖章也见到伪品，如假猪章、假鸡章等，见链接文章。（图529—533）

第七章　流通硬币防伪鉴定与作伪揭秘

图529　1981辛酉铜质假鸡章正背图，普制品

图530　真假鸡章正面与边齿对比图，左真右假
假鸡章图文粗重呆滞，边齿形态丑陋，齿沟肤浅不规整（23 mm×1.9 mm）

377

图531 铝鼠章与真假鸡章正面与边齿对比图,左下为假鸡章,右图中间为假鸡章边齿

图532 真假精制猪章背面对比,左假右真
假猪章犯贼光,图案浮雕喷砂粗糙,生肖表情呆滞

图533　真假精制猪章正面和边齿对比图，左假右真，假章图文粗重呆滞，边齿僵硬丑陋、长短不一，币边毛刺不规整

【链接】套装硬币中精制章也有假的，谨防上当

前一段时间我在某网站买了几枚1983年套币里的精制猪章，卖家上图后，我看精制度较高，便没想到生肖章也有假的，结果到手后发现是假的精制紫铜猪章，如图532至图533所示，请看对比。在钱币收藏板块，特别是硬币板块，诸如假分币"五大天王"、假长城币、假足球纪念币、假铜猫币等屡见不鲜，但这是我第一次过手假的套币里的精制章。可见现在不法商贩已经把黑手伸向钱币之外的衍生品，诸如章、包装等，大家收藏时谨防上当受骗。

对比观察真假猪章发现假章喷砂颗粒粗糙，图文纹理肤浅，不清晰，光泽刺眼，横看边齿有隆起不规则感。最假的还是边齿，假猪章边齿不规则、粗糙刺手，甚至长短不一。

摘自奉天收藏新浪博客第40篇博文

2011年11月30日

【链接】天缘

昨天一个泉友申请加我QQ，然后说他对照我的《第一套流通硬币（硬分币）118枚版别大全收藏表》集藏分币时，在收集早期稀少好品分币时，天缘巧合地在某宝网上买到了581、631分不同于我收藏表上的平版版别，而是新的581混合版和631凸版的出谱品。他觉得很是幸运，遇到了珍品，然后给我发来图片，并给我说："王老师你的版别大全套是否可以修正一下，增加这几个新版别？"我一看便知其为改刻币，分别是由781和831分精心改刻焊接而成，所以就成了不在我收藏表里的出谱品，成了"珍稀版别"。可是这些精心改刻币对于一般爱好者尤其是新人来说，即使用放大镜也较难辨认。此位泉友竟然想在售假泛滥的某宝网捡到大珍，也是太理想化了。

这让我想起了自己2008年于南京大方巷钱币收藏市场，在一柜台看到8405和8401角麦穗币散币流通品，乍看是真币，因卖家只要150元便没仔细看就买了，回到家洗掉脏污才知道是改刻币的经历；还有一位台湾泉友，十几年前花500元买的"五大天王"分币当宝贝存到前年，后来我给鉴定均为精心改刻币，这让他很震惊，说那时怎么会有假；还有，前一段有位泉友找到795天王分币散币送去某外国评级公司鉴定评级，那个公司给装盒子评了未流通64分，而我一看到图片便知这枚795是重铸假币。

我想在我们的收藏生涯中，每个人都希望天缘巧合捡到大漏，遇到珍品，实现心中的梦想，但天缘只会给那些多年都不懈努力，有准备有头脑的人。比如，我的一位朋友去年在摊贩手里以1万元淘了一枚8.5品的"牧羊图"，又因手里有更好品相的，后来转手以10多万元售出，小赚一笔。这枚"牧羊图"，市场上很多人都看过，但因不懂不敢下手，摊贩自己也不懂，500元收来的只敢弱弱地开价1万元，但他没想到我这位纸币造诣极深、有一版大全的朋友是不怕蒙的。

  在道德缺失、唯利是图、假货泛滥的今天，缺乏基本币识的收藏新人遇到天缘的机会几乎为零，而且如果自以为遇到，也往往是陷阱。假如泉友们想哪天真有天缘降临头上，我想只有日积月累币识、勤奋耕耘于收藏市场这一条路可走。

摘自奉天收藏新浪博客第118篇博文
2014年4月10日

第八章 流通硬币收藏投资中的误区

第一节
误区之一：
流通硬币都是一个模子刻出来的

以前很长一段时间内，古币和纸币板块的收藏投资玩家大多看不上流通硬币的收藏和投资，他们一直有一个偏见，就是认为流通硬币都是一个模子刻出来的，缺乏艺术美、文化性，收藏价值和投资价值低。记得多年前笔者曾在一尘网与一位泉友辩论过此事，当时这位泉友发文称流通硬币没有玩头，都是一个模子刻出来的，不像纸币那样丰富多彩，所以在他看来551分和561分都没有差别，价值应该相同。笔者当时就说"那我用1981年长城币换你1986年长城币，或者用9050换你8050纸币吧"，此位泉友再也无话可说了。

这实质上是对流通硬币研究的不深入、不透彻导致的重大误解误判。经过十几年来，尤其是近几年的深入研究，我们发现流通硬币不仅有着丰富多彩的版别，套装流通硬币和硬币邮币封更加绚丽多姿、美轮美奂，收藏流通硬币不仅有诸多收藏研究乐趣，更能得到钱币艺术美和文化陶冶的享受，而且投资流通硬币也会有很丰厚的投资回报。

举例来说，我们经过对流通硬币版别的深入研究，发现流通硬币不仅不是一个模子刻出来的，而且版别众多，如硬分币存在平版、凸版和混合版三大版别类型，还有大星版、小星版和宽距版、窄距版等细分版别，这在笔者《中国流通硬币——分类研究、收藏鉴赏、标准图录》一书中有更深入的探讨；长城币分上海版和沈阳版两大基本版别类型，801元上海版下又细分为无砖版和有砖版两种细分版别，沈阳版下也有大字版和小字版之分，版别也是丰富多彩；由此可见，说流通硬币是一个模子刻出来的观点是对流通硬币缺乏基本认识的一种陈旧偏见。

关于投资方面，可以举例对1991—2000年后期套装硬币龙头2000年套装硬币、三版纸币龙头2元车工、四版纸币龙头8050做一对比。2009年初2000年套装硬币行价是100元一套，车工和8050行价约是450元一枚，现在十几年过去了，三者的行价分别是2500元、2000元、2200元，增长幅度分别为25倍、4.4倍和4.8倍，年投资收益回报率分别为192%、34%和37%。由此可见，近十年来流通硬币已开始彰显其很强的投资价值，也普遍惠及了钟爱流通硬币的投资者。

第二节

误区之二：流通硬币版别划分混乱出现异化

和上述简单抹杀流通硬币版别的丰富多样性以及收藏投资属性的做法恰恰相反，有些人士不懂钱币学，不理解版别概念，或者出于商业炒作目的，而刻意将流通硬币的版别极端复杂化，将一些趣味品也冠以新版别之名，比如，把上海版或沈阳版长城币又进一步划分为凝霜版、镜面版等，把趣味品彩虹币称之为特殊版别，也有的把硬币的圆直齿也划分为不同版别，等等。

殊不知，所谓凝霜、镜面等"版别"在大多数年号的硬币中都存在，它们的只是模具在状态良好的情况下初始压印时生产的质量较好的硬币而已，这只是硬币的一种品相状态，与版别无关。工作模最初开始启用时压印的部分硬币，一般状态比较好，有些有类镜面（与精制币的镜面物理光学影像一致，但形成机制不同），我们称之为"初铸币"；与之相反，模具近报废之前压印的部分硬币品相较差，甚至出现局部或大部"弱打"的现象，我们称之为"末打币"；边齿的长短，或视觉上的直圆齿，经常在一卷硬币中，甚至一枚硬币上同时出现，这是由于滚边工艺所致；差别细微的图文粗细差异，在大多数年份硬币中均存在，这也是同一设计方案下模具雕刻或拷模的工差所致，属于生产工艺与质量范畴。

综上，所谓凝霜、镜面等均非原模设计与雕刻的根本差异，均为生产工艺或生产质量差异所致，不是严格意义上的版别，均不应列入流通硬币版别收藏大系之内，就像纸币中的油墨"深浅版"和油墨"荧光版"一样。这些趣味品种对已收藏完版别大全套的爱好者而言再延伸集藏，可以作为有益的补充，但作为不同版别则是不严谨不科学的。

这些都是流通硬币领域版别异化的现象，属于和四五版纸币荧光油墨品种大混乱相似的现象，无非就是币商为了高价出售自己的存货炒作而已，收藏研究者不要被这些表面现象所迷惑。

很早以前记得一个老藏家说过一段很有哲理的话，一个钱币板块如果到了很多人都拿着高倍放大镜、激光灯、紫外线等高精尖仪器设备去发现所谓"珍品""币王"新版别的时候，这个板块就走到了尽头，投资者应当马上清仓远离。可见板别的适当细化是钱币学研究和收藏市场发展的必然结果，象征着此钱币板块处于收藏研究和市场行情稳定发展的阶段；但版别的极端细化、甚至异化则是此板块在收藏市场中经商业恶性炒作出现异化的产物，从收藏投资角度讲，意味着此板块从发展、繁荣已转为衰退。此原理亦可应用于钱币品相上，当收藏爱好者适当追求品相状态时，这是一个健康的市场，而当大家都在极力追逐所谓绝品、高分币、加星币、贴标币的时候，收藏市场就到了危险的边缘。爱好者或投资者如果把这些币商恶性炒作的所谓新"版别""绝品"作为收藏投资的重点，高价收藏或建仓，当下资金会受到损失，未来收益必将大打折扣甚至血本无归（见链接文章）。

【链接】目前长城币版别立版有异化倾向，需要警惕

随着流通硬币热的兴起，流通硬币的商业炒作之风也越来越浓。这段时间，网站上有人大张旗鼓给长城币另立版别，搞得沸沸扬扬好不热闹。估计这代表了一批人，想把"初铸币""镜面币"等单独立版，不仅学术上毫不严谨，而且会导致长城币版别的混乱，长期如此必将损害长城币收藏市场良好健康平稳的发展。

在此，笔者强调：

就目前长城麦穗币版别研究来看，除了笔者界定的41种基本版别大全之外，只有851元长城币在上海版母版基础上是否可以再细分为满砖版和少砖版子版别的研究是有价值有意义的。假如经证实它们是由于原模设计或雕刻的区别所致，就可以立版；假如仅是工作模具的磨损或瑕疵所致，则定性为趣味品或特殊品。在此感谢这么细心研究发现这些差异的泉友。

其他诸如想把造币工艺、生产质量所致的初铸币、类镜面币，滚边工艺所致的边齿长短，模具压印力度以及工作模工差所致的图文细微的"粗、细""平、圆"等趣味品独立立版的观点都是不严谨不科学的，这势必导致长城麦穗币版别确立标准和逻辑的混乱，会导致类似另外一个四、五版纸币"荧光油墨品种大混乱"的恶性炒作，将不利于长城币收藏市场的良好稳健发展。现在随着流通硬币收藏投资热以及商业炒作的兴起，长城币具有市场异化的风险，在此提示大家。

因为从本质上说，以上现象每种硬币都会存在，而且千差万别、无穷无尽、没有标准。初铸币（部分有镜面）、普铸币、末打币，在一个模具下从开始使用到报废基本上均会形成，三者只有品相好差区分，怎么会有版别不同呢？这是很浅显的道理。玩原卷硬币的泉友都知道，由于普币滚边工艺不很严格，一卷硬币中经常发现有长齿、短齿之分，甚至一枚硬币的边齿也会相差很多，单独以边齿长短立版岂不出现同一卷硬币有多种版别的现象。另外，究竟多长多短才可以立版，在标准上无法界定。以模具压印力度以及工作模工差所致细微的图纹"粗、细""平、圆"来立版更不够科学，不仅几乎每个年号硬币都会出现这些现象，而且更无法确立标准，如粗、细、平、圆到什么程度可以立版呢？如此立版，岂不导致硬币版别的巨大混乱？

以上趣味品，有些收藏价值比通货要高些，这是毫无疑问的，也是广大泉友在科学集藏版别全套基础上的有益补充，但大家要清醒地认识到，这些都不是钱币学上严格意义的版别。

摘自奉天收藏新浪博客第86篇博文

2013年2月25日

【链接】错版与正版

今天一位泉友发帖询问"和三"是否为错版。笔者认为：防伪特征不是钱币主要图案与文字，退一步讲，即使此品种设计内容有误，也不能叫错版，而称之为"内容错误币"较为科学。

"错版"是相对于"正版"而言的，错版是属于模版设计的不同。假如没有正版，何来错版？比如长城麦穗币2角的"贰"字就是明显的书写错误，不是繁体字，在任何字典里都查不到，但因没有纠正错误的正版出现，所以也不能叫错版。一个品种即使内容偏差甚至错误，该品种的收藏价值也最终决定于其绝对存世量和喜爱受众的比率，以及在同一题材品种中所占的地位和比率。

假如一个品种设计出现错误，又经过了纠错程序，后来模版修改了错误的设计图案或者文字、编排，修改之前的此品种就是真正的错版币，比如金银币中之"短辰龙"，长城币801元中的早期错版币"无砖版"等，此种错版币一般发行量较少，而具有更高的收藏价值。

至于因为生产质量和工艺而造成的纸币中的福耳、偏印、漏印等，硬币中的背逆、偏打、透打、弱打、缺口、多肉、铸缺等，均为生产工艺和质量原因所致，与版别无关。严格地讲，这些属于印钞造币厂的质量缺陷币钞，在收藏门类上不能列入正宗版别系列，是为"趣味品"或"特殊品"门类。

上述观点与方家商酌。

摘自奉天收藏新浪博客第106篇博文
2013年11月25日

【链接】肩负的使命

今天，泉友郝先生发了个学术研究帖子《关于92套币盒里的5分币是否应该算版别分币？与奉天老师商榷》。经仔细阅读，结合以前对套币的研究，笔者陷入深思，下面谈一些个人看法。

首先感谢郝先生如此细心的研究，对大家很有益处。说实话，1992年的普制和精制币我存量都有一些，我暂时不主张立版是毫无私心的，完全是为了学术的严谨，为了最钟爱的中国流通硬币收藏事业健康良好持续的发展。

其实，套装币里的5分，除了年号有细微区别之外，还有五角星也大一点，但这是很多年号硬币都存在的问题，我认为是修模或者工差所致，不是原模设计的明显区别，因此立足于目前流通硬币收藏市场与现状，暂不独立立版为宜，以后随着硬币收藏市场的发展可以再择机划分细分版别。另外，如果大家平常所说的"大、小星""粗、细""圆、直齿"，甚至"初铸币""镜面币"等都可以独立立版，中国硬币的版别将会增加无数倍，使得新人望而生畏，阻碍硬币收藏的发展。版别太单调会使人失去收藏乐趣，版别太繁杂会吓跑很多新人。所以我们必须找到一个适合目前阶段的切合点，这是我们一些资深藏家和研究者的责任和义务。

中国流通硬币收藏热潮刚刚兴起，任重而道远。一方面我们大家要勇于开拓、锐意进取，多多进行学术研究，以理论指导收藏实践；另一方面要防止像第四、五版纸币那样版别异化、乱象丛生，断送流通硬币收藏市场的良好前景。

与大家，尤其是资深硬币藏家和研究者共勉之。

摘自奉天收藏新浪博客第87篇博文
2013年3月23日

第三节

误区之三：过于追求高精尖忽视普通品种的收藏投资

在实际收藏与投资中，还有一种司空见惯的现象，就是很多人过于追逐高精尖而忽视普通品种的收藏与投资。比如集藏分币只收"五大天王"，只收"七大珍""八小珍"，或者只收藏早期稀有卷光分币，而对于1991—2000年后期套装币里的25枚"小天王"，对于普通分币则不闻不问；集藏长城币只集藏高档的1982、1984、1986年长城币，而不屑于集藏投资普通的1980、1981、1983、1985年长城币；集藏老三花币就只收2000年套装币，而忽视了普通年号原盒原卷硬币的收藏与投资。这部分人可能牢记了"人无我有，人有我精"的收藏古训，却忽视了几个基本的事实。

首先从收藏角度上看，这部分泉友在获得精品的时候，却失去了普通品种的集藏欣赏乐趣，失去了系列化收藏的乐趣，也就体会不到一个门类硬币各种版别年号都集全时那种洋洋洒洒、蔚为壮观的震撼场景，体会不到我国传统文化中那种十全十美的最高境界。

其次从投资角度上看，龙头精品由于是每个板块价格最高的，其基础价格已然较高，精品永远只是少数人的收藏，而大众收藏则是以普通品种为重,所以经历一次大的钱币行情,高精尖品种的投资收益率往往跑不过普通品种,甚至相差很多。举一个笔者的实例,在2009年初,笔者认为2000年套装币乃系列之龙头,就以100元的单价入手了一批,而当时比较忽视价格很低的所谓"垃圾"品种,比如8101角币,还是在逛收藏市场时,一个币商朋友推荐,我碍于情面才以1元1枚的价格买了一盒。当时那位朋友手里有两大箱8101角,我因为不屑就只

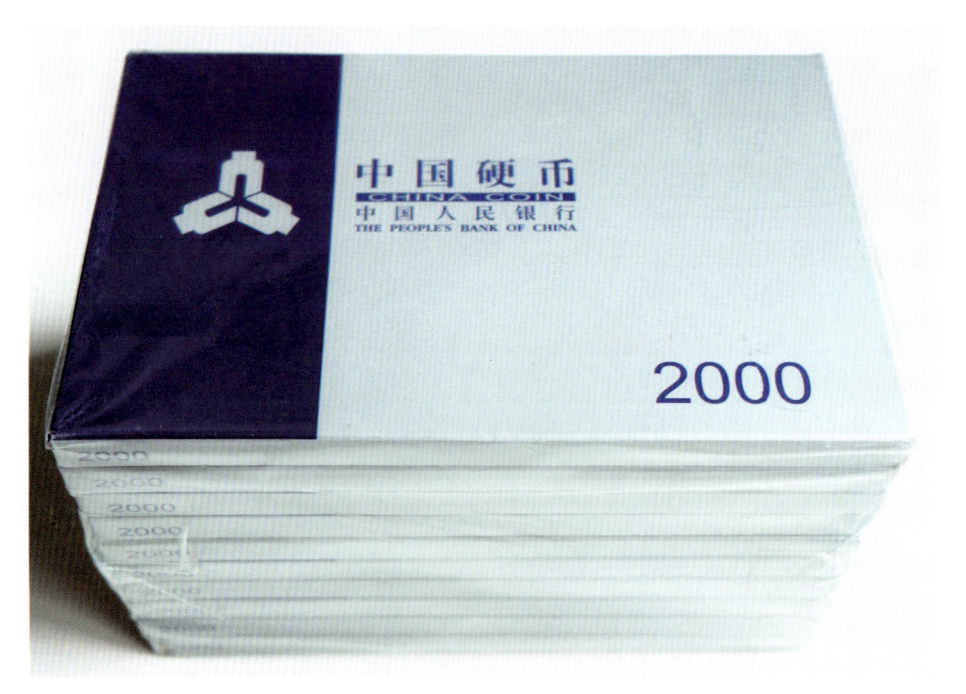

图534　2000年套装硬币原包,一包十套,2009年初100元一套,2015年下半年1500元一套

象征性买了一盒。结果2015年它们分别以1500元一套和25元一枚的单价售出，收益率分别是15倍和25倍。其实精品龙头无论行情好坏，都会稳健增值，但当较大的钱币行情来临，特别是币商进行商业宣传炒作时，因为普品较之精品价格低得多而且容易搞到大批货源，普品的投资回报率往往要高于精品，所以大家一定不要忽视普通品种的收藏投资。
（图534—535）

图535　1981年1角银行原盒，一盒十卷共1000枚，2009年初1元一枚，2015年下半年25元一枚

第四节

误区之四：迷信评级币
丧失收藏研究乐趣和鉴别能力

近十几年来，随着评级币的出现和推广，钱币收藏界出现了迷信评级币一族的爱好者。伴随着越来越多泉友特别是新人盲目追崇评级币，新人再也无法树立正确的收藏理念，无法培养自己的鉴别能力，老泉友也逐渐丧失欣赏和鉴别能力的同时，市场上又出现了很多新问题。比如现在市场上出现很多假币入盒错评的现象，最严重的是老银元、铜元等机制币板块，假币入盒比例非常之高，现在这一现象也开始蔓延到流通硬币板块了，本书第七章里的阴阳反版合背551分臆造币、795分假币（如图510—512）就是明显的实例，有的评级公司为了赚取利润甚至将中国人祭祀祖先的纸钱冥币也评级入盒（如图536）。在这种情况下，很多追崇评级币已经丧失自己鉴别能力的爱好者更加真假不分，有时甚至连一眼假的东西，因为外国评级公司已给评级入盒了，也想尽办法寻找理论依据给评级公司找台阶下。他们不仅不相信自己的眼力，也开始怀疑起国内鉴定专家的眼力了。（图536—537）

所以无论是洋评还是国评，限于其水平，或者他们为了赚取评级费而多接单导致业务繁忙，错误鉴定会越来越多，品相评分客观性也易出现差错，大家都不要过于迷信，泉友们还是要靠自己在收藏实践中逐渐积累币识和历练眼力方为根本，而这也恰恰是收藏的魅力所在。

图536　某外国评级公司评级入盒的纸钱冥币,上有"冥通银行"字样,网络图片

图537　某国内评级公司评级入盒的802分"天王币",流通品,为改刻币,网络图片

第五节

误区之五：追捧高分评级币透支未来多年上涨空间

对于现代流通硬币而言，品相是硬币的生命，光泽是硬币的灵魂，但凡事要有个度，追求品相也要适可而止。现在市场上就出现了一批盲目追求高分评级币一族，有的已达到了近乎疯狂的地步，为了肉眼根本无法区分的商业评级公司的评级分数的一分之差，不惜下血本支付几倍甚至十几倍的高昂价格，将现代版"买椟还珠"的闹剧演绎得淋漓尽致。此人群中大多数是新人，少数是经营评级币业务的币商，以及抱有一定目的的资深玩家，后两者属于推波助澜者，目的是让前者买单。其结果是暴炒过后，一地鸡毛，以超高价买入的高分评级币会牢牢把新人套死，透支了未来多年的上涨空间，更有甚者，入手后终生也无解套之日。

举几个实例。前几年在评级币近乎疯狂的时期，一枚外国公司评级的68分801元在某网站以5500元一枚的价格拍卖成交，而当时的卷拆全新801元的价格在600元左右，竞得者以近乎10倍的价格买了这枚仅多了1分的所谓冠军分801元，而事实上，原盒原卷、全新卷拆的801还是有些量的，一般人很难理解为了肉眼无法区分品相的1分之差支付10倍的价格到底是为了什么。现在看68分的所谓冠军分已经出来几百枚了，价格到2017年也跌掉了一大半，近几年801又开始了新一轮炒作，收割了很多新人。（图538—540）

第八章　流通硬币收藏投资中的误区

图538　801元银行原盒，一盒十卷共500枚，高峰时68分801元评级币曾创造过数万元一枚的成交纪录

图539　801元银行原卷，白色蜡纸包装

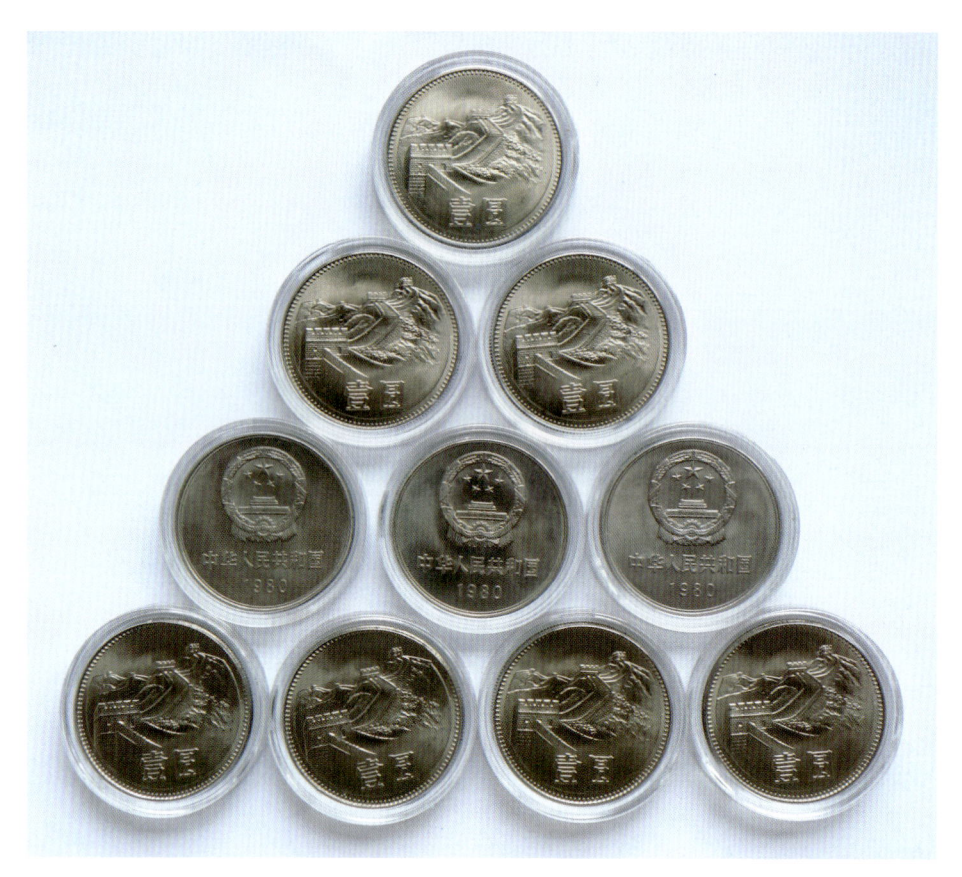

图540　801元全新卷拆品

无独有偶，被某些人誉为"币王"的612分在这场评级币疯狂大赛中也不甘示弱。为了炒作，有人在一尘网开价5.6万元一枚收购612分的所谓"绝品"，终因没有人的612分符合此收购者自定的绝品品相而使收购流产，结果却演绎了一场宣传大片。同时期某网站拍卖成交了一枚当时外国公司评级的最高分66分的612，以5万元的天价成交，随之而来的是有人趁机拆卷送评，一下涌现出很多枚冠军分"币王"。截至目前，已经出来几百枚66分、几十枚67分的，价格跌到了1000元左右，只有高峰时的1/50。（图541）

图541　612分全新卷拆品，66分评级币曾创造过5万元一枚的成交纪录

还有下面链接里讲的8005角，现在评级币的价格也跌到了原来的1/5。可见暴炒之后必有暴跌，一些恶意商业炒作最后的结局都是炒作者暴利出货而追风者被套牢多年，甚至血本无归（见链接文章）。（图542）

最后笔者认为，对于某个品种，追求品相或高分的人越多，好品与普品价差越大，则说明此品种的绝对存世量越大，对珍品则没有多少挑剔的余地。

图542　8005角全新卷拆品，高峰时67分评级币创造过6000多元的成交纪录

【链接】收藏传奇与趣闻故事两则

　　近期刚刚发生在自己身上的两则故事，表现出小小现代钱币界的传奇与疯狂，也刻画印证出世态万象，使人目不暇接，吃惊之余也令人深思起来。

　　2009年上半年，我为了配普制长城币原卷大全套，在当时真货比例还大一些的某宝网上拍了两原卷8005角麦穗币，来了之后，我拆卷验货，眽光很好又无黑点，品相可谓不错。因为才38元一枚，也没当回事儿，原卷纸坏了就随便用白纸包一包放起来了。

不到一年前在整理东西时因想调整品种结构，我就把一部分8005角拿来出售，其中一次转让给朋友10枚，然后在网上零星出售了二十几枚，售价大概250元一枚，给每一位泉友是随机取货不挑选品相。泉友大多收到说品相尚满意，记得有三个泉友因为对币有小黑点不满意给退回来了。有一位一次买了6枚的泉友送到外国评级公司评级说多数评了65分。有意思的是，这位泉友把几枚评级回来的65分币都出售了，售价是450一枚，而我看到那几个退货的泉友争先恐后地买了他的评级币。分两次买一个人一样的货，代价却高出一倍，看来他们宁可相信外国人的眼睛也不相信自己的眼睛啊。

另一则故事更富有传奇色彩。那位买了我10枚8005角的朋友，记得我给他说因为是原卷我按顺序取币不给挑品相，因为是朋友我说给160元一枚就行，结果他硬打来2000元。不久他将其中5枚送外国公司评级了，完了高兴地跟我说，一枚65分、三枚66分、一枚67分。前几个月，听说网上在炒作评级币，他把其中一枚67分的卖了，成交价格是3000多元。而买了他货的仁兄，很快以6000多元的高价将这枚币拍出，创造了我这枚小小硬币在半年多中从200元一枚到6000多元一枚增值30多倍的传奇神话。

同样一枚硬币，在半年多的时间里，从我的纸包里飞出，经过外国评级公司一包装，再经过一番炒作，三次易手竟然创造了价格飙升30多倍的神话，我想如此奇迹和传奇故事只有在我们中国这块神奇的沃土上才能造就出来吧。

摘自奉天收藏新浪博客第102篇
2013年10月15日

【链接】再谈钱币的版别与品相

钱币收藏界版别派与品相派之争由来已久。今有泉友在一网站署文称将来品相派会是以后钱币收藏的主流，我感觉他虽不是故意，却有误导新人收藏方向之嫌，尤其是误导新人得不偿失地花高价花精力去追商业评级公司高分币，那就会使人误入歧途，完全走错了收藏的方向。因此笔者在此也谈谈个人的观点，和大家，尤其是新人分享一些基本的理念：

钱币版别是收藏的根本，品相则是相对的；离开版别谈品相，品相是无源之水、无本之木。

比如，你有1980—1986年的一般品也是有长城币版别大全套；你没有1986年长城币，即使你有1981年的所谓"冠军分"，那也不叫全套，一样被排斥在长城高级玩家之外；再比如，玩精制纪念币板块的泉友，即使你有1枚所谓全国唯一"绝品"羊，但没有另外4枚珍品（即使品相普通），你还是没有进入精制币高级藏家序列。

钱币版别是一切的根基，品相是在版别拥有基础之上的发展，是有益的补充；对品相的追求应该是收藏者在自己力所能及的范围之内集藏尽量全的版别品种基础之上的锦上添花，而不是收藏的根本目标。

最后两句话与泉友们共勉：

一、对于某个钱币独立版别品种，追求品相的人越多，好品与普品价差越大，说明其绝对存世量越大。某种钱币只会因版别珍罕而不会因品相多好而封"币王"。

二、史上钱币收藏大师都是因为有大珍币版别品种，甚至是孤品版别品种，才被公认为大师；没有听说谁因为有一枚品相多绝、分多高的普通版别钱币而成为收藏大家的。

摘自奉天收藏新浪博客第91篇
2013年5月30日凌晨2点

第六节

误区之六：不加分析跟风追逐炒作品种被套牢多年

虽然当下有人说钱币收藏"金不如银、银不如铜、铜不如纸"，但笔者认为这只是我国经济发展了而又未发达的特殊历史时期的产物，这也是短期商业炒作的产物，未来市场价格必将向收藏价值回归。

在实际收藏与投资中，很多人尤其是新人由于币识、眼力、经验均较欠缺，往往会跟风追逐那些商业炒作品种，最后大多被套牢多年或血本无归。但凡一次较大规模的钱币行情，因为精品量少，货源无法集中，故币商无法炒作，精品都是随着市场行情自然领涨各个板块；而此时币商们则必然会抓住机会炒作量大垃圾品种，价格炒上来则趁机出货而攫取暴利。

一个明显的实例就是前几年有币商成立了一个团队炒作862分，短短半年时间就把一个量大品种由几百元一盒拉升到2万多元一盒。看到有利可图，一时之间跟风高价买入者众，等到这批人想出售获利的时候，庄家已经出清大量存货获暴利而退出，随之而来的是价格暴跌，可谓泥沙俱下、一地鸡毛。现在十几年过去了，卖盘价格已跌到高峰时的1/5仍未见买盘，这些跟风追逐炒作品种的新人注定要被套牢多年或血本无归了（见链接文章）。（图543）

图543　862分全新卷拆品，高峰时原盒币创造过22000元的成交纪录

【链接】关于恶意商业炒作的思考

近期我看到网上炒作行为愈演愈烈，包括五版纸币、四版巨量纸币、流通硬币中的862分等，很是忧虑，所以在此提示大家要引起注意。

无论是收藏还是投资，有明确发行量而且量少的品种及板块（比如1979—1986年早期套币板块、1991—2000年后期套币板块、连体钞板块、1980—1995年早期量少纪念币板块、贵金属纪念币板块等）才是最好的选择。没有明确发行量的那些大量铸造或印刷的流通币（钞）只有靠很多年的市场验证才会得出存量多少的基本面貌（比如一版纸币，二版纸币之苏三枚，三版纸币之枣红、背绿，长城币之1980、1983年套币，分币中的早期稀缺品）。

光靠一时恶意炒作、拉高出货、打压吸货、内幕交易、虚假成交的商业行为，营造一时繁荣交易假象是很有害于收藏市场的。爱好者以及投资者一定要分清什么是炒作尤其是恶意炒作品种，什么是收藏及投资潜力品种，才能指导自己正确的收藏与投资，减少高价集藏投资被套牢甚至血本无归的风险。

摘自奉天收藏新浪博客第36篇博文
2011年9月15日

【链接】垃圾满天飞，精品没人理

近一段时间，全国硬币板块，用"垃圾满天飞，精品没人理"来形容再恰当不过了。交易网站到处充斥着1980年以后后期量大的分币以及其他天量硬币，还有卷货、盒货大量存在的"高分"天价评级币等垃圾品种，而像早期精品分币、长城币、1979—1986年套币、1991—2000年套币这些天生优秀品种却很少成交或无人问津。

受少数忽悠专家的炒作影响，那些急功近利、投机倒把，想一口吃成一个大胖子的新手或其他板块转战来的新人更是跟风炒作，试图浑水摸鱼、捞取暴利，殊不知收藏市场自有其自身发展的规律，顺之则昌、逆之则亡。此批人大多数最后的结果会很惨——要么被高位套牢很多年，要么赔本割肉、永远离开硬币板块。

在此提醒大家，收藏行业绝不同于股票等行业，收藏或投资一定要认真分析品种的收藏属性、收藏价值、存世量、爱好群体等综合因素，跟风炒作后期巨量硬币或所谓高分评级币，是严重偏离收藏市场规律的行为。我在《目前流通硬币板块各品种收藏与投资价值排序》一文中把我的观点做了大致表述，谨供广大泉友尤其是新人参考。

摘自奉天收藏新浪博客第45篇博文
2012年2月16日

第九章

流通硬币品相分级与保存保养方法

第一节
流通硬币的品相分级

硬币的品相是指硬币表面状态的总体评价，表面状态越好则品相越佳。品相是硬币的生命，我国传统的品相评定方法是和钱币珍稀度一样，为十级品相定级法，但数级相反，品相从最佳到最差分别为从十品到一品。一品的硬币就是表面极差，仅能分清硬币品种的最差状态，而十品的硬币则是表面状态完美无瑕的最佳状态。即使很多刚出厂未曾流通的全新硬币表面状态也难以达到十品，十品就是我国传统的十全十美的含义，八品以上的高品级品相是藏家在收集流通硬币时的最佳要求。

理想状态完美无瑕的硬币，就是十品，爱好者喜欢称其为全品或绝品。即目测或在低倍放大镜下观察，硬币底板平整光洁无划痕磕碰，硬币图文清晰完整、压印深峻，金属光泽绚丽夺目，目视无氧化层包浆及氧化斑和锈点。实际中只有部分全新精制币和少数全新普制币能达到十品的品级。九品及以上品级也算完美品，爱好者喜欢称其为全新品或卷光品，即目测或在低倍放大镜下观察，硬币底板平整光洁只有极轻微的划痕磕碰，硬币图文清晰完整、压印深峻，金属光泽自然绚丽，无或有很浅表均匀的氧化层包浆，只有极少的微小氧化斑和锈点。实际中大部分精制币和大多全新普制币能达到九品以上的品级。八品即极美品，爱好者喜欢称其为新品或原光品，目测观察硬币底板平整有轻微划痕与磕碰，硬币图文清晰完整，带自然金属光泽，有较均匀氧化层包浆，有少量氧化斑和锈点。实际中绝大部分精制币和经短暂流通的普制币均能达到八品的品级。对于现代流通硬币来说，由于现代流通硬币的历史较短，很多都是新发硬币，七品及以下的品相相对更差，收藏价值较低，尤其是五品以下的硬币除了珍稀硬币之外，几无任何收藏价值，不再赘述。

一般在日常收藏交易活动中，泉友们平常说的全新卷拆品硬币是指从保存完好的银行原盒、原卷硬币中拆出即妥善保存而未经过流通使用的硬币，品相大多能达到九品到十品，即肉眼看无明显氧化、划痕及磕碰，带有优美的金属眩光；平常所说的卷光品硬币是指带有卷拆硬币的、优美眩光的、流通极为短暂、无明显氧化的硬币。光泽是现代硬币的生命，带有卷光的硬币虽有短暂流通痕迹（如轻微划痕），但因有美丽的金属光泽和眩光仍为收藏者所钟爱；平常所说的原光品，是指经过短期流通但由于氧化及污渍较少，硬币底板仍然带有金属光泽的一部分硬币，属于流通品中的上品；而平常所说的流通品是与未流通品相对称的，指流通硬币从造币厂出来到发行库，再到各银行营业网点兑付之后，经过了实际流通使用的硬币，这些硬币一般会有氧化、划痕及污渍，视流通使用的时间长短、流通地域等情况而不同。

收藏家和爱好者收集到硬币之后，除了欣赏把玩研究之余，应当较好地长期保持好硬币的品相，使品相保持不降低或尽量延缓品相降低的进程。

第二节
流通硬币保存保养常用工具

对于硬币爱好者来说，收藏和保存硬币需要必备一些基本的收藏工具，常见的硬币保存保养方面的工具有以下几种。

1. 吹气球、硬币镊子、专用手套

欣赏把玩和研究观察硬币，手套、镊子和吹气球是必不可少的基本工具。干净的纯棉手套用来隔离手上的油污，避免污染硬币；镊子用以清洗硬币以及装帧硬币时夹住硬币币边，避免用手直接接触硬币；吹气球用来吹净硬币表面灰尘和杂质，避免其沾染在硬币表面形成污垢和氧化点。（图544—546）

图544　高压吹气球

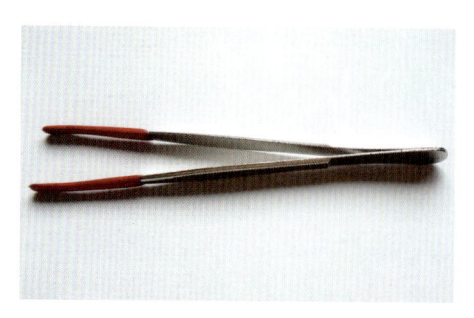

图545　硬币专用镊子（带胶套）

图546　专用纯棉手套

2. 纸夹、集藏册

纸夹是用来保护和收集普通硬币（一般是流通品硬币）的。普通硬币可以用纸夹装订存放到集藏册里。集藏册用以分门别类存放硬币，硬币用纸夹或小圆盒封装之后一般都集中存放在集藏册里。（图547—549）

图547　硬币专用纸夹

图548　硬币专用集藏册（外册）

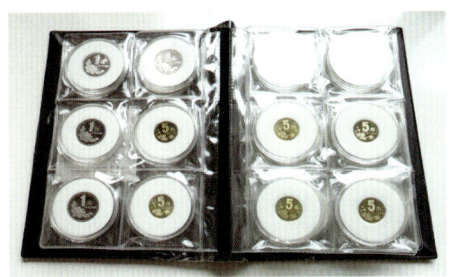

图549　硬币专用集藏册（内页）

3. 小圆盒、塑盒

市场上常见的两种塑料小圆盒，一种是无内垫的小圆盒，一种是有内垫的小圆盒，其根据硬币的直径有各种规格。小圆盒用以保存全新或品相较好的散币。大塑盒则是在硬币用小圆盒封装之后进一步进行收集保护的装帧盒，硬币装进大塑盒之后不仅可分门别类集藏又增加了一层保护。（图550—552）

图550　硬币专用小圆盒（无衬垫）

图551　硬币专用小圆盒（有衬垫）

图552　硬币专用集藏盒

4. 真空封装机和真空塑封袋

硬币爱好者购买普通的家用真空封装机即可，用来更好地保存保护较为珍贵的硬币。真空塑封袋则是与真空机配套的硬币封装抽真空的塑料保护袋。（图553—554）

图553　家用抽真空封装机

图554　真空封装袋

5. 干燥箱和保险柜

收集的硬币数量多了之后，为了更好地隔绝空气、潮湿以保护硬币的品相，爱好者可以购买干燥箱保存数量较大的硬币。当然，集藏硬币数量和价值达到一定程度之后，为了防盗防火，保险柜则必不可少。

第三节
流通硬币保存保养基本要点

硬币和纸币的天然属性截然不同，硬币是金属制品，纸币是木浆制品，因此硬币的耐腐、耐潮、耐火性远高于纸币，硬币只要保存方法得当，保存数百上千年流传后世是没有问题的。但对纸币来说，无论怎样保存，纸币30年褪色、100年风化的趋势不可阻挡，这几乎是业界普遍的看法。再试想，一场水灾或者火灾之后，硬币收藏家和纸币收藏家的结局会截然不同，前者大多还会较为欣慰，依然会坚守收藏，后者则大多会永远地离开收藏界。因此，笔者的看法是硬币的天然收藏属性要远高于纸币，这是由其材质性质的根本不同造成的，此所谓"钱币收藏，硬币为王"。当然，硬币要持久地保持其完美品相，其保存保护方法也要得当，而且非常重要。

保存保养硬币的基本要点和基本原则是，避免脏污、隔离空气、绝潮湿，这是保存硬币的基本要求。隔离空气、潮湿是使硬币免生氧化层、氧化斑的最根本方法，避免并隔离除却脏污灰尘是防止硬币污染的行之有效的最佳途径。上述常用工具就是围绕这三个基本要点而使用的。

第四节
流通硬币保存保养基本方法

1. 一般流通品硬币

为了利于欣赏把玩和集藏,对于品相较差的流通品硬币,可以在不破坏硬币底板、不导致品相进一步恶化的情况下,用适当方法进行除污和清洗。一般选择先用弱酸溶液清洗浸泡,然后用镊子夹住漂洗,再用清水漂洗干净晾干。对于顽固的脏污锈斑可以用市场上出售的橡皮擦擦除。流通品硬币一般清洗擦拭干净或者用吹气球吹净之后,用纸夹夹住装订起来,再存放到集藏册保存即可。

2. 全新卷拆品和上佳品相硬币

对于全新卷拆的硬币,或者品相上佳以及较为珍贵的硬币,最好不要处理而选择小圆盒封装,有的尚需抽真空封存。方法是,戴着手套用手指捏住边齿或者用镊子夹着币边,用吹气球吹净币面和小圆盒内的灰尘杂质之后,再放进小圆盒,盖紧盒盖,装入集藏册保存。对于长期不需要研究把玩的较珍贵、易氧化的硬币,如麦穗角币、精制梅花5角等最好用抽真空机抽真空封存。

3. 原卷原盒硬币

对于原卷的硬币,应当先用塑料或牛皮纸卷起来,用不干胶带粘住,再装进原卷硬币塑料盒封装。对于长期保存的较为珍贵的原卷、原盒硬币,如551、571分币原卷,8002、8301、8302原卷麦穗币等,则可以进一步用真空机抽真空封存。当然,对于较为珍贵的原盒硬币,应当也用真空机抽真空隔离保存。(图555)

4. 套装硬币

对于珍贵的不宜拆分的装帧套装硬币，如1979、1980、1981年"五大天王"套装硬币，1980年小黑本样币，1984年上海版套装硬币，部分珍稀邮币封以及富兰克林邮币卡，拆出硬币保存则必然破坏了原装册，导致收藏价值大打折扣或降低，因此最好用塑料袋或护邮袋密封保存，一些品种为了防止变形再放进塑盒内抽真空保存。（图556）

图555　551分原卷与原卷硬币封装盒

5. 部分高档硬币

部分散装或易于拆装的高档硬币，比如新、老三花样币、部分精制长城麦穗币、部分"七大珍""八小珍"分币和老精稀全品分币、长城币等，评级币爱好者可以采取评级封装的形式保存。一般来说，正规的鉴定评级公司如北京公博和中钞鉴定等，钱币鉴定、评级和封装业务很专业，价格也适中、合理，可以达到密封密闭保存的目的。考虑到成本，由于评级封装费用较高，一枚硬币的评级封装费用一般要几十元到数百元，此种方法只适合高中档硬币的保存。（图557—558）

图556　抽真空封装套装硬币

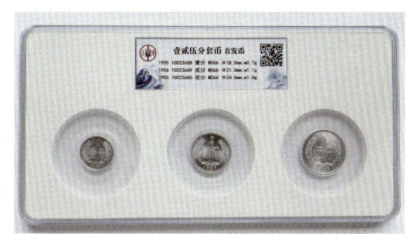

图557　评级盒封装硬币（大盒）

图558　评级币专用集藏盒

第十章 流通硬币收藏投资与市场分析

第一节
流通硬币的收藏体系

一、流通硬币的几种收藏体系

现代流通币硬币的收藏体系，可以按照不同的方法划分和确立。包括套系收藏体系、纪年版别收藏体系和包装收藏体系等。后两者系指不区分套系，按照纪年年号将每年发行的硬币及不同版别均进行集藏的收藏体系，和按照公开流通和不公开流通装帧发行的体例集藏的收藏体系。笔者认为后两种收藏体系中前者缺乏系统性，模糊和混淆了钱币发行发展的脉络，后者只注重了发行方式、外在包装形式而忽视了流通硬币的体系化、收藏属性与本质属性。笔者根据流通硬币承担职能、历史价值、收藏属性、审美诉求、配套需求、系统体例等特性，认为其中最根本、最基础的应是按照流通硬币的套系确立的套系收藏体系，在套系收藏体系的基本框架下，再以年号版别收藏体系和包装收藏体系进行有益地补充，才能构成较为完善而又系统化的流通硬币收藏体系。

二、流通硬币的套系收藏体系

流通硬币的套系收藏体系是按照人民币大系和流通硬币套系的划分方法来确立流通硬币的收藏体系的，系按照人行公告发行货币的先后和流通硬币分属五套人民币大系的自然本质属性进行划分确立的。中华人民共和国成立之后，截至目前人行共发行了五套人民币，它们在不同的历史时期承担着国家基本的货币流通职能。其中1948年开始发行的第一套人民币只发行了从1元到5万元面额的纸币，未发行流通硬币。而伴随着发行第二套人民币到第五套人民币，均既发行了纸币也同时发行了硬币，分别为第二套人民币硬币（第一套流通硬币或硬分币），第三套人民币硬币（第二套流通硬币或长城麦穗币），第四套人民币硬币（第三套流通硬币或老三花币），正在铸造发行的第五套人民币硬币（包括第四套流通硬币或新三花币，和第五套流通硬币或小三花币）。硬币爱好者按照这种收藏体系集藏硬币可做到体例系统、板块明确、脉络清晰，亦便于确定收藏方向、明确收藏目标、把握收藏进度；投资者按照这种体系选择品种投资则较易把握市场脉搏，紧追市场行情，以期获取更高利润。

现代流通硬币的套系收藏体系确立之后，在套系收藏的基本框架下，爱好者可遵循由易到难、循序渐进的方法，首先按照纪年年版号将各套流通硬币的年号大全套集全，资深藏家可进一步按照版别划分进行集藏，争取集全各套流通硬币的版别大全套。为了集藏某些稀有年号或版别的硬币又需要收集人行官方装帧的套装《中国硬币》精装册，由此，爱好者逐步迈入流通硬币收藏的辉煌殿堂。

第二节

流通硬币的收藏文化

钱币是历史、政治、经济与文化的缩影，任何时代任何国家的钱币均有其特有的国家和民族文化属性。泛泛谈钱币文化较为枯燥，为了结合实际，从各个角度审视流通硬币的收藏文化，笔者摘录以前写的几篇文章，和读者朋友们一起分享交流（见链接文章）。

【链接】收藏文化

今天浏览一尘网钱币论坛，看到天涯布衣兄的一篇文章《但愿收藏界，更多文化人》，深表理解并颇有感触，我当即跟帖"还本清源，天涯布衣"。

钱币学是从文化角度研究钱币的一门学科，货币学是从经济角度研究钱币的一门学科。可惜在一切以经济利益为主导的今天，在所谓的收藏市场，大多数人把钱币学错搞成了货币学。

前期我在现代网写了篇《钱币收藏的民族文化性：我所喜爱的一枚评级币》，竟然被人讽刺反驳，可见今天钱币文化之匮乏已经到了无以复加的地步。当人人把钱币只当作赚钱的筹码，收藏市场的根基将不复存在。

由此我想到前天在山东省钱币学会参加交流活动的情景。前一段时间中国钱币学会给各省学会发了通知，要求各省向中国钱币学会推荐钱币学各领域的专家学者以便列入中国钱币学会专家库，以利于钱币学研究的发展。下午有七八位省内的钱币学方面的专家学者到了省学会会议室，我有幸受邀参加了本次活动，得以和很多知名专家结识并交流学习。

著名苏区根据地货币专家、山东省人行货币发行处原处长张建超先生，钱币藏品颇丰，尤其以苏区货币为最，在他所收藏的古钱币与人民币（从一版大部、二、三、四版全套到流通硬币1979—1986大全）中，很多藏品令人钦羡。他说从1980年开始收藏钱币，此生唯一遗憾的是1980年左右在上海云洲，看到柜台上摆着不少1969年、1975年分币试铸币样，那时要价200元一套，当时他带着2000元出公差，深深被吸引，但最后因为价格太高而没有收藏（要知道那时他只有几十元的工资）。省学会副秘书长宫处长也是资深钱币收藏家，从金银币、连体钞，到三、四版纸币、纪念币均集藏。他当场还让我看了他的三版大全，说以前花800多元买的。我一看品相，尤其是枣红很好。山东省博物馆的研究员张建华先生主攻青铜器、瓷器、古钱币的研究，自己收藏了不少新石器时期的石斧，瓷器、古钱币藏品也颇丰，齐鲁钱币博物馆的藏品陈列区也是他设计的，我和张老师一起探讨了金错刀的各种形制问题。徐州人行的宋老师已花甲之年，但对古币仍执迷无悔，从其《谈古钱币上的书法艺术》一文可见其对古钱币文化艺术的孜孜以求，这足以令否认钱币的文化属性、一切只向钱看的投机家们相形见绌和汗颜。齐鲁铜元收藏家陈忠华先生还是个痴狂的摄影师，背着摄影设备就来了，他和段洪刚很熟，五月中旬段总来济南看我，邀请他一起聚聚，他因为儿媳妇生孩子没有来，也表示遗憾。《中国铜元谱》（段谱）中有部分铜元是他提供的实物图片，他的专著《山东铜元赏析》收录了山东铜元200余品，几乎囊括山东迄今发现的所有版别版式。

与这些收藏家和专家交流，我学到了很多知识，提高了很多币识，也深深感到中华几千年钱币文化之魅力之魂魄仍然在真正的收藏家身上生根发芽、开花结果，仍然以顽强的生命力代代传承。整个交流活动，这些文化之魂一直在会场弥漫开来，散发出恒久浑厚的迷人馨香。

想来古人乃至近代收藏家，是因为喜欢而收藏，因为历史而品味，因为文化而痴迷，所以人才辈出、大家涌现。而今天，那些活跃在各大交易网站的所谓"鸣人"们，他们有几个懂得收藏文化、懂得钱币文化呢？那些只知道倒买倒卖赚取差价，把钱币只当作筹码的所谓"收藏爱好者"，那些只乐于参加各种商业推广活动而静不下心来研究钱币文化本身的人，其实已经丧失了收藏最本质的东西，那就是文化。

没有文化的收藏是苍白的，最终会沦为纯粹的商业活动。只有深深扎根于中华几千年文明史中去研究和收藏钱币，才会更好地体味钱币文化的魅力，使得收藏人生得以凝结升华。

摘自奉天收藏新浪博客第130篇博文
2014年6月6日

【链接】收藏心情

收藏爱好者，玩的就是一份心情，体味专注于一件事情而忘我的境界。每件藏品都是一件艺术品，那种沉醉于藏品美丽的外观、丰富的内涵、厚重的历史、博大的文化的专注精神，使很多人孜孜以求、深入其中而乐此不疲。收藏爱好者把玩藏品的精神修为，不亚于画家在恣意泼墨，书法家在专注挥毫，气功师已入定界外。我想我们在收藏的同时，人格和品性也会随之升华。

有些人由于玩收藏心浮气躁，或者目的不纯，或者仅仅为了赚钱而大肆炒作。其实这些人永远站不高、走不远。比如这几天一尘网有人在炒作612分，张嘴闭嘴就说是"币王横空出世"，其心不正、其意不端，井底之蛙，没见过天。昨天就有资深的老藏家看不惯，想站出来，让那些炒作者从他当时根本不当回事收藏几十年的原卷原盒612中分挑一枚"绝品"，让所谓收购者拿5.6万元买一枚，或者看一眼交2万学费。

收藏永无止境，人外有人，天外有天。我时时告诫自己：宁静而致远，当我们心情淡定、人我两忘时，在短暂的生命里才可以站得更高、走得更远。

摘自奉天收藏新浪博客第25篇博文
2011年6月21日

【链接】钱币收藏的民族性：我喜爱的一枚评级币

昨天收到武汉朋友杜艾国寄来的几枚硬分币，一枚中国评级公司（公博钱币鉴定公司）评级封装的575分，还有卷光832和872各一枚。他说赠送我做研究之用。我仔细看了之后，发现这枚卷拆575被公博公司评价为"未流通使用MS67分"，其背面右侧麦穗麦芒延伸处均有较明显的放射性流铝痕迹，看起来就像麦穗之麦芒很长，延伸到了币边，甚有意思，是枚观赏性不错的趣味币；而832和872则分别是未打和透打趣味币。近几年来，我经常收到泉友们从全国各地寄来的一些钱币，很多是趣味币，说是送给我做研究之用。朋友们为我研究流通硬币提供了很多宝贵的素材，在此一并深表谢意。

我一贯坚持和主张中国钱币收藏的民族性和文化性，反对收藏产业被外国垄断和左右，以前见到像"炎帝""取得真经""世界遗产""大团结"等这样具有强烈民族传统文化属性的钱币被装帧在满是洋文、毫不协调的评级盒子里，感觉就像是挂狗头卖龙肉，深感忧虑。这是第一次见到我国评级公司的评级币，我深深被其封装盒极具民族文化性的图文所吸引，甚是喜爱。

这枚公博评级币575分，背面标签的基底图案是很美观的彩色"中国钓鱼岛"，右上角有鲜红的中国地图图案，表达了"钓鱼岛是中国的"这一主题，文字部分是"1957""伍分"以及钱币评级编号和分数。稍感遗憾的是，评分仿照的是外国评级公司的70分制，个人认为不如按照我国传统"十级品相"分级法进行评分，或者细化为100分制，更符合我国传统文化，也更易于我国民众接受。正面标签是镭射防伪标签，镭射图案非常优美震撼，文字部分是"公博钱币鉴定公司"，以及公博公司的商标标识图案，基底图案是镭射变色的中国钓鱼岛照片和"钓鱼岛"三个大字。

第一次见到公博评级币，为其精心设计的强烈民族文化性所吸引，我想，世界上任何国家的文化收藏品都是民族的，离开民族传统谈收藏会成为无源之水、无本之木。而只有民族的才是世界的，也才会走出国界，走向世界。那些一开始就摈弃自己国家的传统文化和历史而盲目崇洋媚外的收藏者，最后都不会太长久，最终会落得一个洋不洋、中不中的不伦不类的下场。

还是那句话：中国的文化收藏业要深深扎根于中华民族的传统文化之中，在收藏业只有把中国传统文化发扬光大，中国的文化收藏业才能做大做强，屹立于世界文化强国之林。

摘自奉天收藏新浪博客第113篇博文
2014年1月18日

我国钱币文化博大精深，尤其是钱币上的书法艺术更是灿若星辰。但人民币硬币的制造很严格，很少见到书法中的异体字或者错别字，只有极少数钱币上才出现错误文字，对此笔者也做过深入研究，最后补充谈一下人民币上的错字。

中华人民共和国中央人民政府成立之初，毛主席曾提出汉字要走规范化、拼音化的道路。汉字简化改革后的简体字便是为将汉字进行规范化、拼音化而做的准备。到了1956年，政府开始采纳实施汉字简化政策，公布了《汉字简化方案》，其中包括515个简体字和54个简化偏旁；到1964年政府颁布《汉字简化字总表》，包括2236个简化汉字，并且颁布了《印刷通用汉字字形表》，这就是新中国成立后第一次简化汉字，史称"一简"。早在1957年，学术界就为汉字是否该简化、该拼音化而争论不休，开始是学术问题，后来就变成"原则性问题"，不同意简化汉字的人就被扣上"唯心主义"的帽子。"文革"结束后，政府仍坚持"两个凡是",坚持汉字简化是"政治问题"不是学术问题,并于1977年正式推出"第二次简化字"方案,史称"二简"。此次随意乱简的简化字极大地破坏了汉语文字的艺术美,引起学术界的广泛反对,虽经政府不断修改,但最终也没能得到令人满意的结果,"二简"终于在1986年被政府明令废止。为此,国家于1988年正式颁布了《现代汉语通用字表》作为新标准,直到2013年《通用规范汉字表》施行为止。截至目前,政府的政策是坚持汉字的文字传统,以拼音辅助汉字,此政策因为符合传统文化而深得民心,得到广泛支持。

中国汉字经历了数千年漫长演化的发展过程,由于历史原因和人们长期形成的书写习惯,很多汉字被演化为多种书写方法,其中"贰"字的写法是颇具代表性的。关于人民币上是否有错字的问题,其中最常见最广泛的争论也在于"贰"字的写法。据笔者统计,人民币上的"贰"字不同的书写方式有以下五种之多:①"貳";②"貳"("二"在"弋"上,封口贝);③"貳"("、"写在"弋"的右下方);④"貳"("二"在"弋"上,开口贝);⑤贰。第一套人民币纸币20元券使用繁体字①的有三种,使用异体字②的有四种;200元券比较复杂,使用繁体①的有3种、繁体异体字②的有2种、繁体异体字③的1种,其中200元排云殿票券把"、"书写在"弋"的右下方,确实体现出中国汉字和书法艺术的丰富多彩;另外最奇葩的当属200元割稻票券,正背面竟然出现了完全不同的书体。第二套人民币2分、2角纸币和2分硬币均采用②,属于繁体字的异体字;第三套人民币的2角和2元纸币也是②,但所有的7个年版号的2角硬币却采用了④,这是唯一的特例,后面特别分析之。第四套人民币的2角和2元券纸币均采用第⑤种标准简化字书体。第五套人民币的20元券纸币也是采用⑤。根据新中国成立后汉字的标准演变过程分析,上述五种"贰"字写法中,前三种属于在1964年国家颁发《汉字简化方案》（"一简"）实行《印刷通用汉字字形表》以明确规定汉字书写标准之前，几种"贰"字的繁体字和繁体异体字，不属于错字；最后"贰"字是1988年我国颁布《现代汉语通用字表》明确规定停止使用繁体字、异体字和不规范简化字之后现代汉字的标准写法。

唯有2角硬币上第④种字体的出现，是以1977年开始到1986年之前国家推行"第二次简化汉字"为背景的，当时出现了很多不规范简化字，引起了学术界的大混乱。1986年国家明令禁止"二简"并于1988年又颁布了《现代汉语通用字表》作为最新标准，可见此种书写方法，系"二简"的混乱所致，因为该字体不属于繁体字，也不属于繁体异体字，更不是现在标准汉字的写法，而且在《康熙字典》《辞海》《现代汉语大辞典》中也找不到，所以可以断定此种字体的写法属于典型的错字，也就是说中国人民银行正式铸行的用于流通的人民币里，只有第二套流通硬币中的2角麦穗币上"贰"（"二"在"弋"上开口贝）的写法属于错字，这也是流通人民币上唯一的错字。

关于人民币上的错字问题，社会上有些人包括一些媒体流传人民币2元、2角、2分纸币和2分硬币上的"贰"字印制错了属于错字，其实他们不懂此"贰"字属于繁体字中的异体字而非错字，当时发行第一套、第二套人民币时，新中国人民政府刚刚成立不久，并没有规范现代汉语简化字而是继续沿用繁体字，到了第三套、第四套人民币纸币，只是对此繁体字体仍然沿用罢了，根本不属于错字。可见真正的流通人民币上的错字仅仅出现在第二套流通硬币的2角麦穗角币中。2角麦穗币的贰字错写成了"二"在"弋"上开口贝的"贰"，因为无论从任何正规字典上都查不到，属于典型的非规范错字。究其形成是有历史原因的，因为第二套流通硬币于20世纪70年代末开始设计，当时中央政府正在开展在汉字标准简化字基础上继续简化汉字的工作，但80年代初期之后这项工作又取消了，而又全面恢复了以前的标准简化字。麦穗角币上出现的这个现在看来是错字的"贰"字，当时正是由于政府在标准简化汉字的基础上推行继续简化汉字，导致出现了一些非规范简化汉字的历史原因所形成的。虽说现在看属于错字，但正是这种现象丰富了第二套流通硬币的文化内涵，见证了中国汉字发展演化的历史进程，从收藏角度看又平添了一些文化乐趣，属于一种价值提升。

第三节
流通硬币的收藏价值

一、钱币的综合珍稀度

首先谈一下钱币的珍稀度问题。长期以来，在收藏研究现代钱币的同时，笔者一直在思考一个问题：在祖国数千年文明史册上，历代钱币品种林林总总浩如烟海，其中有的钱品像太阳璀璨夺目，有的如弯月熠熠生辉，有的似繁星幽幽点点，而有的却似沙砾深埋海底，到底是什么因素决定了每个钱品的珍稀度呢？是不是存世量越少就意味着珍稀度越高呢？笔者几年前就深入探究过这个问题，从收藏角度认识到钱币的珍稀度包括绝对珍稀度与相对珍稀度两个方面和层次，初步提出了钱币珍稀度取决于其绝对存世量（或发行量）、在该品种系列题材体系中所占比例、喜爱人群多寡三个因素的概念。

珍稀度的概念是专门针对钱币的版别来讲的，与钱币的状态品相以及趣味品、残次品无关。对于历代历史货币以及当代已经流通消耗多年的钱币品种来说，珍稀度首要因素是此品种的绝对存世量，近年发行的钱币品种尤其是流通纪念币钞、贵金属纪念币则存世量几乎等同于发行量。从收藏角度看，绝对存世量越少则该钱币品种的珍稀度越高，存世量越大则珍稀度越低。影响珍稀度的第二个因素是喜爱人群的多寡，喜爱该钱币所在同题材板块大系的或喜爱该钱币品种的人群越多，则该品种珍稀度越高，反之越低。影响珍稀度的第三个因素是该品种所在共同题材大系板块的总体存世量，理论上讲由于某个钱币板块总体存世量（发行量）越大，则其流通范围和覆盖地域越广因而对大众的影响也越大，一般来讲其收藏人群也会越多，所以在该钱币品种存世量一定的情况下，所在板块总体存世量（发行量）越大，则该品种的珍稀度越高。

传统上古钱币、近代机制币珍稀度按照"十级制"确定，即一级—大珍（特珍）、二级—珍、三级—罕贵、四级—罕、五级—稀贵、六级—稀、七级—甚少、八级—少、九级—较多、十级—多泛，很多钱币目录都有标注，这是无数钱币收藏和研究界的前辈先贤根据收藏实际总结出来的珍稀度分级方法，相对讲比较客观。这里主要参考的是存世量，其次参考的是价值和价格。可是有时爱好者会有疑惑：为什么有的品种存世量或发行量很少，市场上却经常能见到，价格也较低？为什么有的品种存世量或发行量较多，而市场上基本见不到，价格很昂贵？经过笔者分析，这需要把珍稀度这一概念进行综合考量，对珍稀度的判定需要更科学更贴近实际。

为此笔者提出钱币综合珍稀度概念，即综合珍稀度由绝对珍稀度和相对珍稀度二者有机构成，需要综合二者进行总体判定。绝对珍稀度系指钱币的绝对存世量的多寡。相对珍稀度的第一个珍稀度系数是其存世量与喜爱该钱币所在同题材类型板块或喜爱该钱币品种的人群之比率，比如某种钱币存世量为100枚，喜爱人群为10万，则其相对珍稀度为千分之一；相对珍稀度的第二个珍稀度系数是钱币的存世量与该钱币所在的同题材类型板块钱币总体存世量的占比，比如上述钱币所在同题材类型板块钱币总体存世量为1万枚，则其相对珍稀度为百分之一；相对珍稀度是这两个珍稀度系数的加权平均值。综合珍稀度最终由绝对珍稀度和相对珍稀度二者有机结合综合考量来确定。有了上述概念，我们就不难理解，排除人为商业炒作和打压的短期行为之后，为什么很多情况下价格和存世量并不呈现正相反性，为什么有时候存世量大的钱币价格却能超越某些存世量少的钱币，而其在交易市场上也更少见。

再来谈一下收藏价值和市场价格的关系。在钱币收藏界，一般的原则和规律是，收藏价值大的品种其价格就高。但在市场经济尤其是存在人为商业炒作的情况下，也经常出现价值和价格背道而驰的情况。比如在现代钱币市场以讹传讹、广泛流传的所谓"金不如银、银不如铜、铜不如纸"的说法，就是价值和价格相背离的明证。

虽然当下有人说钱币收藏"金不如银、银不如铜、铜不如纸"，但笔者认为这只是我国经济发展了而又未发达的历史时期的特殊产物，未来价格一定会向价值回归。举例说明一下，珍稀动物金丝猴精制金币和精制铜币发行量均在2万左右，但目前金丝猴精制铜币价格被炒到了1800元一枚，而金丝猴精制金币价格尚在2000元左右徘徊；再看一下另外两对珍稀动物精制银币和精制铜币，其发行量均在2万—3万枚左右，现精制银币500元一枚，而精制铜币被炒到1000元一枚了，价格明显倒挂，出现了收藏价值和市场价格的明显背离。这还不是个例，此现象在纸币和金银币板块更明显，比如存量上千万的三版车工现在价格达到2000元，而发行量只有几万枚的金币或银币不少还在1000元以下，也是价格明显倒挂。可见在某一时期影响价格的因素除了珍稀度之外，还受各个时期商业炒作的影响。

二、流通硬币领域各板块品种的收藏价值排序

钱币的收藏价值高低受其综合珍稀度、在货币史上的地位、存世量的多寡、收藏市场状况、学术研究价值等因素影响和决定。根据流通硬币各板块各品种在人民币大系以及流通硬币体系中的收藏地位、收藏价值，笔者结合多年的收藏经验和对收藏市场的考察，将流通硬币领域各板块品种的收藏价值排序分列如下，供流通硬币收藏爱好者参考。

1. 中国硬币王1986年版长城麦穗币

1986年版长城套币可谓现代流通硬币的一面旗帜，含有四枚全套1986年长城麦穗币，发行量仅为660套，当时主要用于出口，现经多年海淘，目前基本上再无回流货源，国内存世量和流通量更是珍罕，估计在三、四百套左右。无论从收藏地位还是从存世量来看，1986年"长城硬币王"均足以与纸币王"牧马图"相比肩，远比第二套纸币王"大黑十"珍稀得多，实属现代钱币大珍特珍级品种。1986年长城币是收藏中国流通硬币大系、第二套流通硬币年号与版别大全套、第三套人民币版别大全套的最大龙头和瓶颈品种，属于现代钱币顶级和高级藏家竞相追逐的大名誉品。其近年来的成交记录是一般好品在48万元，折合每一枚价格平均在10万—12万元，但其单枚价格仅仅是普品"牧马图"250万元一枚单价的3%，仍然属于现代钱币大珍品种中的超低价位品种。

2. 流通硬币标准样币

此为正式生产时的标准样币，就是正宗的标准样币，包括未曾谋面的流通硬分币样币、1980年长城样币、1991年老三花样币、1999和2002年新三花样币。由于其收藏地位的重要性和特殊性，已然成为硬币藏家必备的收藏珍品。这些样币大多发行量在2万之内，由于人行管理愈来愈严格，流入藏界的更少，目前3万到十几万不等的价格尚不算高。由于越新近发行的样币管理越严格，流入民间的就越少，因此目前从市场稀有度和市场价格来看，其收藏价值排序是：新三花样币＞老三花样币＞1980年小黑本样币。（图559）

图559　人行版1980年长城小黑本样币, 各地方人行装帧1980年套装币

3. 人行版1979—1985年早期套装《中国硬币》

这些改革开放之初特别铸造和装帧的人行版套装《中国硬币》，当时是为了出口创汇而特别发行的，发行量在数千到2万之间，很是稀少，却涵盖了硬分币珍稀的年号之"五大天王"、硬分币版别之"七大珍"和"八小珍"，以及长城麦穗币之版别"四大珍"和"十七珍"，可谓群星璀璨之地、珍稀品种之源。这些品种远比"大黑十"、绿叁元、红五元、枣红、背水、背绿珍稀得多，是收藏流通硬币版别大全套的集藏爱好者不可逾越的收藏标杆。目前这些早期套装币的价位在1.3万—5.5万元之间，和其收藏价值相比，市场价格仍然处于低洼水平。根据各品种的发行量、存世量、收藏地位、市场稀有度和市场价格来看，此板块的内部收藏价值排序是：1985年版＞1984年上海版＞1981年红本＞1984年沈阳版＞1979年版＞1981年精制白本＞1982年版＞1983年精制绿本，而1983年礼品装精制红本和精制白本，以及1981年精制长城币水晶板和1984年精制长城币水晶球收集难度则要普遍高于上述常见品种。（图560—561）

图560　人行版1980年7枚装天王套装币原盒，一盒25本

图561　人行版1982年8枚装《中国硬币》精装册

4. 人行版1991—2000年后期套装《中国硬币》

此板块涵盖有25枚发行量稀少的硬分币"小天王"，以及第三套流通硬币老三花币的绝对龙头品种"双花币王"——2000年牡丹1元和菊花1角。因此它不仅是配第一套流通硬币108枚年号大全套乃至120枚版别大全套的第二大龙头和瓶颈品种，亦是配第三套流通硬币（老三花币）31枚版别大全套，和配第四套人民币45枚大全套的绝对龙头品种，收藏价值甚高。根据各品种的发行量、存世量、收藏地位、市场稀有度和市场价格来看，此板块的内部收藏价值排序是：2000年版＞1992年版＞1993、1994、1995、1996年版＞1997、1998、1999年版＞1991年版；精制套装硬币的收藏价值排序是：2000年版＞1991年版＞1993、1994、1995、1996年版＞1997、1998、1999年版＞1992年版。

5. 早期50—70年代的全品与上品硬分币以及1980年、1983年的全品与上品长城麦穗币

随着爱好者的收藏配套和沉淀消耗，早期50到70年代的好品硬分币，包括1955、1956、1957、1958、1959、1961、1963、1971、1972、1973、1974、1975、1976、1978、1979、1980年1分，1956、1959、1960、1961、1962、1963、1964、1974、1975、1977、1979、1981年2分，1955、1956、1957、1974、1976年5分，现在越来越少。1980年、1983年的全部长城麦穗币以及1981年2角全品硬币也在迅速减少，越来越珍稀。上述品种是品相派集藏爱好者争相角逐的汇集之地，也是币商和商业评级公司赚钱的筹码，目前该板块的市场流通量和存世量在快速减少，爱好者应尽快集藏。（图562—563）

6. 未正式发行的硬币试铸币样是阳春白雪的另类收藏

从钱币学上严格说，此类试铸币样并不是真正的钱币，也不是正宗的样币。而样币一般是指获得国务院和央行的批准及指令正式生产时的标准样币，造币厂处于试验铸造阶段或未上报的试铸品或上报未获国家批准生产的试铸品称为试铸币样。目前市场及拍卖会上出现的数种"文革"期间未正式发行的硬分币即属于试铸币样，包括至今未曾发现的硬分币、长城币、三花币等试铸币样，均属于钱币史文物的阳春白雪品种，属于非正宗流通硬币收藏序列的另类收藏，近几年的拍卖会从10多万到100多万昂贵的拍卖价体现了其珍稀的存世量。近来这些品种出现得较多，由于很多品种尚处于研究论证阶段，其真实性、地位和性质尚待研究论证，加之报价奇高，除了搞钱币史研究的学者之外，一般收藏投资者要谨慎为宜。

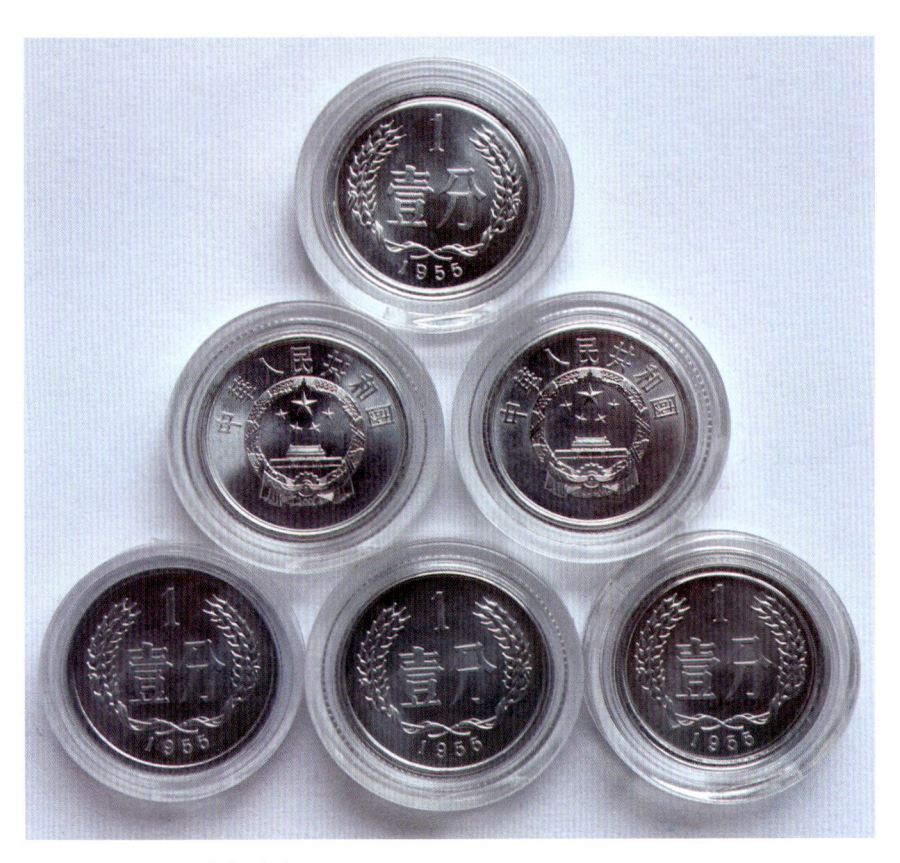

图562　551分全新卷拆品

图563　575分原盒，内装10卷共1000枚

表11　流通硬币领域各板块品种的收藏价值排序表

序号	品种
1	中国硬币王1986年版长城麦穗币，计四枚一套，仅见于人行版1986年套装《中国硬币》精装册。
2	流通硬币标准样币，包括1980年版长城麦穗币样币、1991年版老三花样币、1999和2002年版新三花样币3种。
3	人行版1979—1985年早期套装《中国硬币》，包括1979—1985年7个年版14种套装《中国硬币》精装册，其中1981年沈阳版、上海版2种，1983年3种，1984年沈阳版、上海版2种，1981、1984年精制长城币水晶板（球）两种。
4	人行版1991—2000年后期套装《中国硬币》，包括1991—2000年10个年版25种套装《中国硬币》精装册，每个年版含普制和精制套装两种，1991年版含贴条版与普通正版套装两种，1997—2000尚含木盒礼品装四种。
5	早期50—70年代的全品与上品硬分币以及1980、1983年年号的全品与上品长城麦穗币。
6	未正式发行的硬币试铸币样是非正宗系列阳春白雪般的另类收藏。

第四节
流通硬币的收藏分级

一、第一套流通硬币的收藏分级

（一）第一套流通硬币各品种收藏难易分级

为了更清晰地给读者一个收藏层次的概念，笔者集多年收藏流通硬币及装帧套装币之经验，在掌握大量实物研究的第一手资料和常年对钱币市场进行考察的基础上，总结汇编出第一套流通硬币各品种的珍稀度与收藏难易分级表供大家参考。

表12　第一套流通硬币各品种收藏难易分级表

1. Ⅰ级（★★★★★）硬分币"七大珍"

未公开发行、未进入流通，发行量3000—1万枚，存世量珍罕，均仅发现装帧于人行版1979—1984年早期套装《中国硬币》中，现单枚市场参考价3000—22000元。

1分：79（T）	2分：84（T）	5分：79
81（P）		81（P）
84（P）		84（P）

2. Ⅱ级（★★★★）硬分币"八小珍"

未公开发行、未进入流通，1980年版发行量为8万枚，1981、1982、1983年版发行量为1万—2万枚，存世量更珍稀，均仅发现装帧于1980—1983年人行版早期套装《中国硬币》中，现单枚市场参考价1000—8000元。

1分：80（P）	2分：80	5分：80
81（T）	81（T）	81（T）
	82（T）	83（T）

3. Ⅲ级（★★★）硬分币25枚"小天王"

未公开发行、未进入流通，发行量22万—32万枚，存世量稀少，均仅发现装帧于人行版1991—2000年后期套装《中国硬币》中，现单枚市场参考价60—600元。

1分：1992—1999年8枚　　2分：1992—2000年9枚　　5分：1993—2000年8枚

4. Ⅳ级（★★）硬分币"16小龙"

公开发行进入流通，发行量上亿至数亿，但存世量较少，普品单枚参考价5—120元；卷光全品市场少见，全品参考价300—5000元，根据市场供求波动。

1分：1955、1956、1957、1958、1959、1961、1963年

2分：1956、1959、1960、1961、1962、1963年

5分：1955、1956（小星版）、1957年

5. Ⅴ级（★）硬分币"5小侠"

公开发行进入流通，除了565大星版、821平版和832凸版发行量相对较少外，其它品种发行量巨大，约数亿枚，但由于版别特殊，其中721和781是唯一的平凸混合版，821、832是唯一平版、凸版两个版别正式进入流通领域的年号分币，所以收藏研究价值较大，全品参考价15—300元，其中以721全品和832凸版全品较为稀少。

1分：721（H）、781（H）、821（P）

2分：832（T）

5分：565（大星）

6. Ⅵ级（普通级）其他普通年号的分币

公开发行进入流通，发行量巨大，在数亿至十数亿枚，1979年以前的早期币有收藏价值，1980年以后的后期币只有全新卷光币有收藏价值，全品参考价1—200元。

（二）第一套流通硬币收藏水平的分级

由于未采用的试铸币样不列为流通硬币收藏的正宗序列之内，我们先把这类硬币藏品排除在外。另外，由于公开进入流通的硬分币各年号中，仅有565大星版、821平版、832凸版是特殊的，此年号有两种版别或细分版别，但集藏均较为容易，所以根据现在收藏市场发展实际，收藏水平分级中每一水平级别均包括这三枚特殊版别币，即在原有年版号

数目上增加三种。结合目前收藏实践和发展状况，以及硬分币各品种、各板块的收藏地位和价值，流通硬分币收藏水平可划分为以下五个等级：

1. 入门水平（公开流通币水平）—硬分币"81枚年号小全套"

即收集完全部公开发行进入流通的硬分币的收藏水平。此板块包括所有公开发行进入流通的硬分币，总计78个年版号、81种版别（含565分大星版），收集全这部分币即视为入门级收藏水平。硬分币81枚年号小全套包括三部分：一是1955—1992年正常发行进入流通的早中期分币65种年版号；二是2000—2018年限量铸造部分地区公开流通的13种后期年版号的1分；三是特殊版别板块，发行量相对较少的565大星版（后铸版）、821平版、832凸版三种分币。流通硬币爱好者，一般经过较短时间即可集全。初学者需要注意的是，在这些流通分币里，稍有难度的是571、551、832凸版，565大星版四种，前两者目前市场上不仅有重铸高仿币，而且有改刻币，收集时一定注意；其他都比较容易在流通品中找到，2000—2018年1分在钱币收藏市场价格很低廉。入门级水平的人群巨大，全国估计有数十万至上百万人。

2. 初级水平（25枚"小天王"水平）—硬分币"106枚年号中全套"

即进一步收集全25枚"小天王"水平。在入门水平收集全81枚年号小全套基础上，爱好者需进一步收集全限量发行、未公开进入流通的25枚"小天王"分币，这些分币发行量在22万—32万枚之间，在流通硬分币所有板块中，属于第三大类瓶颈品种。25枚"小天王"分币全部装帧在人行版1992—2000年后期《中国硬币》套装中，目前全套后期套装币价位在4000元左右，折合到小天王分币平均一枚才80元，价格还很低，爱好者应尽早集全。需要提醒大家的是，大家收集时最好购买原包装1992—2000年后期《中国硬币》套装，就目前市场来看除了个别不法币商对1992年普制套装币以921、922重铸假币偷梁换柱之外，其他套装币未见赝品；在收藏市场所见的散币"25枚小天王"大多是重铸版假币，市场上常见重铸版假币主要是921、922分和1993—1996年的分币，对初学者杀伤力很大。达到初级水平的分币爱好者估计在数万人到十万人之间。

3. 中级水平（"五大天王"水平）—硬分币"111枚年号大全套"

即进一步收集全分币"五大天王"水平。爱好者在收集全106枚年号中全套基础上，可进一步收集全人民银行在1979、1980、1981年限量装帧发行，主要用来出口创汇的三套早期《中国硬币》精装册，其中含有未公开发行、未进入流通的硬分币大名誉品"五大天王"（亦称"五朵金花"），即811、802、795、805、815五枚分币。这些分币发行量在1万—8万枚之间，由于早年大多出口国外，散失比例较大，回流国内存世量更加珍稀，很早就成为流通硬币爱好者竞相追逐的珍品分币。正宗"五大天王"套装币目前除了北京、上海、广州之外，一般在各地方收藏市场已很难见到，普通市场所见散币均为重铸版或改刻版假"五大天王"分币，爱好者千万不要抱有在一般收藏市场捡漏淘到"五大天王"散币真品的幻想。2008年钱币行情启动之前一套只需4000元的天王套币，现在价位升值不少，目前含有1981年小红本的全套三本"五大天王"套币价格在8.5万元，含有1981年精制白本套币的则在4.8万元左右。未来随着流通硬币热的持续升温，集藏爱好者的迅速扩容，"五大天王"套币将会愈加珍贵，必将出现一币难求，只有在拍卖会才可见到的局面。目前达到中级水平的藏家估计在3千人以内。

4. 高级水平（"十五珍"水平）—硬分币"121枚版别大全套"

即进一步全部收集完版别"十五珍"水平，包括"七大珍"和"八小珍"分币。记得葛祖康等很多著名藏家和前辈说过，玩钱币说到底主要是玩版别，其次是玩品相。仅仅收集全硬分币年号大全套，对于热爱第一套流通硬币的藏家来说肯定是不满足的，他们在此基础上会追求目前发现的所有版别硬分币，特别是那些特殊版别的珍品级的硬分币，也就是笔者所列的上述"七大珍""八小珍"这"十五珍"中除了年号"五大天王"之外的珍稀版别硬分币。由于收藏硬分币和长城币的爱好者不全是一类人群，长城币爱好者中一部分人就会拆解早期1980—1984《中国硬币》套装，将多余的分币转让，所以爱好者可以在钱币市场和藏家中淘换这些拆出来的珍品版别硬分币。经济实力强的爱好者也可以直接购买1979—1984年早期套装《中国硬币》精装册。目前看，1981年沈阳版红本套装币和1984年上海版套装币集藏难度最大，好品相的集藏难度更大，这两套硬币好品相的价格也都在5万以上了。121枚版别大全套（含565分大星版一种细分版别币）收藏难度要高于同样是第二套人民币的二版纸币。目前达到高级水平的藏家全国估计不足500人。

5. 顶级水平（全品"十五珍"和早期币水平）—全品硬分币"121枚版别大全套"

对于高级藏家来说，遵循先版别再品相的集藏原则，收集全121枚版别大全套之后，进一步就是追求好品相、全品相了。装帧的"七大珍""八小珍"分币由于未经流通，品相一般会较好，基本在9品以上到10品之间，求好品难度不是很大，其中难度最大的还是81年红本套币里的平版811和815二大珍。而20世纪70年代之前的早期全品硬分币的很多品种集藏难度较大。在收集时有几点提示大家，一是集藏早期全品相分币不可操之过急，在收藏市场这些基本上是见不到的，只能在网络交易平台或从泉友和一些资深硬币藏家手里淘换，这就需要广交泉友，熟悉硬币收藏圈子，然后逐枚集藏，最好是趁藏家拆卷时坚决集藏；二是普通流通硬币无绝品，不要消耗大量财力和精力追求什么绝品、什么商业评级公司的高分评级币，就目前看，流通硬币评级币不少都是经过商业评级公司"保养"过的，其实质是处理过的钱币，而处理币是收藏之大忌，因此追求这些，不如收集卷拆全品币；集藏硬分币121枚版别全品相大全套之难度远高于收藏同样是第二套人民币的二版纸币。顶级水平，不可超越，目前来看，达到顶级水平的藏家全国估计不足100人。

此外，对于追求极致的另类藏家，除上述之外，还会收集一些另类或特别品种。首先是标准样币和未采用的试铸币样，即在1955年前以及"文革"期间，造币厂试验铸造或申报国务院而未获批准，流落民间的少量币样。这些币样属于钱币史料性质，集藏难度很大，部分只在拍卖会出现，近年成交价格在十万到百万之间，但由于此类币样出现的品种越来越多，价格又奇高，有些品种的真实性、性质和地位尚待研究论证，爱好者收藏时一定要谨慎。正式的硬分币样币只在人行文件中提及，至今未见实物，实物是否存在值得进一步研究。其次是收集1981—1986年早期《中国硬币》套装里的精制工艺分币，和1991—2000年后期《中国硬币》精制套装的精制分币，当然这些不是新版别，但由于属于精制工艺铸造，精美度更高，收藏价值更大。再次是求奇求全，即收集背逆、透打、偏打、缺口、弱打、多肉等趣味币，以及分币邮币封。以上均不在正宗硬分币版别大全套集藏序列之内，爱好者可根据自己的精力和经济实力进行集藏。

二、第二套流通硬币的收藏分级

（一）第二套流通硬币各品种收藏难易分级

为了给长城币爱好者一个更清晰的收藏层次的概念，笔者根据多年的收藏经验以及对收藏市场现状的分析，按照长城麦穗币各品种的发行量、存世量和收藏价值，汇编出第二套流通硬币各品种的收藏难易分级表，供大家收藏时参考。

表13　第二套流通硬币各品种收藏难易分级表

1. **I+级（★★★★★★）长城麦穗币"四大珍"**

为极少量铸造、未公开发行、未进入流通的版别硬币，主要用于钱币交流和出口创汇，发行量660套（枚），回流国内和存世量更加珍罕，均仅装帧于人行版1986年早期《中国硬币》套装中，现整套市场参考价48万元，折合单枚参考价10万—15万元。

861（Y）、8605（Y）、8602（Y）、8601（Y）

2. **I级（★★★★★）长城麦穗币"十七珍"**

为极少量铸造、未公开发行、未进入流通的版别硬币，主要用于钱币交流和出口创汇，发行量3000—2万套（枚），回流国内和存世量珍稀，均仅装帧于1981—1985年早期《中国硬币》套装中，现单套市场参考价1.6万—5.5万元，单枚参考价1000—3万元。

8502（Y）

841（H）、8405（H）、8402（H）、8401（H）

841（Y）、8405（Y）、8402（Y）、8401（Y）

821（H）、8205（H）、8202（H）、8201（H）

811（H）、8105（H）、8102（H）、8101（H）

3. **IV级（★★）公开发行的稀有长城麦穗币**

为少量铸造、公开进入流通的版别硬币，发行量较少，在百万到数百万枚之间。根据收藏市场看，其存世量尤其是全新卷拆全品者较为稀少，现全品单枚市场参考价

600—1600元，普品150—450元。

8301（H）、8302（H）、8305（H）

801（Hw）

8002（H）

4. Ⅴ级（★）

为较少量铸造、公开进入流通的版别硬币，发行量在数百万至数千万之间。根据收藏市场看，存世量尤其是全新卷拆全品币较少，现全品单枚市场参考价150—1000元，普品100—300元。

831（H）、801（Hy）、8005（H）、8001（H）、8102（Y）

5. Ⅵ级（普通级）

为较大量铸造、公开进入流通的版别硬币，发行量在数百万至数千万之间，存世量较大，现全品单枚市场参考价20—150元。

851（H）、851（Y）、8505（Y）

811（Y）、8105（Y）

8501（Y）、8101（Y）

（二）第二套流通硬币（长城麦穗币）收藏水平的分级

由于流通硬币标准样币和未采用币样不列为流通硬币正宗版别收藏序列之内，我们先把这两类硬币藏品排除在外。另外，由于公开发行进入流通的长城币各年号中，仅有801在上海版大版别下又细分为无砖错版和有砖普版两种子版别，其中801无砖版为特殊版别；851有上海版和沈阳版两种版别，其中上海版是特殊版别，这两种特殊版别长城币由于都公开发行进入了流通，集藏均较容易，所以根据现在收藏市场发展实际，笔者把收藏水平分级中每一水平级别均包含上述两种特殊版别币，即在原有年版号数目上增加两种。长城币庄重威严，大方典雅，是现代流通硬币设计最精美、文化底蕴最厚重的一套硬币，爱好者众多且有迅速增加的趋势。笔者结合目前收藏实践和市场发展状况，以及各品种、各板块的版别类型、收藏地位和收藏价值，把第二套流通硬币的收藏水平划分为以下五个等级。

1. 入门水平（公开流通币水平）——长城币17枚年号小全套

即收集完全部公开发行进入流通的长城麦穗币的收藏水平。此板块包括1980、1981、1983、1985年号的公开发行进入流通的长城麦穗币品种，总计15个年版号、17种版别（含801元无砖版细分版别）。收集全这部分长城币的爱好者即视为达到入门级收藏水平。长城币年号小全套包括两部分：一是1980年到1985年公开发行进入流通的15种年版号硬币，即1980、1981、1983年1元和1、2、5角，1985年1元和1角、5角；二是公开发行进入流通的两种特殊版别币，即上海版大类下子版别无砖版801元，和上海版851元。长城币爱好者，一般经过较短时间即可集全这17种年号小全套。初学者需要注意的是，在这些流通硬币里，稍有难度的是8302、8301、8002角和801元无砖版。目前除了8301角出现重铸版假币和改刻币之外，其他1角币尚未见改刻币，所有品种均出现重铸版假币或者改刻币，收集时一定要注意，自己把握不住一定要请资深藏家把把关、掌掌眼，以免吃亏上当。由于长城币群众基础好、爱好者众，目前看这层级水平的人群很大，全国估计有数十万人。

2. 初级水平（"九珍"水平）——长城币26枚年号中全套

即进一步收集全除了1986年版号的"四大珍"之外，所有年号的长城麦穗币（另包含801无砖版和851上海版）。"九珍"水平即在入门水平收集全17枚年号小全套基础上，爱好者需进一步收集全人行限量发行、未公开进入流通的"十七珍"中的"九珍"长城麦穗币，包括1982年全套、1984年沈阳版或者上海版（只需要一种）全套和8502角。因这"九珍"均没有散币流入市场，均为装帧发行，为此爱好者一般需要收集人行装帧发行的1982年、1984年、1985年《中国硬币》套装。在一般收藏市场所见的"九珍"散币均为重铸版或者改刻版假币，集藏者一定要注意，不要抱有任何捡漏的心态，否则容易吃亏上当。由于此"九珍"币发行量在4825—2万枚之间，发行量4825枚的8502角是其中的龙头和瓶颈品种，早年出口海外，回流国内的更加珍稀，估计目前全国能达到初级水平的爱好者在2000人以内。

3. 中级水平（"十七珍"水平）——长城币34枚版别中全套

即进一步收集全所有"十七珍"品种水平。爱好者在收集全26枚年号中全套基础上，可进一步收集全人民银行在1981、1984年限量装帧发行的《中国硬币》套装。这两种套装币里就包含了除"十七珍"中除上述"九珍"之外的"八珍"硬币，即1981年上海版和1984年上海版或沈阳版（只需其中一种即可，补充初级水平之不足）全套硬币共计8枚，注意事项同前。其中1984年上海版套装硬币收集难度较大，尤其是好品相的更难。目前全国能达到中级水平的藏家应在1000人以内。

4. 高级水平（"四大珍""十七珍"水平）——长城币38枚版别大全套

即中级水平的藏家进一步全部收集全"四大珍"的水平，包括861元和8605、8602、8601角。收集四大珍只有收集中国硬币王1986年套装《中国硬币》精装册一条途径。该套硬币由沈阳造币厂铸造和装帧，含有3枚1986年版号的平版分币和4枚沈阳版长城套币，以及沈阳造币厂铸造黄铜精制虎章1枚，发行量660套。4枚沈阳版86年长城币，均未正式发行和进入流通，为收藏第二套流通硬币的最大筋币，收藏价值极高。由于其铸造量是新中国流通人民币里发行量最少的，仅有区区几百套，早年大多出口海外，目前回流国内的更加珍稀，估计仅有三四百套，其真实存世量可与纸币之王一版壹万圆"牧马图"比肩，在人民币及流通硬币收藏大系中实属珍罕，被誉为"中国硬币之王"当之无愧。长城麦穗币38枚版别大全套收藏难度要远远高于二版纸币，和同样是第三套人民币的三版纸币更不在一个层级。在全国收集全长城麦穗币38枚版别大全套的人数估计和收集全一版纸币62枚版别大全套的人数相当，目前达到高级水平的藏家全国估计不足200人。

5．顶级水平（全品相"四大珍""十七珍"和所有版别币水平）——全品长城币38枚版别大全套

对于高级藏家来说，遵循先版别再品相的集藏原则，收集全长城麦穗币38枚版别大全套之后，进一步就是追求好品相、全品相了。如果同一版别硬币同时有精制币也有普制币的，由于精制币精美度更高、欣赏和收藏属性更强，最好集藏精制币（比如1983年精制套币）。装帧在1981—1986年早期《中国硬币》套装里发行的"四大珍""十七珍"长城麦穗币由于未经流通，多数只存在浅表氧化、小黑点或雾化，少有腐蚀和严重黑斑现象，品相一般会较好，大多数在九品以上到全品。但其中1986年币王，1985、1984年上海版集藏全品相难度很大，其他品种集藏九品到全品难度不是很大。收藏发行量较少的一些公开发行的卷拆全品相的品种也相对较难，如8302、8301角和801元无砖版和有砖版、8002、8005、8305角等。在收集时有几点提示大家，一是集藏全品相币品不可操之过急，尤其是1986、1985、1984年上海版有时要靠缘分，对于这些珍稀硬币首先要"有"这是很重要的，品相还在较为次要、有待于提升的地位；二是流通硬币无绝品，不要花大量精力和超高价追逐商业公司高分、加星和贴标评级币和所谓"绝品"，流通硬币尤其是铜质长城麦穗币由于送评者急于得高分卖高价，大都委托商业评级公司进行过所谓的"保养"，"保养"的实质是处理钱币，而处理币是

收藏之大忌，因此追求这些，不如等待时机收藏原封未拆的全品相或好品相的1981—1986年《中国硬币》套币以及现场卷拆的上述较难收集的流通币，然后再妥善保存；集藏长城币全品相38枚版别大全套（含801元无砖版细分版别币一种）难度非常之大，目前看达到顶级藏家水平者全国估计不足百人而已。

此外对于追求极致的另类藏家，除上述品种之外，首先会收集长城币1980年小黑本样币，这也是迄今为止发现的最早的流通硬币正宗标准样币，具有很高的收藏研究价值。由于小黑本样币系精制工艺铸造，加之币上无样币字样，因此可以配1980—1986年精制币年号大全套。其次是收集全部1981—1986年早期套装《中国硬币》精装册里的精制工艺长城麦穗币和公开发行的普制卷拆币，将普制币和精制币作为不同种类集藏。当然，相同原模的普制币和精制币并非不同版别，但由于精制币属于精制工艺精工铸造，铸造质量更好、精美度更高，则收藏价值更大。再次是收集人行版、造币厂版、地方银行版装帧的各式各样、非常精美的装帧套币和邮币封，这些古色古香、原汁原味的装帧册和邮币封代表了一个时代的钱币文化，是钱币史不可分割的一部分，是研究我国钱币史弥足珍贵的实物素材。最后是求奇，即收集背逆、透打、偏打、缺口、初铸、弱打、多肉等趣味品。当然，以上均不在正宗长城麦穗币38枚版别大全套集藏序列之内，藏家可以根据自己的精力和经济实力进行集藏。

三、第三套流通硬币的收藏分级

（一）第三套流通硬币各品种的收藏难易分级

就收藏价值与难易度而言，除了2000年牡丹1元和菊花1角未公开发行之外，其他所有品种均大量铸造、公开发行，并进入流通，收藏难度不大，收藏爱好者可以在流通品中很容易集藏到流通品相的29个品种，卷拆全品在一般收藏市场以500元左右较低的价格也很容易收到全套。2000年牡丹1元和菊花1角，收藏界喜欢称之为"双花币王"，收藏价值较高。

1. Ⅲ级（★★★☆）2000年"双花币王"

为少量铸造、未公开发行、未进入流通的版别硬币，发行量32万套（枚），均仅装帧于2000年后期套装《中国硬币》精装册中，现整套普制硬币市场参考价2500元，折合单枚普制参考价1000—1100元，精制套币参考价6500元，折合单枚精制币参考价2500—3000元。

2000—1（H）、2000—01（Y）

2. Ⅵ级（普通级）：其他29种均为普通级

为大量铸造、公开进入流通的版别硬币，牡丹1元、菊花1角的发行量均在十亿到十数亿之间，梅花5角的发行量在4亿—4.6亿之间，存世量较大，流通品基本无收藏价值，参考价1—15元，现全品单枚市场参考价：5—100元。

（二）第三套流通硬币收藏水平的分级

1. 入门水平——公开流通币"29枚年号中全套"

收集全除了2000年"双花王"之外的其他29种老三花币即为入门水平，由于收集较易，要求均为全品相。

2. 中级水平—"31枚版别大全套"水平

在入门级水平基础上，爱好者只需要收集全"双花天王"，就可集全第三套流通硬币31枚版别大全套。上以指的是基本版别，对于喜欢收藏研究细分版别的爱好者，可进一步收集1993—1996年套装币里的4枚窄勾版牡丹1元，以及梅花币中的粗字和细字版。由于2000套币发行时间尚短，目前价格还处于比较低的阶段，市场供应也充足，价格在2500元左右，因此收集较为容易。达到此水平的在全国有数万到十万人。

3. 高级水平——"61枚普制、精制大全套"水平

由于1991—2000年三花精制币做工精细，品相更好，精美度更高，所以一般爱好者会继续集藏1991—2000年人行发行的《中国硬币》精制币套装，即收集全老三花币普制、精制61枚大全套，是为高级水平。目前1991—2000年精制《中国硬币》套装大全套价格在1.5万元。从全国看，现在达到高级水平的老三花爱好者估计在数千人之内。

除此之外，对于样币爱好者，进一步尚可集藏1991年老三花样币。该套样币发行量约在2万以内，由于人行严格管理，流落到民间的更为稀少，具有较高收藏价值。目前市场价格在3.6万元左右可以收到，而对于喜爱原装套币和邮币封的爱好者，可进一步收集三花币装帧卡册以及三花币邮币封。

第五节

流通硬币的收藏方法

一、第一套流通硬币的收藏方法

第一套流通硬币（硬分币）在新中国印钞造币史上有三个最：第

一是铸造年代最久,流通使用时间最长;第二是版别最多,至今已达到120种版别,包括五套纸币在内,非其他任何一套人民币可比;第三是唯一写入歌曲的一套钱币,至今很多人对"我在马路边捡到1分钱"这首由人民音乐家潘振声谱写的脍炙人口的童谣《1分钱》仍耳熟能详。可见对于流通硬币的收藏爱好者来说,第一套流通硬币的收藏占有举足轻重的地位。

在开始介绍第一套流通硬币收藏方法之前,先给大家看一下笔者曾给泉友们讲的一个讲座。

【链接】硬分币"五大天王"——追寻中国流通硬币的珍稀品种系列讲座之一

数千年前,我国是世界上最早使用官铸钱币的国家之一,中国钱币文化博大精深,源远流长,钱币收藏具有悠久的历史而成为收藏界三大收藏门类之一。中国钱币史就是一部浓缩的中国政治、经济和文化史。在当代,1949年新中国成立之后,截至目前,人行共发行了五套人民币,在不同的历史时期承担着国家基本的货币流通职能。其中1948年开始发行的第一套人民币只发行了从1元到5万元面额的纸币,未发行流通硬币。而伴随着发行第二套人民币到第五套人民币,均既发行了纸币也同时发行了硬币,分别为第二套人民币硬币(第一套流通硬币或硬分币)、第三套人民币硬币(第二套流通硬币或长城麦穗币)、第四套人民币硬币(第三套流通硬币或老三花币),正在铸行的第五套人民币硬币(第四套流通硬币或新三花币)。下面笔者就谈谈在流通硬币的收藏中,哪些品种是较为珍稀的品种,哪些品种具有较高的收藏价值。

自1957年开始,伴随第二套人民币纸币的发行,央行也发行了一套流通金属币即1、2、5分金属辅币,深受人民群众欢迎和喜爱,尤其是六七十年代出生的人，至今"我在马路边，捡到1分钱"的悦耳童谣仍回荡在耳畔。这就是新中国第一套流通硬币（硬分币），截至最近发行的2015年1分硬币为止，我国共发行了106种不同年号和面额、118种不同版别的硬分币，闪闪发光的小小硬分币已伴随我们度过了整整一甲子的漫长岁月。小时候，在七八十年代，分币有很大用处，1分钱可以买一粒糖，而5分钱则可以买一块雪糕，所以那时老百姓是舍不得丢掉1分钱的。但自90年代之后，随着通货膨胀、物价上涨，分币已经没有多少使用价值了，慢慢淡出人们的视野而进入收藏领域。现在随着流通硬币收藏热的兴起，很多收藏爱好者都想趁现在价格低廉而集齐一套品相上佳的硬分币。

硬分币的发行量，从50年代到80年代呈现逐渐上升的态势，80年代末到1992年停止硬分币发行又呈现逐渐下降的趋势，2000年后到2015年为了银行超市记账找零的需要，央行又少量发行了1分币。除了少数年号的硬分币没公开发行未进入流通之外，大多公开发行进入流通的硬分币发行量基本是上亿枚至数亿枚，多的年份达到十数亿枚。因此对公开发行的年版号硬分币而言，不可能出现珍品。而真正可称之为珍品的只有80年代国家为了出口创汇而特别成套装帧发行的《中国硬币》，被誉为硬分币"五大天王"或"五朵金花"的五种分币，即包含于这些稀有的硬币装帧册中。

硬分币"五大天王"是指1981年1分、1980年2分，1979、1980和1981年的5分。这五种硬分币没有公开发行未进入流通，均装帧在1979、1980、1981年《中国硬币》套装册中，此为央行在80年代为四化建设积累资金而特别发行的，当时用于出口创汇，国内只在外汇商店对港澳台胞和外国人销售，发行量为数千到8万之间，由于早期遗失海外较多，目前存世量就更加稀少，这相对于每年上亿到十亿铸行量的大多数硬分币而言可谓数量极其稀少而相对珍稀度极高。因此，硬分币"五大天王"作为收藏硬分币年号大全套的最大币筋品种而成为钱币爱好者竞相追逐的珍品。

由于数量珍稀，"五大天王"全套三本分币册在80年代初刚发行时只有外汇券几十元，到了90年代末全套上涨到上千元，2008年售价在3000元，而现在购买一套"五大天王"套装册，则需要3万元以上到5万元，可想而知随着收藏热潮在我国大地风起云涌、不可阻挡，不远的将来"五大天王"只有在精品市场和拍卖会上才可见其芳容。

最后提醒大家，收集硬分币"五大天王"一定要注意以下几点：第一，老百姓家里储钱罐无论有多大，其中也不会出现这些珍稀硬币；第二，一般文化市场出售的所谓"五大天王"散币，都是赝品，不是年号改刻币就是重铸假币；第三，爱好者最好在有信用的币商及资深藏家手里淘换"五大天王"原装册，再妥善保存，最好不要拆散，以免收藏价值打折扣；第四，初学者如果想收集"五大天王"散币，最好购买国内权威钱币评级机构诸如北京公博、中钞鉴定等鉴定评级公司鉴定封装的分币，以免买入赝品而血本无归。

2016年元旦写于明珠品茗轩

（一）珍稀版别硬分币集藏指南

流通硬分币各品种集藏珍稀度和难易度按由难到易排序，同一行难度一致，后面亦列出了集藏途径。

1. 硬分币版别"七大珍"

84-2（T）仅见于人行1984年上海版《中国硬币》套装册。

81-1（P）、81-5（P）仅见于人行1981年沈阳版《中国硬币》套装册（小红本）。

84-1（P）、84-5（P）仅见于人行1984年沈阳版《中国硬币》套装册。

79-1（T）、79-5仅见于人行1979年《中国硬币》套装册（小蓝本）。

2. 硬分币版别"八小珍"

81-1（T）、81-2（T）、81-5（T）仅见于人行1981年上海版《中国硬币》套装册（白本）和少量富兰克林1981年精制邮币卡。

82-2（T）、83-5（T）仅见于人行版1982、1983年《中国硬币》精制套装册和少量富兰克林1982、1983年精制邮币卡。

80-1（P）、80-2、80-5仅见于人行版1980年7枚装《中国硬币》套装册（黑本及蓝本）和6枚装朝文版套装卡，5分尚见于少量富兰克林805天王分币邮币封。

3. 硬分币25枚"小天王"

1992年的1、2分仅见于人行版1992年《中国硬币》套装册。

1993、1994、1995、1996年的1、2、5分仅见于人行1993—1996年《中国硬币》套装册。

1997、1998、1999年的1、2、5分仅见于人行1997—1999年《中国硬币》套装册。

2000年的2、5分仅见于人行2000年《中国硬币》套装册。

以上硬分币25枚"小天王"均装帧于1992—2000年后期《中国硬币》套装册中，未见散币公开进入流通，市场所见散币均为假币。

（二）第一套流通硬币的收藏方法

第一，学习硬分币发行年号与版别分类知识：学习第一套流通硬币发行铸造的基本知识；清楚地了解硬分币108枚年号大全套和121种版别大全套（含565大星版细分版别1种）的概念。

第二，掌握套装流通硬币发行的知识：1979—1986年早期套装流通硬币的发行与数量；1991—2000年后期套装流通硬币的发行与数量；了解和掌握套装币中的稀缺年号与珍稀版别硬分币。

第三，理清思路，先抓重点：从易开始，先抓住1991—2000年套装币中的25枚"小天王"，再重点收集1979—1981年"五大天王"分币；慢慢积累早期原光好品分币；高级玩家要坚决拿下1982—1984年套装币，并逐步收集全"七大珍、八小珍"分币。

第四，循序渐进，重点突破：五大天王、七大珍、八小珍分币，25枚小天王，早期珍稀卷光分币，最后达到111枚全品年号大全套（含565大星版、821平版、832凸版）；顶级藏家达到121种全品版别大全套。

二、第二套流通硬币的收藏方法

第二套流通硬币长城麦穗币在新中国印钞造币史上有三个最：第一是铸造年代最短，只有七年，流通使用时间最短，只有短短十几年；第二是生产铸造量最少，七年41种版别硬币一共仅铸造了2.37亿枚，折合每种平均只有几百万铸造量，其作为流通硬币的很多品种铸行量远比很多早期流通纪念币还少，其中1986年版仅仅铸造了660套更属于流通人民币极少铸行量之最，实为人民币之大珍特珍也；第三是唯一铸行了2角面值硬币的流通硬币，其中"贰"字也是流通人民币上唯一的错字。可见对于现代钱币和硬币收藏爱好者来说，第二套流通硬币的收藏占有重要的地位。

（一）珍稀版别长城麦穗币集藏指南

长城麦穗币各品种集藏珍稀度和难易度按由难到易排序，同一行难度一致，后面亦列出了集藏途径。

1. 长城币"四大珍"

861（Y）、8605（Y）、8602（Y）、8601（Y）均仅装帧于人行版1986年套装《中国硬币》精装册中。

2. 长城币"十七珍"

8502（Y），仅装帧于人行版1985年《中国硬币》套装册中。

841（H）、8405（H）、8402（H）、8401（H），仅装帧于人行1984年上海版套装《中国硬币》精装册中。

841（Y）、8405（Y）、8402（Y）、8401（Y），仅装帧于人行1984年沈阳版套装《中国硬币》精装册中。

821（H）、8205（H）、8202（H）、8201（H），仅装帧于人行版1982年套装《中国硬币》精装册或少量回流的1982年富兰克林邮币卡中。

811（H）、8105（H）、8102（H）、8101（H），仅装帧于人行1981年上海版套装《中国硬币》精装册或少量回流的1981年精制富兰克林邮币卡中。

除此之外的其他品种除80版小黑本样币以外均公开铸行进入流通，可以较容易地在钱币市场以及交易网站从币商处购买或从泉友处淘换。

（二）第二套流通硬币的集藏方法

第一，学习长城币发行年号与版别知识：学习第二套流通硬币发行铸造的基本知识；清楚地了解长城币28种年号大全套的概念和长城币38种版别大全套（含801无砖细分版别1种）的概念。

第二，掌握套装流通硬币发行的知识：1979—1986年早期套装流通硬币的发行与数量；每种套装币中的稀缺年号与珍稀版别长城麦穗币。

第三，理清思路，抓住重点，循序渐进：从易开始，先集藏公开铸行的17种年号版别的品种，最好是收集全新卷拆品，其中要特别注意801元有无砖和有砖两种细分版别，851元有上海和沈阳两种版别；中高级玩家再尽早收集1980年小黑本样币和"十七珍"，即1980年小黑本样币和1981—1985年人行版套装硬币；高级和顶级藏家最后坚决拿下"四大珍"，即人行版1986年套装硬币。喜欢细分版别的爱好者，还可以收集841沈阳小字版，不过目前炒作价格太高，风险较大。原装套币爱好者还要注意80朝文版套装卡，1981—1983年富兰克林邮币卡以及长城币邮币封的集藏。

三、第三套流通硬币与第四套人民币45枚版别大全套的收藏方法

下面链接文章是笔者发表于《钱币》报上的文章，清楚地阐明了第三套流通硬币与第四套人民币45枚版别大全套的收藏方法。

【链接】退出在即，你真正拥有第四套人民币大全套了吗？

【摘要】本文较为详细而系统地研究和论证了第四套人民币45枚版别大全套的集藏方法与注意事项，对于现代钱币学专业的学者、学生、银行金融专业人士以及广大现代钱币收藏爱好者具有一定的参考价值。

一、概论

近期第四套人民币退出流通的风声越来越紧，可纵观中国投资资讯网（一尘网）、中国集币在线、钱币天堂、现代网等各大网站以及到

钱币市场一线考察发现，长期以来第四套人民币集藏的条块分割依然严重，第四套人民币藏市依然波澜不惊，故笔者甚为爱好者忧虑。在此问一下泉友们，在这种难得的历史机遇的非常时期，您真正拥有了第四套人民币大全套了吗？

首先，把人民币大系及其市场情况给大家说明一下。我们把1949年10月我国政府更迭以后所发行的货币称为中国现代钱币，新中国货币即人民币大系分为硬币和纸币两大类，纸币又分为一版、二版（含纸分币辅币）、三版、四版、五版纸币、连体钞、纪念钞七大类。硬币又分为流通金属币（即流通硬币，含有主币元和辅币角、分，具体包括第一套流通硬分币、第二套长城麦穗币、第三套老三花币、第四套新三花币）、流通金属纪念币，贵金属纪念币三大类。流通硬币包括人民币主币长城、牡丹和菊花1元硬币，以及1、2、5角和1、2、5分辅币。

真正承担主要流通职能的人民币体系包括：第一套人民币（只包括一版纸币），第二套人民币（硬币为第一套流通硬币，纸币为二版纸币），第三套人民币（硬币为第二套流通硬币长城麦穗币，纸币为三版纸币），第四套人民币（硬币为第三套流通硬币牡丹、梅花、菊花老三花币，纸币为四版纸币），第五套人民币（硬币为第四套流通硬币菊花、荷花、兰花新三花币，纸币为五版纸币）。目前各套人民币全品大全套（第一套在八品以上）的价格分别为：第一套人民币约为380万元，第二套人民币约为50万元（其中119枚硬分币版别大全18万，二版纸币大全33万），第三套人民币约为36万元（其中38枚长城币版别大全30万元，三版纸币大全6万元）。这样分析之后，相信多数现代钱币爱好者就明白了自己的藏品在人民币收藏大系中的地位了，而以上价格对于大多数普通爱好者来说可谓遥不可及或很有难度了。

二、"第四套人民币45枚版别大全套"的集藏方法现在让我们把目光放到最近，在第四套人民币即将退出流通的历史机遇下，钱币爱好者朋友，您如果错过了现价380万的第一套人民币大全套，或者您又错过了现价50万的第二套人民币大全套，而或又在近几年错过了现价36万的第三套人民币大全套的收藏机遇，那么您还要错过第四套人民币大全套收藏机遇吗？

第四套人民币大全套，由第四套人民币硬币（即第三套流通硬币老三花币）和四版纸币有机组成，二者密不可分、相互依存，共同组成第四套人民币大全套的有机整体。前者是指1991—2001年发行的牡丹1元、梅花5角、菊花1角3种券别、31种版别的老三花币大全套，包括发行量仅为32万枚的未正式进入流通的2000年牡丹1元和菊花1角，其中牡丹1元为主币，梅花5角和菊花1角为辅币，全套价格目前还很低，在2000元左右。后者是指1980—1996年发行的均大量印制进入流通的9种券别、14种版别的纸币大全套，包括100元、50元、10元、5元、2元、1元六种面额的纸币主币，和5角、2角、1角三种面额的纸币辅币。根据市场来看，即使作为四版纸币龙头的8050和80100全品存世量也在数千万枚，而筋币2000年牡丹1元、菊花1角只有32万枚，所以理论上讲第四套人民币大全套全国不会超过32万套，而真正能够配齐的更少，其中的筋币和瓶颈品种就是2000年牡丹1元和菊花1角"双花天王币"。所以无论是硬币爱好者还是纸币爱好者，如果想收集全第四套人民币大全套，必须软硬兼顾，相得益彰，不要条块分割、一叶障目。目前看其行价在5000—6000元，爱好者比较容易在钱币市场、各大收藏网站收集全四版纸币14枚版别全品大全套，而要收集全第四套人民币硬币大全，需要从1991—2001年的卷币中寻找全品硬币，2000年牡丹1元和菊花1角只有从人行版2000年《中国硬币》套装中收集，最便捷的办法是直接购买1991—2000年发行的《中国硬币》套装硬币（总价不过4000左右，其中还包括行价约

2000元的分币），加上2001年梅花币，这样可以把31枚老三花币大全套一网打尽。如此算来，只需要花费不到9000元即可收藏第四套人民币45枚版别大全套。在第四套人民币退出之前，我想这是最佳收藏时期，否则四版一退出，四版纸币价格会立即上涨，而随着认识的加深，1991-2000套币的价格也在迅速抬升，将来再收藏则要付出大得多的成本。

三、"第四套人民币45枚版别大全套"的四种筋币与瓶颈品种排序

1. 第一筋币（★★★☆）：2000年牡丹1元主币，仅装帧在人行版《中国硬币》2000年套装册中，发行量为32万枚（其中精制2万），存世量更少，喜爱人群大，单独消耗多，是配第四套人民币45枚版别大全套的最大瓶颈品种。

2. 第二筋币（★★★）：2000年菊花1角辅币，仅装帧在人行版2000年《中国硬币》套装册中，发行量为32万枚（其中精制2万）。

3. 第三筋币（★★）：8050纸币主币，发行量十几亿枚，存世量约数千万枚，消耗沉淀大，市场紧缺度为第四套人民币纸钞之首。

4. 第四筋币（★★）：80100纸币主币，发行量十几亿枚，存世量约数千万枚，消耗沉淀大，市场紧缺度为第四套人民币纸钞第二。

四、第四套人民币大系的高端藏家也要注意三个板块

对于第四套人民币资深藏家来说，除了收全第四套人民币45枚版别大全套之外，还要注意三个板块：

一是第四套人民币样币，包括91年版老三花样币和四版纸币票样，由于二者发行量都很少，从人行流出的更是少之又少，弥足珍贵。

二是老三花精制币，即人行版1991—2000年《中国硬币》精制币套装册，虽就版别来说，和大量铸造进入流通的普制三花币属于相同基本版别，但由于铸造质量和工艺为坯饼抛光和工作模喷砂处理，所铸造的三花币镜面和喷砂很是精美，与普制币在视觉效果上具有较为明显的差

异，因而具有更高的收藏价值，老三花精制币发行量2万套，目前行价好品在1.5万元左右；集藏精制三花币，大家一定要注意铜质梅花5角的氧化问题，最好用钱币专用圆盒予以封装，防止氧化。

三是四版纸币连体钞。连体钞是人民银行权威发行专供钱币爱好者收藏的联体形式纸币（未裁切或部分未裁切），目前看四版纸币连体钞有整版钞套币（俗称大炮筒）、八连体套币、四连体套币和四连体散钞。由于连体钞发行量很少，集藏全难度相对很大，资金也在40万以上了。笔者认为价位适中能够体现四版纸币全貌的是康银阁大四连和长城大四连两种，只有这两种四版纸币四连体都含有四版筋币100元和50元，其他形式连体钞均没有，不得不说是一种严重缺憾，前者含有四版纸币14枚版别大全四连体（见第一章图009），后者含有全部9种券别四连体，目前行价分别在5万和1.5万左右。另外四版纸币连体钞板块，不仅是连体概念，还有"EF""EE""BJ"等稀有冠字概念，对于第四版纸币冠号等趣味收藏爱好者也具有重要意义。

综上，对于第四套人民币爱好者和研究者，第四套人民币45枚版别大全套是一切的基础，不可逾越。笔者建议泉友们在收藏现代钱币时要立足高远，高瞻远瞩，杜绝条块分割、软硬不顾的局面，一定要有人民币大系和人民币版别大全套的概念，坚决把人民币大系中的硬币和纸币的所有版别一网打尽，不留任何遗憾，切勿错失最佳收藏时期。

——摘自奉天收藏新浪博客第52篇博文

2012年5月15日

第六节
流通硬币的投资增值

一、各板块投资价值排序

根据流通硬币各板块各品种在人民币大系以及流通硬币大系中的收藏地位、收藏价值，笔者结合多年的收藏经验和对各大钱币市场和钱币专业网站的综合分析，将流通硬币领域各板块品种的投资价值排序分列如下，供硬币爱好者和投资者参考。

1. 人行版1991—2000年后期套装《中国硬币》

发行量在20万—32万套之间，发行量少而明确，目前又可以收到一定量，适合投资操作，投资者风险相对较小。因发行时间短，沉淀少，爱好者认识又不足，与纸币、连体钞等板块相比较，目前普制大全套4000元、精制大全套1.8万元的行情价格尚处于初始阶段，未来会有一个长期稳定的较高的增值效益。根据各品种的发行量、存世量、收藏地位、市场稀有度、市场价格、市场前景以及增值率来看，此板块的内部投资价值排序是：2000年版＞1997、1998、1999年版＞1993、1994、1995、1996年版＞1991年版（正版与贴条版）＞1992年版；此板块精制套装硬币的投资价值排序是：1993、1994、1995、1996年版＞

1997、1998、1999年版＞2000年版＞1992年版＞1991年版。

2. 稀少长城币中全新卷拆和原卷原盒币

其中1980年、1983年号全部长城麦穗币，8102角、851元（包括上海版和沈阳版两种版别）、8505角根据目前价位和收藏市场，投资价值较高但需要注意801元长城币经几轮商业炒作，价格已太高，投资风险很大。长城币爱好者群体很大，目前更有急剧增长的迹象，随着爱好者配套收藏的需要，会有较为稳健的收益。（图564）

3. 早中期分币全新卷拆和原卷原盒币

1955—1981年的早中期分币全新卷拆和原卷原盒币，因发行年代久远，铸造量相对较少，存世量更稀少，随着硬币爱好者配套收藏的需要，会有一定的增值效益。（图565）

4. 人行版1979—1986早期套装《中国硬币》

最稳健几乎无风险的是人行版1979—1986年早期套装《中国硬币》板块，已经完全进入收藏领域，尤其是其中的硬币王1986年长城币将来会是中国硬币的一面旗帜和我国现代钱币的大珍品和名誉品，未来前途不可限量。此板块由于其中的1986年"长城币王"、硬分币"七大珍""八小珍"（含"五大天王"）等大名誉品的明星效应，以后会有较为稳定的自然增值效应，但由于价格相对较高，增值幅度较上述低价品种会小些。根据各品种的发行量、存世量、收藏地位、市场稀有度、市场价格、市场前景以及增值率来看，此板块的内部投资价值排序是：1979年版＞1980年版＞1981年版精制白本＞1982年版＞1983年版＞1981年红本＞1984年沈阳版＞1984年上海版＞1985年版＞1986年版。（图566—568）

图564　831元全新卷拆品

图565　571分全新卷拆品

第十章　流通硬币收藏投资与市场分析

图566　人行版1979年四枚装《中国硬币》精装册

图567　人行版1981年七枚装《中国硬币》精装册，沈阳造币厂

图568　人行版1981年八枚装《中国硬币》精装册，上海造币厂

5. 1982年后硬分币原卷原盒币、普通年号长城麦穗币、老三花原卷原盒币

这些可以收到很大量，目前价位很低，一些80年后原箱5分币如885、865、895目前价格才折合5毛一枚，国徽关门币2001年原盒梅花5角才10元一枚，价位都较低。这些都适于普通投资者投资，更适于资金商业运作，当大的钱币行情来临时，这些品种的增值幅度会令人震惊。但由于收藏价值较低，主要靠低端礼品册消耗，因此行情波动大，风险相对也大些。

二、第一套流通硬币的投资

关于第一套流通硬币的投资，在本书《流通硬币各板块各品种投资价值排序》一节已有提及，现只简单分析一下。就投资增值潜力讲，象1991—2000年后期《中国硬币》套装板块（含25枚"小天王"），1960—1980年之间的中期原卷原盒硬分币属于比较优秀的两个板块，由于其发行时间较短，又未经商业炒作，目前价格相对于收藏价值来讲仍处于相对低洼的水平，未来随着爱好者配套收藏的需要，会有较理想的升值效益，属于较为理想的长线投资板块。上述两板块，需要关注1993—1996年《中国硬币》套装，1997—1999年《中国硬币》套装，目前单套才折合一百几十元，性价比较高。此外，还要重视正版1991年套装《中国硬币》的投资，包括早期贴条版和后期普通正版，因大众对正版91套币的认识不足，尚处于价格低洼水平；1分中的641、711、751、781、791、801、851原盒原卷，2分中的642、762、772、782、792、812原盒原卷，5分中的565（含大星版、小星版两种）、745、765原盒原卷性价比较高。1980年以后的后期大量原卷原盒分币存量较大，只有靠低端礼品册消耗，行情来时短期投资利润可能较高但风险也较大。1979—1981年早期《中国硬币》目前已基本进入纯收藏领域，当然未来也会有稳健的自然增值效应，但增值幅度较上述板块要小些。未来流通硬币会越来越得到钱币爱好者的青睐，目前是投资收藏硬分币的良好时机。（图569）

【链接】早期硬币

近一年来，随着流通硬币热的兴起，又伴随着钱币行情的下跌调

图569　781分原盒，内装10卷共1000枚

整，早期分币有些品种出来了原卷、原盒货，个别品种出了原件货，这对分币爱好者无疑是一个大好消息，可以随着价格的调整而以比较低廉的价格收藏自己早已心仪的早期卷拆全品分币或者原卷原盒分币；但对于前几年早期分币的投资者，尤其是那些以超高价追逐高分评级币的初学者却是个坏消息。价格严重缩水，可以想象以天价购入高分评级币的新人被套牢多年或血本无归已成定论。

以往的几年中，泉友或者投资者经常问我投资什么品种，我经常说公开进入流通的硬币品种，长城麦穗币较少，大概在几百万到千万枚，分币发行量基本在上亿至数亿之间，后期的有少部分达到10亿，老三花币除了梅花限于币材为铜，生产量在4亿—4.6亿枚之外，其他品种均上

10亿，新三花币量更为巨大，达到十数亿。硬币由于面额小，消耗不可能很彻底，因此存世量具有较大不确定性。故此早期硬币收藏价值高，投资价值相对低一些；而遍览流通硬币板块只有发行量少而明确的早期1979—1986年套装《中国硬币》和1991—2000年后期套装《中国硬币》才具有最稳健的保值增值的投资价值。

钱币界，"珍品"级别的品种几乎都是限量发行、未公开流通的品种，即使是一版纸币"牧马图"也是限量在边远地区很少量发行的品种；可见钱币界公开铸行进入流通的品种几无"珍品"，"珍品"只存在于未公开发行、未进入流通的人行版1979—1986和1992—2000年套装《中国硬币》中。这一段时间的流通硬币市场表现逐渐印证了这一判断。

摘自奉天收藏新浪博客第105篇博文
2013年11月5日

三、第二套流通硬币的投资

前几年，在一尘网（中国投资资讯网）有北京投资者开价30元一枚不限量收购811元（Y）长城币，一天就收购了80多盒，共计4万多枚，成交价达到140余万。沈阳版811是此板块量最大、价格最低的品种之一，如此强劲的收购无疑抬高了整个长城币板块的价格。而长城币的其他品种也有很多资金在收购，很多市场和网站长城币板块也在整个钱币行情大环境比较冷淡的时期里成交得反而很活跃，第二套流通硬币的收藏与投资出现资金明显流入的迹象，大有风雨欲来之势。

关于第二套流通硬币的投资，上面"各板块各品种投资价值排序"一节已有提及，现只简单概括一下。就长期投资增值潜力讲，首先，公开发行进入流通的普制长城麦穗币板块中，1983和1980年号的全部品种和8102角（Y）由于铸造量相对最为稀少，仅约数百万枚，长期收藏和投资最为稳妥，增值收益会较为理想和稳定（如图565）只是其中的801元长城币近几年已出现过度炒作的现象，值得警惕。851元上海和沈阳两个版别、8505角属于量适中可以收到一些量的品种，适合于资金运作和长期投资，收益会较为理想；以上品种不像纸币那样，大多数品种尚未经商业炒作，目前价格相对于收藏价值来讲仍处于相对低洼的水平，未来随着爱好者配套收藏的需要，会有较理想的升值效益，属于较为理想的长线投资板块。而沈阳版811元、8105、8101角和8501角等品种铸造量大，消耗也相对少，收藏与投资价值相对差些。其次，就装帧套币来讲，1980年小黑本是目前发现的最早一套流通硬币样币，品相又为精制币带镜面、部分带喷砂，概念较多，适合高端人群收藏和投资；而人行版1981—1986年极少量装帧发行的早期《中国硬币》套装，货源在迅速枯竭，适合高端爱好者和投资者，此板块发行量稀少，概念众多，可谓中国流通硬币精品的集中体现板块，已进入纯收藏领域，是最为稳健几无风险的投资板块，但由于价格相对较高，虽属于收藏价值很高的自然增值板块，但投资收益率会低一些。其中1986年套装币价格已经达到48万元，属于硬币板块大珍级的典范，收藏价值极高，但投资价值相对弱些；而人行版1981—1985年套币，价格在1.3万—5.5万元之间，目前仍然相对较低，发行量在3千—2万套之间，亦属于流通硬币珍品级别，特别适合有实力的高端人群收藏和投资，未来的增值收益会较为稳健。（图570—571）

图570　人行版1984年八枚装《中国硬币》精装册，上海版

图571　人行版1984年八枚装《中国硬币》精装册，沈阳版

四、第三套流通硬币的投资

第三套流通硬币各板块中投资价值最高的板块主要是发行量在18万—30万的1991—2000年普制《中国硬币》套装和发行量均为2万的1991—2000年精制套装《中国硬币》，目前价位经过近10年的调整，已分别稳定在4500元和1.8万元左右，正是介入的良好时机，未来会有很好的增值效益（如图572）。其次是大量公开进入流通的品种中的原

图572　人行版1991—2000年《中国硬币》精装册大全套，普制

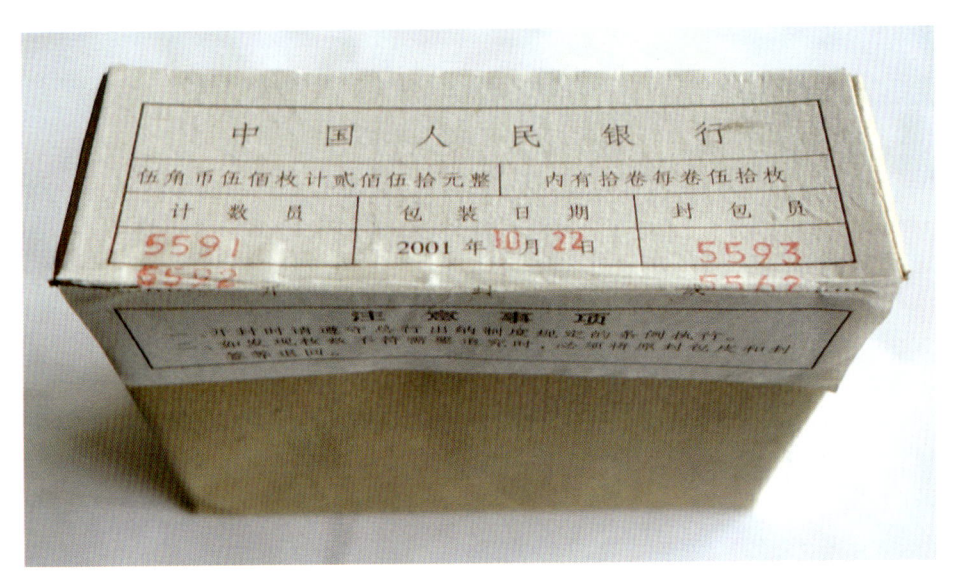

图573　0105角原盒，内装10卷共500枚

卷原盒的老三花币，因为铜质的梅花5角容易氧化难以保存，在流通中一般氧化腐蚀较为严重，加之铸行量相对来说较少，因此原卷原盒的5角投资价值相对更大些（如图573）。将来随着80后、90后的崛起，老三花爱好者的人群也会迅速增加，因此提前介入1991—2000年套币和原卷原盒的散币，未来前景广阔。（图572—573）

五、评级币的投资

有很多泉友向笔者咨询评级币收藏投资问题，还问到是国评好还是外评好的问题，经过思考，笔者把以下观点做一简单阐述，作为笔者以后的行为准则，也供泉友们参考。

首先，评级币主要出发点是商业行为，比如最早开展评级业务的美国，其70分制就是根据钱币市场价格确定的，这和我国传统文化的十

全十美的100分制截然不同。商业评级公司的工作是对钱币的真假进行鉴定、品相进行判定，因此对于只收藏不出售的资深藏家来说评级是没意义的，真假和品相完全靠自己判定是没有问题的；评级币对初学者有些便宜，评级公司能判定大多数钱币的真假、品相问题，对商业投资行为和初学者可能有益。由于评级公司众多，每家评级币数量具有很大变数，因此综合看评级币的收藏价值相对较高，但投资价值相对较弱并具有较大的不确定性。需要提醒大家的是爱好收藏或者想在收藏界发展的初学者不能依赖评级公司，而是要努力历练自己的眼力，币识、经验、眼力的积累才是爱好者收藏的动力渊源和乐趣所在。

至于是外评好还是国评好，笔者的回答是长久看，我国将以国评为主，外评为辅。虽然在国际上外评首开评级币之先河，但他们毕竟开的是其本国钱币的评级先河，应当说外国评级公司鉴定评级其本国钱币，是别国无法比拟和超越的。但钱币具有浓厚的国家和民族传统文化属性，中国人自己更了解中华民族的钱币文化，因此未来国评在我国钱币评级上肯定会全面超越外评并占主导地位。外评不敢鉴定评级我国古钱币，而在近代机制币的真假鉴定上出错率较高，就是因为不熟悉和不了解中国文化所致。而且相比而言，送评的难度、风险以及费用，将来国评都会具有压倒性优势，何况还有国家保护以及国家政策、国际政治上的风险等都不可同日而语。至于有些人盲目崇拜外评并怀疑国评的公正性，我想每个致力于公司长久发展的人都会坚持三公原则，其实他们为的不仅是钱币爱好者的利益，更是为了其公司自身的长期发展和利益，这是基本道理，大浪淘沙、优胜劣汰，无需担心。以上是长远的投资者应当注意的问题。

对待评级公司，笔者自己还有一个原则，即使国评刚开始发展的阶段存在一些问题，笔者也义无反顾地支持和爱护国评。基本道理就是，一个中国人你可以反对国内的一些个人和团体，但你不可以反对国家，就像儿女不能嫌弃母丑一样，说到底反对国家就是反对自己。我们基于两个基本点和出发点：一、中国人更了解和熟悉中国自己的钱币文化，因此在我国钱币的鉴定评级中国评具有无法比拟的优势；二、中国和美国、日本等国家未来在国际政治、军事等很多领域也包括文化产业的竞争会很残酷，每个爱国敬业有良知的国人，尤其是那些在收藏研究上已具有很高造诣的大藏家或专家不应让我国文化产业垄断在外国人之手，更应以振兴我国民族文化产业为己任，不能为了个人利益只为外国作嫁衣。

第七节

收藏投资的发展趋势

中国流通硬币的收藏属于中国硬币的断代集藏范畴，我们把1949年10月新中国成立之后承担货币流通职能的流通硬币称为中国现代流通硬币。截至目前，流通硬币分为第一套流通硬分币、第二套长城麦穗币、第三套老三花币、第四套新三花币、第五套小三花币五个板块，分别隶属于第二、第三、第四、第五套人民币范畴，下面我就五个板块的收藏发展趋势分别做一简要阐述。

我们按照爱好者的类型进行阐述，流通硬币界收藏爱好者有五种类型，即研究收藏型、板块集藏型、收藏投资型、时尚新潮型、经营逐利型。

  第一类研究收藏型最严谨稳健，是站在钱币学、人民币收藏大系以及钱币文化史的高度来收藏的，他们严格按照钱币史的发展脉络、钱币的套系和版别大系进行集藏。其最终目标是，集藏我国流通硬币全部套系和版别大系以及体现钱币文化史的形形色色的装帧套装硬币。他们属于流通硬币顶级收藏者，花费精力和财力最大，目前普通爱好者较难望其项背。对于第一套流通硬分币，他们会集藏目前为止发现的120种所有版别的硬分币，再均达到全品品相，其中包括108枚年号大全以及12枚珍稀或特殊版别分币。为了集藏分币"七大珍"和"八小珍"，他们不得不花费巨资去购买人行版1979—1984年早期套装硬币，包括1981年红本和1984年上海版（目前总价已达20万元），然后再慢慢投入大量资金收集早期稀少年号分币，尽可能达到全品相（也要花费数万元），还要购买1991—2000年后期套币以集藏分币25枚"小天王"。为了集藏第二套长城麦穗币版别大全，他们首先会收藏集全17枚普制币大全套，其中包括801元无砖错版、851元上海版和沈阳版；然后再收集珍稀年号和珍稀版别长城麦穗币，包括1980年小黑本样币，1981—1986年早期精制长城币套装册；最后集藏全第二套流通硬币全部版别的41种长城麦穗币（含1980年样币）。目前集藏全第二套流通硬币版别大系花费要达到70万元之多，可喜的是，这和第一套分币的集藏有一部分资金是重合的，泉友之间如能互相弥补，则可节约一定资金。第三套流通硬币的集藏只说明两点，首先尽早收集1991—2000年套装币，这便集全了25枚"小天王"分币，拿到了第三套流通硬币的最大筋币和瓶颈品种2000年牡丹、菊花"双花币王"；其次要尽早收集老三花样币和1991—2000年精制三花币；新三花币板块只有新三花样币较有难度，其他品种均较容易，不再赘述；除此之外，他们还会收集早期造币厂、邮政公司、地方银行和国内外币商等装帧的套装硬币和邮币封，这些丰富多彩的装帧册和邮币封见证了我国现代钱币史的发展脉络。这样就收集全了共和国全部流通硬币大系，对于学术研究弥足珍贵。现在关于流通硬币的版别研究方兴未艾，总体看以后会越来越清晰、越来越细致、越来越丰富。不久的将来，硬币版别大系的集藏必将会成为流通硬币高级藏家的首选和主流。

第二类板块集藏型会选择流通硬币的某一个或几个板块进行集藏，比如他们会选择硬分币板块、长城麦穗币板块，老三花、新三花板块，1979—1986年早期套装币板块、1991—2000年后期套装币板块、流通硬币样币、趣味币等进行板块集藏，也形成了各自群体而自得其乐。由于收集流通硬币版别大系越来越难，板块收藏未来会成为普通爱好者和初学者的主流。

第三类收藏投资型目前占了很大比例，主要是鉴于资金的压力，想通过以藏养藏，最终达到收藏的目的。他们一方面会系统收藏流通硬币大系或者某个板块，另一方面发现价值高、潜力大的品种会有意识多集藏一些，待到价格上涨达到预期之后出售以解决后续资金之需，从而集藏更多品种硬币。但需要注意的是，大家千万不要忘了根本目的是藏，而不是盈利，意志不坚定者往往会演变成第五类币商。

第四类时尚新潮型，这类一般是80后、90后的新人，他们思想新潮，追逐时尚，会选择某一类钱币集藏，比如套装币热时会收集套装币，评级币热时会玩评级币，样币热则玩样币，但热门一过就会抛掉和转移，体现耐力不足，往往不能坚持长久。此类爱好者，对于繁荣收藏市场贡献也很大，是流通硬币板块不可或缺的一类重要力量和群体。

第五类经营逐利型应当说不属于收藏爱好者，而是币商或纯粹投资者，在现阶段也占有相当比例。但其信息灵通、积极宣传，对爱好者集藏硬币很有帮助作用。他们会盯着热门的盈利品种，比如某个热门品种、比如评级币进行炒作盈利，繁荣了市场，宣传了硬币，是钱币收藏界不可或缺的重要力量。

综上，我们可以看出，未来现代流通硬币收藏与投资的发展趋势，就是以流通硬币的套系和版别大系集藏为基石和主干，流通硬币各个板块、各类集藏万紫千红、竞相绽放，经营炒作推波助澜的稳健繁荣的共同发展之路。

第八节

流通硬币的市场展望

一、流通硬币与钱币各板块横向对比

在开始正式谈流通硬币的收藏价值与投资潜力之前，先与大家分享一篇笔者发表在《钱币报》上的文章，以启发大家的对比思考（见链接文章）。（图574）

【链接】钱币各板块对比引发的思考

近两年来，钱币各板块有小的轮动迹象，但仍以盘整为主旋律，笔者在各地拾遗补缺之余，亦围绕现代钱币各板块的龙头品种做研究和调查，以司洞窥未来钱币各板块之发展端倪与趋势；因笔者从纸币到纪念钞、连体钞，从流通硬币到金银币均很喜欢，均在系统集藏，故此文对

图574　中国流通硬币的收藏与投资—广阔的发展天空

各板块没有任何褒贬意味，只是把一些虽并不很准确却很有意义的数据对比一下，以供收藏投资爱好者和泉友们借鉴和思考。如能达到引发大家思考，抑或起到抛砖引玉的作用，则深感幸甚。

一、各板块"王者"对比

1. 贵金属币王：1991年熊猫金币发行10周年5公斤金币，发行量10枚，创下1038万元成交纪录。

2. 流通纸币王：一版壹万圆牧马图，发行量300万枚，存世量约数百枚至千枚，普品行价为180万元，上好品相创造过500多万拍卖成交纪录。

3. 流通硬币王：1986年长城套币，含四枚1986年版长城麦穗币，发行量660套，存世量约300—400套，目前行价为19万元一套。

二、各板块细分龙头品种对比

1. 第一套人民币

（1）牧马图，发行量约300万枚，存世量约数百枚，普品行价180万元，全品300万元。

（2）詹德成、蒙古包等其他11珍，发行量数百、数千万以上，存世量不详，行价20万—100万不等。

2. 第二套人民币

（1）二版纸币"三大珍"

"大黑拾"，发行量数亿，存世量约10万至数十万枚，好品行价30万元。

"绿三元"，发行量数亿，存世量数十万以上，全品行价5万元。

53年版五元，发行量数亿，存世量数十万以上，全品行价3万元。

（2）第二套人民币硬币（分币）"七大珍""八小珍"

1979、1980、1981年5分，1980年2分，1981年1分，为硬分币年号"五大天王"，是中国流通硬分币发行最少的年号分币，因当时装帧发行用于出口创汇，发行量很少，在数千枚到8万枚之间。全品行价在1000—12000元之间。

3. 第三套人民币

（1）三版纸币"三大珍"

枣红1角，发行量数亿，存世量数百万以上，全品行价6000元。

背绿1角，发行量数亿，存世量数百万以上，全品行价3000元。

背绿1角水印纸，发行量上亿，存量较少，行价在3万元。

（2）第三套人民币硬币（长城币麦穗币）"四大珍"和"十七珍"

在38枚第三套人民币硬币版别大系中，有21种未公开发行未进入流通，只是为了出口创汇才铸造装帧的套装币，为1981、1982、1984、1985、1986年装帧成册的精制币。由于其极其稀少的从660套到数千套最多不到2万套的发行量，目前这是整个第三套人民币的精华所在。

"硬币之王"1986年长城币：四枚一套，发行量660套，存世量约300—400套，行价19万元，折合行价4万—4.5万一枚。

1981—1985年"十七珍"，发行量3000—2万枚，行价1000—1.8万元。

4. 第四套人民币

（1）四版纸币"两大珍"

8050，发行量十数亿，存量数千万，全品行价3000元。

80100，发行量十数亿，存量数千万，全品行价1000元。

（2）第四套人民币硬币（老三花币）2000年"双花币王"

2000年牡丹1元和菊花1角，发行量32万枚，存量30万以下，全品行价700—800元一枚。

5. 纪念钞和连体钞

（1）纪念钞：奥运钞最少，发行量600万枚，行价4500元。

（2）连体钞

人民币整版钞：发行量1万套，存世基本1万套，行价25万元。

四版大全四连体（康银阁版）：发行量10万套，因大量裁切存世5万—6万套，行价5万元。

建国三连体：发行量5万套，基本无裁切，行价1.6万元。

双龙连体钞：发行量10万套，行价1.5万元。

6. 流通纪念币

"建行"，发行量约210万枚，全品行价3500元。

7. 金银币

（1）金银币"七大珍"

金币王—世界猫王：1991年熊猫金币发行10周年5公斤纪念金币，发行量10枚，成交纪录为1038万元。

指南针、地动仪1公斤金币：1992年发行，发行量10枚，720万—830万元成交纪录。

"中新友好"1公斤金币：发行量15枚，成交纪录为600万元。

1995—2006年生肖公斤金币，发行量15枚，未见成交，有藏家报价5000万元。

1994和1996年麒麟公斤金币，发行量18枚，400万—450万元成交纪录。

（2）金币"七君子"

均为发行量在99枚以内的"99枚"俱乐部成员，属于其中的精品。

1993年"天下为公"5盎司金币：发行量99枚，实铸量10枚，未见成交。

1993年"炎帝"5盎司金币：发行量99枚，实铸量23枚，未见成交。

1994年"中新友好"5盎司金币：发行量99枚，实铸量30多枚，未见成交。

1998年发行的"迎春图二组"5盎司金币：发行量99枚，实铸量34枚，成交纪录为180多万元。

1994年12盎司熊猫金币，发行量99枚，实铸量49枚，成交纪录为180多万元。

1995年发行的"老子出关"和"龙舟图"：发行量99枚，实铸量40多枚，行价140万元。

（3）贵金属纪念铜币

1985年铜猫，实际铸造量说法不一，从50—1000枚不等，15万—20万元成交纪录。

2013年4月19日

除此之外，我们还可以和外国流通硬币相比较，来洞察中国流通硬币的发展趋势。如图是美国1913年自由女神像5美分镍质流通硬币，和1883—1912年期间发行的5美分图案一样但年版号不同，铸造量5枚，拍卖会成交价370多万美元，折合人民币约2500万元。2015年1月13日在美国佛罗里达州奥兰多的拍卖会上，一枚1972年1美分硬币以260万美元的价格成交，折合人民币1700多万元。（图575—576）

图575　美国1913年镍质5美分流通硬币，现发现5枚，成交价370万美元，网络图片

图576　美国1792年1美分流通硬币，成交价260万美元，网络图片

二、流通硬币市场展望

遍览20世纪80年代改革开放之后我国几十年来文化收藏市场的发展轨迹，书画、瓷器和钱币三种最重要的文化收藏品中，钱币收藏实为最大众化最适于大众收藏与投资的板块。自1995—1997年上次邮票引领的邮币卡收藏与投资大行情之后，邮票和卡类收藏与投资因世界邮电、通信、物流产业格局的深刻变化，邮政电信公司商业垄断与炒作行为等因素逐渐冷却下来，而现代钱币因自古以来钱币收藏无可比拟的亘古既存、绵延千年的历史积淀，代表国家主权的最高权威性，铸造印制的最高艺术性而逐渐成为现代邮币卡市场收藏与投资的主流。在十年之前的2008—2011年钱币行情中，纸币以其货源存量充足、易于商业炒作、便于保存携带、邮寄交易便捷、套系价格低廉、大众较易接受等诸多优点成为引领现代钱币收藏投资市场的弄潮儿。遗憾的是，鉴于纸币板块本质属性的先天不足以及过度的商业炒作与透支，导致了随之而来的其行情的较大调整和下跌；同时反观中国流通硬币市场，尤其是以已经退出流通没有任何法律风险的第二套流通硬币长城麦穗币板块为代表，由于从未经大的商业性炒作，价格与收藏价值相比处于相对低洼水平，很多人开始认识到其具有良好的收藏投资前景，目前已出现资金从外部以及其它板块流入硬币收藏投资市场的明显迹象，在现代钱币市场很多板块价格下跌萎靡不振的哀鸿声里，以及三年以来新冠疫情的严重影响冲击下，流通硬币尤其是长城币板块却一枝独秀，不仅大部分品种比较抗跌，而且很多品种不降反升，成为新时期的赞歌独唱。目前看，很多人已开始或重新认识到流通硬币的重要性，很多敏感的资金开始进入或对流通硬币板块跃跃欲试，汇集到电商平台的大笔资金和投资公司更是在争抢流通硬币迅速枯竭的货源。

最后我们可以做一下市场展望，未来"天下收藏，钱币为大，硬币为王"的收藏古训会逐渐得到验证。现在1979—1986年早期套币已经一骑绝尘，跨入70万级的高端收藏行列；而1991—2000后期套币仍然在低洼价格上徘徊不前，目前普制套装币大全套行价在4500元左右，精制大全套行价在1.8万元左右，价格相对其他板块仍然很低。未来，随着流通硬币爱好者群体的迅速扩大，收藏第二、第三、第四、第五套人民币大全套以及收藏五套流通硬币大全套配套的急剧消耗，后期1991—2000套币必将在2000年"双花币王"套装硬币的带领下，沿着早期套装币的足迹再创辉煌。中国流通硬币的收藏投资将会在1979—1986年早期套装币、1991—2000年后期套装币以及早期稀有硬币三驾马车的带领下演绎一场又一场轰轰烈烈的收藏投资和财富增值神话。（图577—580）

图577　人行版1979-1981年"五大天王"《中国硬币》精装册大全套，共计5本

图578　人行版1980—1986年早期《中国硬币》精装册大全套，精制币，共计10本

图579　人行版1980、1991、1999和2002年流通硬币标准样币原装册大全套，共计5本

图580　人行版1991—2000年后期《中国硬币》精装册大全套，精制币，含木盒礼品装，共计10本

跋

庚子岁初，在挚友谢宇总编的再三鼓励督促下，笔者仓促接受了北京学苑出版社的邀请，开始着手重新编写一部专门讲述中国流通硬币收藏与鉴赏的书籍。笔者认为一部好的收藏类书籍要达到三个标准：首先在内容上要保证能够填补同类书籍之空白，书中要集中体现著者全部的最新研究成果，提升其学术价值和可学习性；其次要保证资料素材条理清晰、翔实完整，让广大读者和收藏爱好者能从书中学习吸收到丰富的营养，能对其研究收藏和市场投资活动起到指导或引领作用；最后要保证所有图片为清晰完整的钱币实物图片，并能在版别区分中展示局部的关键图文细节，拒绝谬误的电脑合成钱币图片并尽量少引用网上不清晰图片以免误导读者。值得欣慰的是笔者多年来一直潜心研究流通硬币的版别大系并积累了诸多研究素材，常年在一线钱币市场和互联网钱币交易平台进行交易活动，熟悉钱币交易流程和市场行情，在中国流通硬币收藏大系范围内的钱币实物也均已系统集藏，并保障了上佳的钱币品相，使得钱币图片一目了然、清晰可鉴。因此本书书稿的撰写和图片的整理虽很繁杂，但总体上能够达到上述三个基本要求，相信本书集流通硬币学术研究、收藏鉴赏、市场投资三位于一体，能够作为收藏投资流通硬币者的必备工具书，对广大钱币研究者、爱好者的研究、收藏与投资活动能起到重要的指导或引领作用。

今天，经过二十余春秋钱币实物资料的艰难积累，多少不眠之夜的苦苦研究，无数日日夜夜的辛勤挥毫，汇集成一部十五万余字五百八十张钱币实物图片的书籍，《中国硬币收藏与鉴赏》书稿终于完整地摆在案头，算是笔者收藏和研究中国硬币心得感悟的一个新的阶段性汇总，并期待与同好和泉友们进行一次完整的交流、切磋与分享。

通过本书，读者不仅可以明晰中国流通硬币一甲子漫漫岁月的发展历程，更可以深切感悟到流通硬币的学术研究价值、收藏投资价值与文化艺术魅力，其绝不是以往人们所谬说的一个模子刻出来的单调代名词，实乃版别众多、精彩纷呈、珍品荟萃、有待开垦的收藏领域处女地，更体现了"天下收藏、钱币为大，硬币为王"的优秀品质。流通硬币领域可谓群英荟萃、珍品如云。同样是央行正式发行的流通人民币品种，我们可以把不同板块做一下简单比较，第二套流通硬币的"四大珍"1986年长城币珍稀度足以和一版纸币王"牧马图"相比肩，但目前一枚八品"牧马图"的价格已超越250万元，四枚一套的86年长城套装币的价格却只有其五分之一，折合单枚更不足其百分之五。其他很多品种诸如第一套流通硬币的"七大珍""八小珍"分币，第二套流通硬币的"十七珍"长城麦穗币，第三套流通硬币的"双花币王"2000年牡丹1元、菊花1角，都比二版纸币王"大黑拾"和"绿三元"、三版纸币王"枣红""背绿"1角、流通纪念币王"建行"等要珍稀得多，而和80年猴王邮票相比，其珍稀度更不可同日而语，但价格只有后者的十分之一至数十分之一；还有1980年版长城样币、1991年版老三花样币、1999和2002年版新三花样币，以及诸多老精稀品种、原装套币和邮币封等亦非常珍贵。通过收藏价值和目前价格的横向与纵向对比，我们发现流通硬币的珍稀品种会愈来愈体现出极高的珍稀性、珍贵的收藏价值和优良的投资属性。相信随着中国流通硬币的价值被越来越多的钱币爱好者所发现，随着流通硬币收藏投资热的兴起，大众研究、收藏与投资流通硬币的热潮将会风起云涌、波澜壮阔。

由此深感欣慰，同时也更感恩在本书写作过程中和日常收藏研究中，曾给予笔者无私地指导、帮助、支持和鼓励的收藏家前辈、泉友同好和良朋挚友们，在笔者的收藏生涯中将会牢记你们的名字：

戴志强老师　著名钱币收藏研究大家、中国钱币博物馆原馆长、中国钱币学会秘书长、《中国钱币大辞典》副总编、《中国钱币》杂志主编

段洪刚先生　著名钱币收藏研究大家、《中国钱币大辞典·铜元卷》主编、北京公博古钱币艺术品鉴定有限公司总经理

葛祖康先生　中国贵金属币收藏研究大家，著有《中国现代贵金属币章收藏与投资入门》《中华人民共和国现代贵金属币章图谱》等

孙克勤先生	中国硬币收藏研究家，著有《中国普通纪念币珍品图录》《中国现代流通硬币标准目录》等
张建超先生	著名钱币专家、中国人民银行山东省分行货币发行处原处长
沈定纬先生	著名长城币收藏家、台湾智胜数位科技有限公司董事长
周进久先生	著名硬币收藏家、北京马甸福丽特邮币卡市场著名币商
吴 越 先 生	著名纸币收藏家、上海吴越收藏品投资发展公司董事长
陈苏庆先生	著名纸币收藏家、广东中泉收藏品修复有限责任公司董事长
李键萍女士	著名现代钱币收藏家、全国长城币暨硬币联谊会副会长
张卫民先生	中国硬币专项收藏家、"评级币专用中国瓷"国家专利发明人
杜艾国先生	全国长城币暨硬币联谊会秘书长、武汉崇仁路钱币市场知名币商
郭 涛 先 生	济南市社会科学界联合会副主席

还有很多良师益友不能一一列举，在此一致深表敬意和感谢。

此书也特别为永诌纪念全国长城币暨硬币联谊会发起人、前常务副会长、著名流通硬币收藏家、笔者挚友夏德云兄长而作，夏兄虽英年早逝，但他为中国流通硬币收藏事业所做的卓越贡献将为广大硬币爱好者所永远铭记。

最后一并感谢本书责任编辑、设计师、策划编辑谢宇先生以及出版社其他同志们的辛勤编辑和付梓印刷，感谢王春艳女士整理了本书图片与资料，王奉天校对了文稿，正是你们付出的辛勤汗水才使本书得以付诸印刷并与读者见面，此书不仅是笔者的研究成果，更是大家集体智慧的结晶。

囿于笔者学识和编写水平有限，加之工作繁忙、时间仓促，在浩瀚的中国流通硬币发展史册上本书仅能起到提纲契领和抛砖引玉的作用，疏漏失误在所难免，欢迎广大泉友、同好和读者朋友们批评雅正。

王美忠（奉天收藏）

公历二〇二四年 甲辰仲夏

写于泉城·南山雲川·奉天草庐

附录

一、流通硬币名词术语

	流通硬币名词术语	
1	流通硬币的版别	第四章第一节
2	流通硬币的品相	第九章第一节
3	平版硬分币（P）	第四章第二节
4	凸版硬分币（T）	第四章第二节
5	混合版硬分币（H）	第四章第二节
6	565分小星版和大星版	第四章第二节
7	硬分币"七大珍"	第五章第一节
8	硬分币"八小珍"	第五章第一节
9	硬分币"五大天王"	第五章第一节
10	硬分币25枚"小天王"	第五章第一节
11	761分"月牙版"	第六章第四节
12	沈阳版长城币（Y）	第四章第二节
13	上海版长城币（H）	第四章第二节
14	801无砖版长城币（Hw）	第四章第二节
15	841大字版和小字版	第四章第二节
16	长城币"四大珍"	第五章第二节
17	长城币"十七珍"	第五章第二节
18	851"少砖版"	第六章第四节
19	851"彩虹版"、"日出版"	第六章第四节
20	老三花"双花币王"	第五章第三节
21	9205角"旗帜版"	第六章第四节
22	正版和反版菊花1元	第四章第二节
23	全新卷拆品硬币	第九章第一节
24	卷光品硬币	第九章第一节

（续表）

	流通硬币名词术语	
25	原光品硬币	第九章第一节
26	流通品硬币	第九章第一节
27	精铸币	第六章第一节
28	半精铸币	第六章第一节
29	初铸币	第六章第一节
30	末打币	第六章第一节
31	粗细体趣味币	第六章第二节
32	大小星趣味币	第六章第二节
33	背逆币	第六章第三节
33	偏打移位币	第六章第三节
33	缺口币	第六章第三节
33	复打币	第六章第三节
33	浅打币	第六章第三节
33	透打币	第六章第三节
34	人行版1979—1986年早期套装硬币	第五章第四节
35	人行版1991—2000年后期套装硬币	第五章第五节
36	标准样币（票样）与试制币样	第五章第八节
37	小黑本样币（1980年版长城麦穗币样币）	第五章第二节
38	老三花样币（1991年版样币）	第五章第三节
39	新三花样币（1999、2002年版样币）	第五章第三节
40	硬币正面	第三章第三节
41	硬币背面	第三章第三节
42	币边（光边）	第三章第三节
43	边齿（齿边）	第三章第三节
44	硬币内齿	第三章第三节
45	币边滚字	第三章第六节
46	臆造假币	第七章第二节
47	翻砂版假币	第七章第二节
48	机制版假币	第七章第二节
49	改刻版假币	第七章第二节
50	重铸版假币	第七章第三节

二、流通硬币技术参数表

1	《第一套流通硬币（硬分币）技术参数一览表》（表1）	51页
2	《第二套流通硬币（长城麦穗币）技术参数一览表》（表2）	57页
3	《第三套流通硬币（老三花币）技术参数一览表》（表5）	69页
4	《第四套流通硬币（新三花币）技术参数一览表》（表6）	73页

三、流通硬币收藏工具表

1	《人行版1979–1986年早期套装《中国硬币》精装本一览表》（表3）	61页
2	《人行版1991–2000年后期套装《中国硬币》精装本一览表》（表4）	61页
3	《第一套流通硬币（硬分币）118种版别大系收藏表》（表7）	124页
4	《第二套流通硬币（长城麦穗币）41种版别大系收藏表》（表8）	127页
5	《第三套流通硬币（老三花币）34种版别大系收藏表》（表9）	130页
6	《第四套流通硬币（新三花币）50种版别大系收藏表》（表10）	131页
7	《流通硬币领域各板块品种的收藏价值排序表》（表11）	436页
8	《第一套流通硬币各品种收藏难易分级表》（表12）	437页
9	《第二套流通硬币各品种收藏难易分级表》（表13）	443页

四、中国主要城市钱币交易市场

1 北京西城区德外黄寺大街23号马甸福丽特玩家邮币卡市场
　　北三环大钟寺邮币卡市场
　　报国寺古玩市场

2 上海黄浦区局门路600号卢工邮币卡市场
　　大木桥路88号云州商厦云洲古玩城邮币卡市场
　　天目西路188号不夜城邮币大市场

3 广州越秀区海珠中路288号纵原邮币卡收藏品市场
　　文昌路古币市场

4	南京大方巷邮币卡市场	
	朝天宫古玩市场	
5	武汉崇仁路收藏品市场	
	航空路邮币卡市场	
6	天津第二工人文化宫邮币卡市场	
	文庙古玩城	
7	济南义和街成通文化城	
	东工商河路宏济堂文化广场	
8	郑州大学路收藏品市场	
	淮河路古玩城	
9	杭州长明寺邮币卡市场	
	杭州收藏品市场	
10	西安万寿路八仙宫收藏品市场	
	解放路华山邮币卡市场	
11	哈尔滨海城街140号邮币卡市场	
	东大直街大世界商城收藏品市场	
12	重庆沙坪坝南开城步行街邮币卡市场	
	中兴路收藏品市场	
13	成都大发邮币卡市场	
	青华路文物古玩市场	
14	沈阳怀远门古玩市场	
	太原街收藏品市场	
15	长春重庆路和平大世界收藏品市场	
16	合肥花冲公园收藏品市场	
17	太原文庙收藏品市场	
18	南宁工人文化宫收藏品市场	
19	福州六一路古玩收藏品市场	
20	香港摩罗街荷里活道古玩市场	

五、中国主要现代钱币交易网站

1　中国投资资讯网（一尘网），网址：www.xx007.com
2　钱币天堂网，网址：www.coinsky.com
3　中国集币在线，网址：www.jibi.net
4　赵涌在线，网址：www.zhaoonline.com
5　现代钱币网，网址：www.coin001.com

六、中国主要钱币拍卖公司

1　中国嘉德国际拍卖有限公司
2　北京诚轩拍卖有限公司
3　上海东方国际商品拍卖有限公司
4　北京东西方国际拍卖有限责任公司
5　香港冠军拍卖公司

七、中国主要钱币评级公司

1　北京公博古钱币艺术品鉴定有限公司
2　北京中金国衡收藏钱币鉴定评级有限公司
3　中国印钞造币总公司中钞鉴定中心
4　北京华龙盛世钱币艺术品鉴定有限公司
5　上海源泰艺术品服务有限公司
6　华夏评级公司

八、本书主要参考文献

[1] 王美忠. 人民币硬币版别分类的研究[J]. 中国钱币，2013（6）72—74.
[2] 戴志强. 中国艺术品收藏鉴定全集钱币[M]. 长春：吉林出版集团有限责任公司，2008.
[3] 段洪刚. 铜元收藏与投资[M]. 北京：华龄出版社，2009.
[4] 王美忠. 第一套流通金属币硬分币版别研究、第一套流通金属币硬分币版别研究（续）[J]，齐鲁钱币，2012（1）38—62，（4）44—45.
[5] 当代中国印钞造币志编纂委员会. 当代中国印钞造币志1948—2000[M]. 北京：中国金融出版社，2006.
[6] 当代中国货币印制与铸造编委会. 当代中国货币印制与铸造[M]. 北京：中国金融出版社，1998.
[7] 王美忠. 第二套流通硬币"长城麦穗币"的版别分析[J]. 中国钱币，2016（2）62—69.
[8] 王美忠. 第三套人民币（长城麦穗币）版别探析[J]. 齐鲁钱币，2015（1）52—60.
[9] 戴志强. 名家谈鉴定：钱币鉴定[M]. 长春：吉林出版集团有限责任公司，2010.
[10] 王美忠. 第二套流通硬币版别分类与大系研究[J]. 齐鲁钱币，2013（1）46—49.
[11] 马德伦. 中国名片：人民币[M]. 北京：中国金融出版社，2010.
[12] 于英辉. 话说人民币[M]. 上海：上海学林出版社，2013.
[13] 王允庭. 世所罕见的硬分币试铸样币[J]. 中国城市金融，2012（11）72—73.
[14] 中国人民银行货币发行司. 中华人民共和国货币图录[M]. 北京：中国大百科全书出版社，1993.
[15] 杨子强. 漫谈人民币[M]. 青岛：青岛出版社，2010.
[16] 吴振强. 人民币系列收藏漫谈（三）[J]. 中国钱币，2001（4）57—69.
[17] 王生龙. 沈阳造币厂图志——沈阳造币厂建厂一百周年（1896—1996）

[M]. 中国金融出版社，1996.

[18] 王生龙. 沈阳造币厂图志——沈阳造币厂建厂一百〇五周年（1896—2001）[M]. 沈阳：沈阳出版社，2001.

[19] 沈阳造币厂志编辑委员会. 沈阳造币厂志[M]. 北京：中国金融出版社，1993.

[20] 上海造币厂志编辑委员会. 上海造币厂志[M]. 北京：中国金融出版社，1993.

[21] 柳忠良. 中国流通硬币[M]. 北京：北京出版社，2001.

[22] 上海市钱币学会. 钱币学纲要[M]. 上海：上海古籍出版社，1995.

[23] 白秦川. 中国钱币学[M]. 郑州：河南大学出版社，2014.

[24] 沈泓. 钱币鉴赏投资指南[M]. 北京：中国书店，2013.

[25] 戴志强. 钱币学概述[J]. 齐鲁钱币，2011（1）11—20.

[26] 王美忠. 硬币收藏十讲［M］. 长沙：湖南美术出版社，2017

[27] 孙克勤. 中国现代流通硬币标准目录[M]. 上海：上海科学技术出版社，2012.

[28] 王美忠. 漫谈现代流通硬币的收藏与投资（一）、漫谈现代流通硬币的收藏与投资（二）[J]，齐鲁钱币，2013（3）42—51，2014（1）46—54.

[29] 朱勇坤. 钱币品鉴与投资[M]. 北京：商务印书馆，2008.

[30] 华光谱. 中国古钱大集[M]. 长沙：湖南人民出版社，2006.

[31] 戴志强，沈逸林. 机制币鉴藏[M]. 北京：文化发展出版社，2013.

[32] 王世宏. 中国现代贵金属币赏析（第1册）[M]. 北京：中国大百科全书出版社，2014.

[33] 葛祖康. 中国现代贵金属币章收藏与投资入门[M]. 北京：印刷工业出版社，2014.

[34] 吴越. 第一、二、三套人民币鉴藏与研究[M]. 上海：上海科学技术文献出版社，2014.

[35] 张建超. 人民币流通金属币基本知识[J]. 齐鲁钱币，2014（3）26—33.

[36] 严绍林. 新中国的铝分币[J]. 中国钱币，1999（4）79—80.